编委会名单

2021

CHINA JOURNALISM AND COMMUNICATION JOURNAL

中国新闻传播研究

数字技术的媒介应用研究

高晓虹◎主编
刘宏 赵淑萍 曾祥敏 秦瑜明◎副主编

中国传媒大学出版社
·北京·

目录 >>>>CONTENTS

媒介与技术

在场、连接、协同:5G 再造视听传播*

Presence, Connection, Collaboration: 5G Reconstruct Audio-visual Communication

◎ 王晓红　王芯蕊

Wang Xiaohong　Wang Xinrui

摘要:5G 新一代移动通信技术正在颠覆 1G 到 4G 围绕"人"的移动相连迭代,重构万物互联的新场景,触发视听传播的革命性巨变。经过 2020 年的商用元年,视听领域成为 5G 应用最早的业务场景之一,涌现出"沉浸、智慧、全感、交互、泛在"的视听新样态,不断还原面对面的在场社交,让"视听在场"成为常态。以"连接"为核心特征的 5G 技术重塑了信息传播的逻辑方式,包孕着视频化、虚拟化、智能化的革新性变化。面对"万物互联与内容监管、智能传播与数据安全、连接与反连接"的矛盾,要从制度上规范约束、从价值上传递引导,寻找人与技术协同共进的路径。

关键词:5G;视听传播;应用;趋势;挑战

Abstract: The new generation of 5G mobile communication technology is overturning the mobile connection iteration from 1G to 4G around "people", reconstructing the new scene of the Internet of everything, and triggering the revolutionary change of audio-visual communication. After the first year of commercial use in 2020, the audio-visual field has become one of the earliest business scenes of 5G application, and a new audio-visual mode of "immersion, wisdom, total sense, interaction and ubiquity" has emerged, which continuously restores face-to-face social interaction and makes "audio-visual

* 本文系国家社科基金重大项目"我国新闻传播业人工智能应用现状与发展趋向研究"(项目编号:19ZDA327)、国家广电总局规划项目"5G 条件下网络视听新业务管理研究"(项目号:GD2031)阶段性成果。

presence" a normal state. The core feature of 5G, which is connected, is reshaping the logical way of information transmission, including innovative changes in video, virtualization and intelligence. In the face of the contradiction of "Internet of everything and content regulation, intelligent communication and data security, connection and anti-connection", it is necessary to standardize constraints from the institution, transfer guidance from the value, and find a path for people and technology to advance together.

Keywords:5G, audio-visual communication, applications, trends, challenges

5G 新一代移动通信技术"超大带宽、超广连接、超低时延"特性和"增强移动宽带、海量机器通信、超高可靠低时延通信"三大应用场景,正在颠覆 1G 到 4G 围绕"人"的移动相连迭代,重构万物互联的新场景,触发视听传播的革命性巨变。

2020 年 3 月,中共中央政治局常务委员会召开会议提出,加快 5G 网络、数据中心等新型基础设施建设进度。① 作为国家"新基建"的领头羊,5G 正与通信网络基础设施、存储基础设施、新技术基础设施、算力基础设施一起,构建千行百业共同参与的生态系统。经过 2020 年的商用元年,视听领域成为 5G 应用最早的业务场景之一,涌现出一批视听新样态,也与技术可能引发的矛盾与风险相生相伴。在万物皆媒、万物皆屏的 5G 时代,视听正成为主流连接方式,透过无限压缩的时间和空间,成为人类承载"看见"、连接"万物"、安放"生活"的存在。

一、"在场":5G 技术环境中的视听新样态

5G 是人工智能、物联网、云计算、VR、AR、MR、CR 等新技术的发展基础,5G 技术环境中视听传播的发展突破也包孕在与上述新技术的跨界融合领域之中。无论是比 4G 快 10 倍的传输速率可支持的 4K/8K 超高清视频,还是大数据、云计算赋能的智能传播;无论是物联网、车联网的万物终端,还是虚拟现实的拟态空间,5G 技术环境

① 新华社.中央政治局常务委员会召开会议 研究当前新冠肺炎疫情防控和稳定经济社会运行重点工作 习近平主持会议[EB/OL].(2020-03-04)[2021-01-15].http://www.gov.cn/xinwen/2020-03/04/content_5486931.htm.

中的视听新样态演化都不断接近面对面的在场社交，用人们可以看得见、听得见的方式让万物彼此连接，从此地到彼处，从现实到虚拟，从历时性的经验到共时性的经历，“视听在场”成为常态，聚集出越来越繁盛的视听传播新样态。

（一）超速传输，沉浸视听

5G作为信息传输高速公路，正在改变视听内容的视觉属性。具有超高画质、超大视角、超高沉浸感的超高清视频是5G超大带宽最先落地的业务方向之一。4K、8K的超高清分辨率相对于目前普遍应用的高清2K标准，在高分辨率、高帧率、高色深、广色域等维度实现了视觉呈现的颠覆性技术革新，通过更丰富更精致的画面层次和细节、更有细腻度和流畅感的影像、更丰富的画面颜色和充分体现画面亮部暗部细节的画面对比度等，给用户带来更逼真的、和现实一样细腻的视听感受。当屏幕上的冰球运动员的汗毛都清晰呈现时，眼前“屏”的存在才会被眼睛自然忽略。以这种逼真感为视觉基础，再融合多媒体艺术、装置艺术等，声光电共塑多层次的沉浸视听体验。

国家广播电视总局科技司在2020年发布的《5G高新视频——沉浸式视频技术白皮书（2020）》中指出，5G高新视频是指5G环境下具有“更高技术格式、更新应用场景、更美视听体验”的视频。其中，“高”是指视频融合4K/8K、3D、VR/AR/MR、高帧率（HFR）、高动态范围（HDR）、广色域（WCG）等高技术格式；“新”是指具有新奇的影像语言和视觉体验的创新应用场景，能够吸引观众兴趣并促使其产生消费。① 从白皮书来看，超高清视频是5G高新视频的基础形态，是5G时代视频观看的新标准，其与VR、AR、MR、直播技术、人工智能、物联网、车联网等技术的结合应用，会迸发出更旺盛的内容创新能力。2020年1至9月，4K超高清电视在国内的销售量已占国内市场总销售量的近70%，渗透率不断提升。② 国家广播电视总局公布的消息显示，截至2021年3月底，中央广播电视总台4K超高清频道已有7个，腾讯视频已经开始了超过10万部超高清4K视频的储备。2021年7月，由于新冠肺炎疫情的影响，历史上首

---

① 国家广播电视总局科技司.5G高新视频：沉浸式视频技术白皮书（2020）[R/OL].（2020-09-27）[2021-05-01]. http://www.nrta.gov.cn/module/download/downfile.jsp?classid=0&filename=680f77f65aab4654a493c301ba1f3ab2.pdf.

② 北京商报.4K超高清电视占国内市场销量近七成[EB/OL].（2020-11-03）[2021-05-01]. https://baijiahao.baidu.com/s? id=1682330453861641911&wfr=spider&for=pc.

届基本没有现场观众的东京奥运会首次采用 5G 和云计算支撑全球转播，采用 4K 和沉浸式音频技术，该技术能呈现比“标清”丰富 4 倍的细节。咪咕视频作为中央广播电视总台东京奥运会赛事转播合作伙伴，通过 5G+4K/8K 超高清直播技术，借助 HDR Vivid 技术，将影像画面亮度提升了 40 倍，影像色彩提升 72%，保证直播画面流畅的同时，为观众还原立体、真实的奥运赛场。①

（二）云上采编，智慧视听

4G 时代的流量以面向消费者的下载、观看等下行流量为主，存储也以本地存储为主。而万物互联时代需要的是双向大带宽的信息交互，信息交互产生的海量数据又需要云端作为中枢存储，所以通达上下行双向超速传输的 5G 技术匹配云端，成为万物互联时代的核心支持方案，并大大提升视听生产传播效率。

适配视听传播场景，更好实现全媒体采编需求的“云采编”被广电媒体率先运用。受设备和传输速率、卫星传送费用等制约，广电的远程采编效率一直不高。5G 手机、5G 视频回传背包依托超高带宽可以实现高效下载和回传，以 5G 为基础的云技术凭借强大的信息处理能力可以完成视频的剪辑渲染。2021 年全国“两会”，中国移动联合人民日报社，利用“5G+边缘计算”技术实现了人民日报 AI 智能编辑部“云上精编”的功能，编辑记者在新闻现场可以一键连接云上非编高性能服务器开展流畅精编，即使 4K/8K 高清场景也可以在短时间内迅速完成剪辑。

除了为实时性和带宽密集型的媒体编辑业务提供革新性工具价值外，由 5G 作为传输纽带和技术支撑的云技术，在万物互联的需求驱动下，将围绕人、物、场景主动或被动收集大量的数据，这些数据又将成为人工智能的核心支撑。延续人民日报 AI 智能编辑部的发展构想，除了 AI 会看、会做、会审的三大能力，结合海量的用户数据，智慧分发、接收、反馈的数智能力将使 AI 智能编辑部迸发巨大能量。从这个角度看，智慧视听是 5G 技术引发的系列技术革新的必然结果。

（三）延展叙事，全感视听

“5G+VR/AR/MR/XR”可以重构视听传播的视觉设计与场景建构，创造性延展

① 澎湃新闻.5G、AI、云计算……东京奥运会背后的“黑科技”大盘点[EB/OL].(2021-08-09)[2021-01-15].http://news.sina.com.cn/o/2021-08-09/doc-ikqciyzm0483507.shtml.

视听叙事边界，观众体验将不止于看与听，用户的嗅觉、触感也被调动，构筑如电影《头号玩家》描绘的全感视听空间。虚拟现实（VR）、增强现实（AR）、混合现实（MR）和扩展现实（XR）是能够彻底颠覆人机交互传统的变革性技术，其产品的商用推广一直受困于数据传输效率低、设备体积较大、便携性差等体验瓶颈。5G 可以通过超高容量的云端存储和高速稳定的数据传输，使 VR 等终端小型化、便携化及无线化，改善用户因为时延在体验中产生的“眩晕”通病，助推终端的大规模普及和商用。其孪生兄弟般的密切发展联系让“5G＋VR/AR/MR/XR”成为 5G 商用以来最受期待的应用场景之一，应用落地的实践早在 2019 年就已开始开展。

2018 年底，中央广播电视总台成立了 5G 媒体实验室后，在国庆 70 周年庆典、春晚、“两会”、世园会、武汉军运会、澳门回归 20 周年等多项重大宣传报道活动中，充分运用 5G 网络传输特点进行了 5G＋4K/8K、5G＋VR 直播①。2021 年春晚，创意表演《牛起来》首次采用 AI＋VR 裸眼 3D 演播室以及交互式摄影控制技术完成了“机器牛”与真人演员的同台共舞，借助 AR 虚拟合成技术；刘德华通过“云录制”在不同的时空完成了与春晚主舞台王一博、关晓彤的同台演出；周杰伦演唱的《莫吉托》（*Mojito*）中，XR 技术通过让舞台虚实交错、移步换景完成了节目形式创新。2021 年成为春晚黑马的河南台，其舞蹈节目《唐宫夜宴》也是凭借 5G＋AR 实力出圈，舞台歌舞融入博物馆场景，真实与虚拟相融合的节目形式带观众穿越回大唐的美妙夜晚。

(四)千人千面，交互视听

5G 技术支持同时传输多路视频流，为视听生产提供叙事域、时空域、屏内外观看域等多维度、多层次交互的技术现实，为用户提供了个性化、定制化、精准化的视听体验，5G 时代的视听传播将是千人千面。

2020 年中国职业篮球联赛（CBA）全明星赛事中，中国移动咪咕视频“自由视角”功能通过赛场多个超高清摄像机位环绕取景，用户在手机屏幕上自主点触滑动就可以自己做导播自由切换全场任意视角，在攻守转化极快的赛事对决中真正享受观看比赛每个细节和掌控全场的感觉。此外，咪咕视频在林书豪和易建联两位明星球员视角设

---

① 中央电视台.中央广播电视总台 5G 媒体应用白皮书(2020 版)[R/OL].(2020-07-06)[2021-05-03].https://lmtw.com/mzw/content/detail/id/189506? mz_refresh=1596958815.

置了两路超高清机位,用户可以通过主客视角的多屏同看见证两位球星赛场内外的每一个细节。[①] 联通5G出品的互动式电影手游《审判者》还没面世,就已经出现在TapTap的预约榜上。需要在手机端进行大量在线互动的电影手游,迫切需求高速度、低延迟的5G网络,在不因存储空间大小损害玩家体验的同时,流畅实现长达数小时到数十小时的游戏流程。互动式电影手游和5G成为一种互相成全的应用尝试。

(五)万物皆媒,泛在视听

万物互联时代,万物皆媒。车联网、物联网将为视听传播提供丰富的传播终端和传播场景,产生海量的视听内容需求,除了文娱内容价值外,网络视频的功能价值会进一步凸显,视听将会泛在性地成为商品零售、办公、医疗、教育、交通等多领域"交流、沟通、展示"的表达方式。早在2014年,由工信部、发改委和科技部联合推动成立的IMT-2020(5G)推进组发布了第一份5G白皮书《5G愿景与需求白皮书》中英文版。白皮书中指出,面向2020年及未来,5G的总体愿景是"信息随心至,万物触手及"[②]。2019年8月,华为推出了搭载鸿蒙OS的终端家庭智慧屏,多屏互联成为其区别于传统电视的灵魂;2020年9月,华为开发者大会发布了EMUI 11系统,该系统可以实现手机和电脑的多屏协同和家用智能设备的无感联网;2021年4月,华为联手极狐推出搭载了激光雷达智能驾驶系统、鸿蒙OS车载系统以及双华为自研芯片的量产车[③],该产品搭载全球量产车最长的20.3英寸4K交互屏,可实现多屏互联、智能语音交互等功能。按照10年周期法则,万物互联愿景的实现还需时日,但从华为的布局窥一斑而见全豹,多屏互联已成为物联网的雏形。

二、"连接":5G技术环境中的传播新变化

20世纪80年代手提电话和第一代移动通信系统的出现,开启了人类世界移动传

① 中国日报.2020年CBA全明星赛落幕,中国移动5G黑科技助力CBA 2.0时代[EB/OL].(2020-01-13)[2021-01-15].https://baijiahao.baidu.com/s? id=1655590527635740388&wfr=spider&for=pc.

② 网易科技.2014年IMT-2020(5G)峰会在京举行[EB/OL].https://www.163.com/tech/article/9TIJSO7C00094ODQ.html.

③ 广州日报.ARCFOX极狐阿尔法S上市,华为HI版首次搭载鸿蒙OS智能互联系统[EB/OL].(2020-04-19)[2021-05-03].https://baijiahao.baidu.com/s? id=1697434144548938324&wfr=spider&for=pc.

播的新景象。移动通信的关键特征是什么？曼纽尔·卡斯特将连接性而非移动性视为移动通信的关键特征[①]，因为分散各地和各场景的人逐渐通过移动终端和全球通信网络连接，移动通信是建立无处不在的、永久的连接的方式。伴随移动通信技术的持续进化，人们相连的具体方式从语言到文字、从图片到视频，连接的速度和深度持续提升。连接从本质上来说是对时间和空间的压缩，而时间和空间的不同形态又构造着我们的生活。核心特性为"连接"的5G技术重塑了信息传播的逻辑方式，包孕着视频化、虚拟化、智能化的革新性变化。

(一)视频化：无处不在的屏

凯文·凯利在2016年出版的《必然》一书中，将"屏读"(Screening)作为未来呈现在我们文化中的一系列"元变化"之一。"今天，超过50亿张的数字屏幕在我们的生活中闪烁……屏幕占据了我们的口袋、行李箱、仪表盘、客厅墙壁和建筑物的四壁。"[②]凯文·凯利称，我们已经从"书本之民"变成了"屏幕之民"，"屏读首先会改变书籍，然后会改变图书馆；之后，它会给电影和视频动手术；再之后，它会瓦解掉游戏和教育；而最终，屏读将会改变每件事"[③]。

近几年，硬屏、柔性屏、透明屏、全息显示等可以满足不同使用场景需求的"泛在屏"概念被广泛讨论，折叠屏、曲面屏已经投入终端使用市场。5G技术支撑的"大连接时代"，屏幕会成为万物互联的"入口"，人与人的交流、人与物的交流、物与物的交流都会通过屏幕呈现出来。

屏是无限的空间，是"共时、共场"的媒介，是不断变动的世界，是视频更加适配的空间。依托万屏作为万物的指挥中枢互联，视频将越来越成为人们广泛使用的一种表达方式。

(二)虚拟化：无屏的身临其境

无处不在的屏是万物互联时代视听传播广度的延伸，而无屏的身临其境则是网络

---

① 卡斯特，阿德沃尔，邱林川，等.移动通信与社会变迁：全球视角下的传播变革[M].傅玉辉，何睿，薛辉，译.北京：清华大学出版社，2014：224.

② 凯利.必然[M].周峰，董理，金阳，译.北京：电子工业出版社，2016：196.

③ 凯利.必然[M].周峰，董理，金阳，译.北京：电子工业出版社，2016：67.

视听传播深度的改头换面。

颠覆以往观看经验、带来强烈沉浸感的 VR 视频、AR 视频、MR 视频必然是视听传播的崭新拐点,无论是完全虚拟的视听世界,还是现实与虚拟重叠,又或是上述两者的混合,现实的你我他都与虚拟现实通过视频介质在“感觉”上融合在一起。

从内容层面看,“画框”的概念将在虚拟现实观看场景中消失,横屏、竖屏不再是行业规范,内容生产需要创造“无边界”的内容,突破二维空间,将内容延伸到真实的三维世界,联通线上与线下、真实与虚拟。经典的影视美学已经不足以支撑内容表达,在虚拟现实中,“体验的美学”成为核心,“互动效果”成为魅力,观众的上帝“视角”将变成“全感”,视觉、听觉、触觉等逐一在 VR 视频中还原,视频拍摄技术的所有变革将以现场感和互动效果为基础开展。视频的叙事表达将完全颠覆,以镜头为单位的蒙太奇将变成“场”的组合,通过景别切换带来的视角调整变成观众可实时选择的“聚焦”或“远离”,视频变成用户体验故事、走进故事,甚至主宰故事的载体。

从工具层面看,视听形态也会发生颠覆性的变化,人们可以根据所处场景自由切换 VR、AR、MR 技术赋能的“新直播”,跨越物理界限,处在半虚拟、全虚拟或两者混合的同一个空间,办公、购物、旅行、看病、学习、聚餐……视频将让文字、图表、语言凝结成动态主体,成为虚拟化现实中的最小表达单元。

长、短、横、竖、虚拟、现实的一切界限都在模糊,空间被彻底跨越,物理的时间成为唯一的顺序流,视频会成为一个用户可以自由步入的“新世界”,人类从“看”视频到“用”视频,最终来到“感受”视频的阶段。

(三)智能化:全时在线的新生态

5G 开启的万物皆媒、万物互联时空中,由人和物构成的场景、物与物变成介质的实时相连,都成为通达的传播链路与通道。视听变得“无处不在”,人的主体性能够得到最大化的延伸,“我”可以实现在多重空间中的同屏呈现。但面对每天固定 24 个小时的时间总量,人们的个性化需求反而会愈加凸显,定制化视听内容、智能化分发机制、强大的场景感知能力成为 5G 时代视听传播过程的刚需。4G 时代,短视频适配流畅播放的“短”配合算法和手机端播放呈现出的强大跨场景观看能力铸就了潮流,但 5G 万物互联时代,借助数据创造的万千新场景,更加离不开对应用场景、生活场景、传播介质深入细致的洞察感受，智能传播能力成为关键。比如，手机端的短视频和厨房场景中冰箱播放屏的短视频有何传播侧重，冰箱播放屏在万物互联中如何汲取用户在别类场景中的行为习惯、观看习惯，从而个性化呈现内容并传导冰箱的家居功能，都是5G时代视听传播的想象空间。

三、"协同"：5G时代视听传播的挑战与应对

人类文明史上，技术的发展一直是把双刃剑，风险与生产力提升往往相生相伴。5G时代的视听传播在享受更大的连接自由时，要对可能引发的矛盾和风险有清晰的认知，从法律制度上规范约束、从价值体系上传递引导，寻找人与技术协同共进的路径。

（一）万物互联与内容监管的矛盾

5G时代万物皆媒，视听传播终端数量将迎来指数级增长，监管内容体量也将面临爆炸式增长，人工审核方式已不可能胜任，智慧审核成为刚需。但视听传播终端形态各异，适配的视听内容类型诸如VR、直播等各有不同，智慧审核的精度提升任重道远。5G时代信息高速公路，为高速上传下载通达链路，也为违规视听内容的传播提供了高速隐身衣，监管速度如何匹配视听传播高速公路也是人们必须面对的挑战。此外，最重要的是，5G必然为视听传播领域带来新的业务形态、智能终端、内容样态，这些都会对现有的内容监管体制机制的适配性形成巨大挑战。体制机制创新必须打足提前量，才能保证5G技术在视听传播领域应用动能的最大释放。

（二）智能传播与数据安全的矛盾

万物互联的5G高速公路中奔流的是海量的数据，这些数据是云计算、人工智能发挥作用的基础，是技术为人类带来便捷性、想你所想、成为人体延伸的基础，是视听传播往智慧传播迭代的基础。5G为整个经济社会发展重新修订的逻辑和宏伟愿景，正在产生巨大的虹吸作用，用户正卸下数据隐私的防备，向云端、向设备、向平台敞开本地终端的数据库。可是海量数据的安全谁来负责，法律法规的具体约束是什么，要在社会内形成的数据安全价值观是什么？一条数据对于大数据分析而言，可能是亿万

分之一的可忽略量，但是对于每一个人的隐私安全却有可能影响重大。面对万物互联的世界，千万个相连的人与人、人与物、物与物会共筑指数级增长的力量，可是如果个体的数据安全得不到保障，个体与万物相连的渴望会大打折扣，数据安全也许会引发搅乱万物互联的蝴蝶效应。

(三)连接与反连接的矛盾

基于对技术双刃剑的警惕，人类社会对媒介的批判从未停止。已经有越来越多的研究表明，过度的连接会模糊生活与工作的界限，两者不断互相侵入，对人们的生活满意度、家庭生活和谐、身心健康等带来一定负面效应。此外，线上连接对线下连接的挤占、虚拟对真实的模糊、算法构筑信息茧房的自我重复、用户对娱乐的沉迷成瘾、群体对个体的约束等，让“反连接”的概念应运而生，隐私权、被遗忘权、控制连接开关的权力也开始被专业媒体和学者反复讨论。所以，在 5G 即将带来的万物互联、万物皆媒时代，我们也必须要思考反连接的问题，因为技术发展导向必须建立在人性化基础上，服务人的需求，由人类的主流价值引领，赋能美好生活，5G 时代的人与技术才能紧密结合，协同共生。

以 5G 为基础的新一代信息技术的应用发展，正在让穿越时空的“面对面”成为人人触手能及的现实，无数的远方正在和“此时此刻”相连相通，视听传播与新的社会需求、新的技术应用并肩前行，以更多的新样态呈现于世。但技术的尽头仍是人和文明，以时代为擎的技术创新必须以利民、惠民、富民为目的，助力社会创新，改善社会福祉。5G 时代的视听传播，藉由技术与人文的双重关怀，才能映射出更好的时代和生活。

〔王晓红，中国传媒大学教授、博士生导师；王芯蕊，中国传媒大学教师、助理研究员〕

〔特约编辑：曹晚红〕

数据伦理研究的议题流变、前沿热点与经典文献

Research on Data Ethics: Issues Evolution, Frontier Hotspots and Classic Articles

◎ 何建平　高　原

He Jianping　Gao Yuan

摘要:本文以 Web of Science 数据库在 1993 至 2020 年间刊载的关于数据伦理中隐私问题的文章作为研究对象,利用科学计量软件 CiteSpace 进行可视化分析,勾勒该研究领域的科学知识结构。研究发现,数据伦理中隐私问题的研究始于 1993 年,激增于 2018 年,尤其在近两年的大数据和人工智能技术发展的背景下,研究热度达到顶峰。首先,目前国际上的研究呈现出明显的三段划分和多学科视角切入的特点。其次,研究热点相对集中且逐渐深化,即除了"大数据、伦理和隐私"为学界不变的三大研究热点外,随着社会现实问题的深化,新的热点也会随之变化,其中"社会公正"是学界最聚焦的研究议题。最后,该领域的研究已经从理论走向实践应用阶段,"数字市场"充当了理论探索过渡到实践应用的一个桥梁。

关键词:数据伦理;隐私;CiteSpace;科学知识图谱;共被引分析

Abstract: This paper is based on the Web of Science database and takes advantage of CiteSpace, a scientometric software, to conduct visualization analyses. It is found that privacy issues in data ethics have reached the research peak in the past two years. The current global research in this field is characterized by three different time periods and multidisciplinary perspectives. The hotspots of this field are relatively concentrated and gradually deepened. "Big data, ethics and privacy" are three most popular research hotspots among all topics. In addition, the research in this field has moved from the theoretical stage to the practical stage. This paper attempts to present the scientific knowledge structure, patterns and distribution of privacy issues in data ethics. Moreover, this paper also aims to explore the global frontier hotspots in this field and to provide inspiration and experience for Chinese academic research and industry practice in the field of data ethics.

Keywords: data ethics, privacy, CiteSpace, mapping knowledge domains, co-citation analysis

一、引言

大数据应用技术的普及不仅催生着人工智能时代的到来，也为改善人类生活以及环境提供了新的发展可能。然而，大数据的实际发展轨迹与人们的预期之间存在着偏差，大数据带来机遇的同时也伴随着严峻的道德挑战。大数据的迅速发展已经引发众多伦理问题，“数据”问题日益严峻，其产生的影响从技术层面延展到市场乃至社会生活中。各行各业对数据的广泛应用也引起了公平、责任和尊重人权等亟待解决的伦理问题。因此，数据伦理研究进入学术视野既是迭代更替的大数据环境下拓展数据伦理问题研究的必然结果，也是数据产业良性发展和社会现实需求的反映。

在概念上，“数据伦理”(Data Ethics)属于应用伦理学的新兴研究分支，即研究数据发展过程中出现的伦理现象和问题，并采用伦理学的理论来指导解决问题。其主要任务之一是：“为了提供伦理支持从而达到社会共识，也使得决策过程中的理性程序更合理。分析社会中数据领域中的伦理问题，并去打造一个对话的舞台来共同解决伦理问题引起的道德悖论。”①有的国家政府进一步提出，数据伦理学阐释了有关数据的创建、分析、传播时的价值观和操作行为方法，其主要涵盖了对法律法规的深入掌握以及对数据应用技术的合理使用。②

然而，对大数据的伦理追问往往包含对大数据技术的反思与批判。在智能时代的传播中，数据信息与互联网使用者的隐私是息息相关的，“隐私”是数据伦理研究中核心的问题之一。③ 互联网平台中，用户在平台的使用行为以数据的形态保存，平台对用户信息进行分析而获取相关利益需求，因此关于隐私的数据伦理问题逐渐凸显。从传播信息的角度来看隐私的伦理问题，任何技术背景下的信息泄露以及获取用户信息手段的合理性问题都会存在。尤其是在当今大数据的技术条件下，网络用户与平台之

---

① 甘绍平.什么是应用伦理学[J].自然辩证法研究，2004(8)：4-6.

② GOV UK. Data ethics framework[EB/OL].(2018-06-13) [2020-01-03].https://www.gov.uk/government/publications/data-ethics-framework.

③ 颜世健.数据伦理视角下的数据隐私与数据管理[J].新闻爱好者，2019(8)：36-38.

间的关系也保持着动态变化。毋庸置疑，随着大数据算法的巨大进步以及人工智能技术的提升，对数据伦理的深层次研究离不开对隐私这一核心问题的探索。

在大数据兴起的背景下，数据伦理问题已经在国外学界引起了广泛关注并产出了众多研究，但国内学界的相关研究还处于起步阶段，存在一定的不足。首先，随着大数据和人工智能等技术的迅猛发展，“数据伦理”问题的研究容易出现滞后性，我们需要对新技术背景下有关数据伦理议题的嬗变具备一定的前瞻性。其次，国内学界已有的大多数研究存在片面性、局部性的特点，对有关数据伦理的研究缺乏理论的沉淀和研究深度的拓展。最后，传统的文献综述由人工筛选，难免存在文献样本数量选择不足以及筛选过于主观等问题。

因此，基于有关数据伦理问题的研究现状以及研究价值，本文利用可视化的科学计量软件 CiteSpace，对核心期刊数据库 Web of Science(WOS)收录的 5115 篇数据伦理施引文献进行逻辑演进、知识图谱与前沿热点的数据挖掘和可视化分析等具有客观性、系统性、定量性的研究。本文的研究目的在于呈现数据伦理中的隐私问题的科学知识结构、规律和分布情况，揭示这一研究领域的学术交流情况以及学术共同体的主要构成成员，探寻研究领域的前沿热点或重点关注对象，为国内数据伦理研究的理论沉淀、实践探索和数据产业推进提供有价值的启示和参考。

二、研究设计

(一)研究方法

科学知识图谱是一种新兴的科学计量工具，即“一种以信息可视化方式和引文分析方法为基础，包含认知科学、信息科学、计算机科学等交叉学科的科学研究范式”。① 本文主要利用美国华裔学者陈超美(Chaomei Chen)基于 Java 语言开发的信息可视化软件 CiteSpace 作为研究工具进行分析，内容包括科研合作网络分析、关键词共现分析以及文献共被引分析，即利用可视化的手段来呈现科学知识的结构、规律和分布情况。目前，国内学者运用 CiteSpace 的研究主要集中于经济学、图书情报学、教育学等学科，而较少用于新闻传播学、数字营销、伦理学等领域的研究。② 因此，本文将会借

① 陈悦，陈超美，刘则渊，等.CiteSpace 知识图谱的方法论功能[J].科学学研究，2015，33(2)：242-253.

② 刘光阳，李根.Ucinet 国内学术贡献的计量与图谱分析：基于 CNKI 中文期刊 2004—2017 年的数据[J].图书情报工作，2017，61(S2)：88-98.

助 CiteSpace 对检索得到的 5115 篇施引文献进行一系列的分析,勾勒可视化网络知识图谱,在此基础上直观地呈现出数据伦理中隐私问题研究领域的科学知识结构,即学术情况的逻辑演进脉络、研究热点和主题以及前沿趋势等,如图 1 所示。

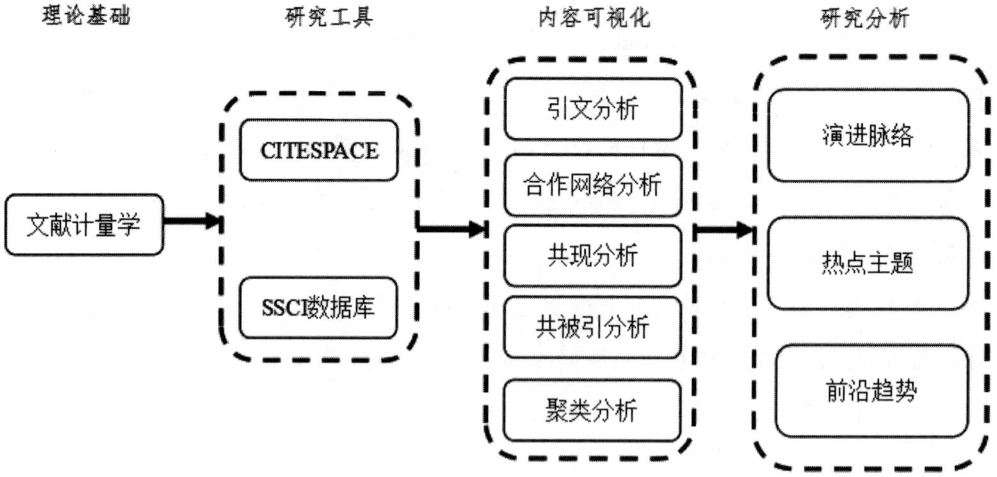

图 1　研究框架图

本文的研究思路为:"从宏观到微观,从直观到复杂,从整体到局部,从一般到特殊",即年度分布分析(宏观)——学术交流情况分析(宏观)——关键词共现分析(微观、直观)——共被引分析(复杂、整体)——聚类分析(局部)——突现分析(特殊)。①

(二)数据收集

本研究以 Web of Science 数据库作为文献样本来源,利用高级检索功能进行检索,检索前选择"SSCI"文献集、"时间跨度=所有年限"、格式为"Article",输入采集检索式 TS=(data AND ethics AND privacy)进行主题检索,检索共得到 608 篇被引文献。本文筛选了 2010 年 1 月至 2020 年 12 月的有效被引文献共 524 篇。进而,为了改善单纯的主题检索中查全率不高的问题,本文对 524 篇有效被引文献进行了施引文献扩展,最终共得到 5115 篇施引文献作为本文的研究对象。接下来本文将利用 CiteSpace 进行可视化分析。

---

① CHEN C M. Science mapping: a systematic review of the literature[J]. Journal of data and information science, 2017, 2(2): 1-40.

三、数据伦理中隐私问题研究的可视化分析

(一)年度分布分析

图 2 为 5115 篇施引文献按照年份时间分布的折线统计图。图 2 表明学界对于数据伦理中的隐私问题这一主题的研究始于 1993 年,2010 年相关研究开始受到学者的大量关注和研究,2018 年到 2019 年相关研究突然猛增,并在 2019 年和 2020 年达到顶峰,这主要是因为近几年大数据和人工智能等技术的发展带来了许多数据隐私问题和冲突,学者们希望通过梳理问题本质,运用学术方法和工具去探求数字时代下技术与人的平衡之道。

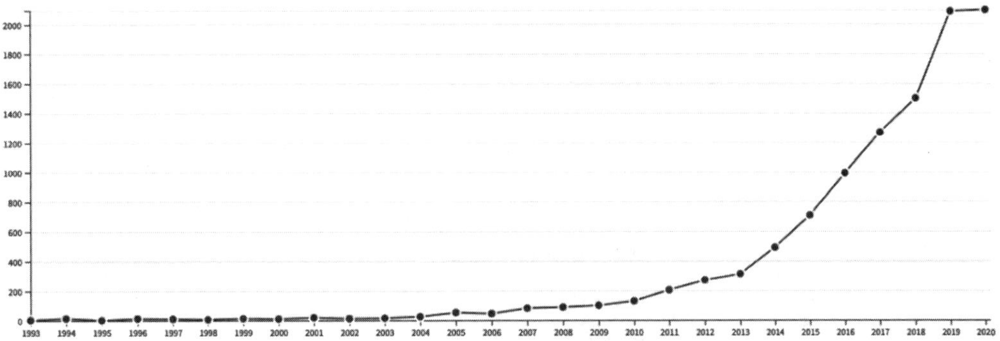

图 2 施引文献年度分布折线统计图

(二)学术交流情况分析

文献计量学中,分析者一般通过测量学者共同发表的论文来揭示学术交流情况。乌克提(S. Wuchty)等人对 Web of Science 数据库的一项数据分析研究表明,除了人文艺术学科领域,其他学科领域都明显呈现团队合作发表成功比例越来越高以及团队规模越来越大的趋势,这通常可以降低困难问题的研究难度、促进学术思维的碰撞以及增大合著论文的影响力。[①] 因此本文对于学术交流情况的分析是非常有意义的,能够识别先锋作者、机构或国家,还能为政府、高校和企业寻找人才和解决问题提供有益的参考。

---

① WUCHTY S, JONES B, UZZI B. The increasing dominance of teams in production of knowledge[J]. Science,2007,316(5827):1036.

1.作者共被引分析

作者共被引分析是用于识别某一研究领域突出代表性作者的最佳手段之一,作者共被引是指两个作者共同被其他文献引用。本文利用 CiteSpace 绘制了作者共被引网络,表 1 为共被引频次排名前十的作者信息,这些作者是数据伦理中的隐私问题这一研究领域顶尖学者的代表。其中博伊德(D. Boyd)、舍恩伯格(V. Mayer-Schonberger)以及齐默(M. Zimmer)三位学者的主要研究方向都涵盖数据与伦理或隐私问题,是本研究领域最值得关注的三位学者。

表 1 数据伦理中的隐私问题作者共被引分析

排序	作者	国籍	研究方向	共被引频次	中介中心性	首次共被引年份
1	D. Boyd	美国	算法责任、大数据、社交媒体、互联网	1357	0.12	2012
2	R. Kitchin	英国	人类地理学、城市学、软件学	445	0.04	2015
3	V. Mayer-Schonberger	奥地利	大数据、信息治理、信息经济、隐私问题	308	0.04	2014
4	M. Zimmer	美国	隐私问题、互联网伦理、数据伦理	248	0.02	2012
5	G. Siemens	加拿大	联通主义、学习分析	248	0.02	2014
6	J. van Dijck	荷兰	新媒体、数字媒体	195	0.01	2015
7	K. Crawford	澳大利亚	社交媒体、大数据、人工智能、媒体治理	190	0.02	2014
8	D. Lazer	美国	计算社会科学、互联网、组织行为学	178	0.02	2014
9	B. Latour	法国	哲学、人类学、社会学	176	0.01	2014
10	D. Lyon	英国	社会学、信息监视、信息社会	165	0.01	2015

博伊德是数据伦理的隐私问题研究领域的关键作者和主要贡献者。她的共被引频次高达 1357 次,中介中心性在全部作者中最高,并且超过了 0.1。WOS 数据显示,博伊德单篇论文最高被引达 5425 次,其 *Critical Questions for Big Data: Provocations for a Cultural, Technological, and Scholarly Phenomenon* 被引达 1949 次,获评 ESI 前 1%的"高被引论文"。除了对于大数据伦理问题的研究,博伊德还聚焦于青少年群体在新媒体和社交媒体面临的例如隐私问题的各种问题以及相应的对策。

舍恩伯格的研究领域涉及大数据、信息治理、信息经济、隐私问题等等。他的代表性期刊论文 *Big Data: A Revolution That Will Transform How We Live, Work, and Think* 在谷歌学术上显示被引频次高达 8391 次。舍恩伯格的主要贡献之一在于他早在20世纪互联网还未被广泛应用时，就开始关注互联网中cookies对用户隐私产生威胁的问题，并作为贡献者推动了美国关于互联网隐私的立法。大数据时代下，他认为大数据重塑了资本主义，但是大数据的广泛应用必须要建立在良好治理的基础上。

齐默是一位关注社交媒体、隐私问题、互联网伦理、数据伦理等方向的美国学者。WOS数据显示，他的代表论文"*But the Data is Already Public*"：*on the Ethics of Research in Facebook* 被引278次，获评ESI前1%的"高被引论文"，可见他在讨论与批判Facebook公司存在的数据伦理以及隐私风险的议题上受到学界欢迎和认可。另外，在Web 2.0时代下，齐默还持续关注着Google公司对用户进行数据监控可能导致的数据伦理和隐私问题。

2.机构合作网络分析

图3为数据伦理中的隐私问题的机构合作网络分析图谱，在图谱形成的网络中，节点的大小代表具体机构发表论文的数量，节点间的连线（Links）为发文机构的合作情况。由图3可知，发文量排名前五的机构及其发文量为：牛津大学（Univ. Oxford）发文量最高，为108篇；多伦多大学（Univ. Toronto）发文量为93篇；华盛顿大学（Univ. Washington）发文量为89篇；莫纳什大学（Monash Univ.）发文量为60篇；悉尼大学（Univ. Sydney）发文量为50篇。

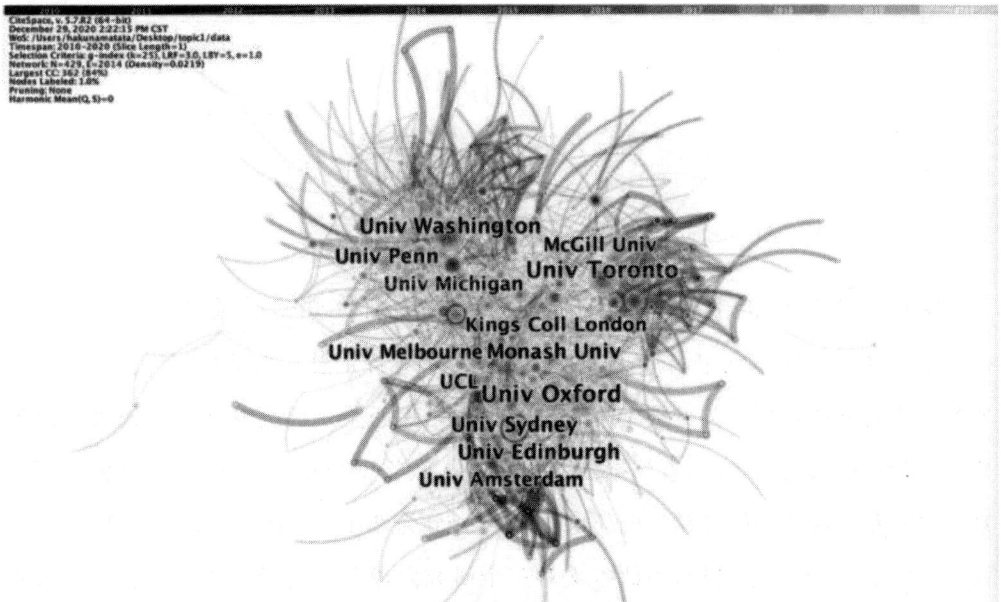

图3　机构合作网络分析图谱

3.国家合作网络分析

图 4 为数据伦理中的隐私问题的国家合作网络分析图谱，发文量排名前五的国家及其发文量为：美国发文量最高，为 1656 篇；英国发文量为 793 篇；澳大利亚发文量为 450 篇；加拿大发文量为 408 篇；德国发文量为 304 篇。另外，英国和美国的中介中心性分别为 0.22 和 0.20，在所有国家中排名最高，在图中体现为明显的较大的外圈，说明英美两国是这个研究领域的重要国家，对领域的研究具有巨大的贡献，即这个研究领域的主要带头人为英美两国。

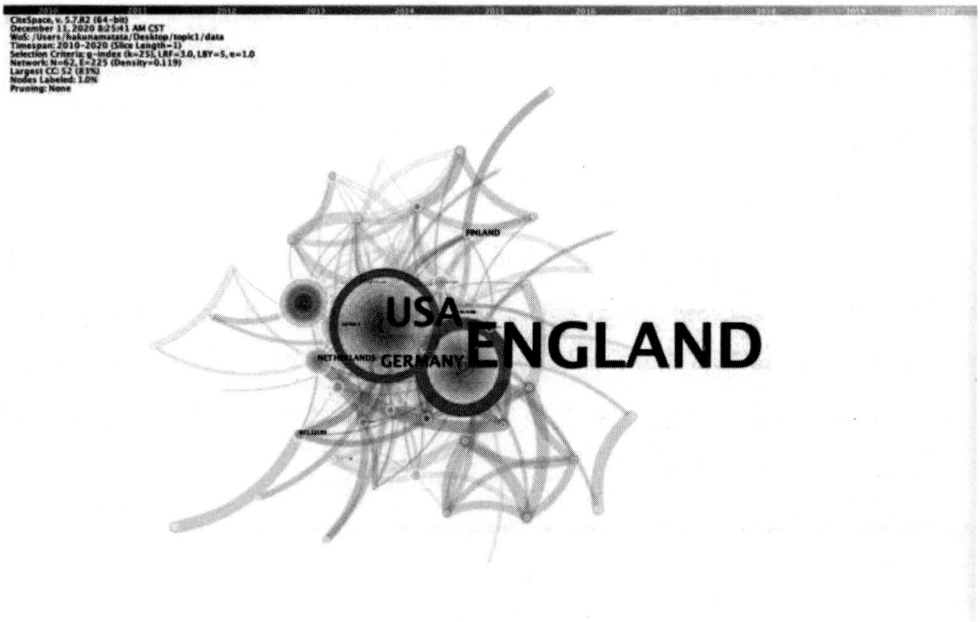

图 4 国家合作网络分析图谱

(三)关键词共现分析

关键词共现分析主要用于揭示研究领域的研究热点或重点关注对象，在 CiteSpace 中即为直接分析作者的原始关键词和数据库的补充关键词，具有结果直观、非常易于解读的优势。关键词共现分析本身就是用于呈现研究领域的动态性热点变化和知识结构演进过程的，再根据前文的施引文献年度分布图来看，本文推测数据伦理中的隐私问题这一研究领域的研究阶段可划分为 2010—2015 年、2016—2018 年以及 2019—2020 年三个阶段，因此本文对三个研究阶段分别进行了动态的关键词共现分析，分析结果如表 2 所示。由表 2 可知，三个研究阶段体现出的共性为研究范畴相对集中,"大数据、伦理和隐私"为不变的三大研究热点,并且每一阶段的研究内容逐步深化,更加贴合社会议题。

表2　三个阶段的关键词共现分析结果表

研究阶段	排序	关键词	中文含义	共现频次	中介中心性	首次出现年份
第一阶段 2010—2015	1	Big data	大数据	83	0.04	2013
	2	Ethics	伦理	81	0.12	2010
	3	Privacy	隐私	65	0.04	2011
	4	Information	信息	53	0.07	2011
	5	Informed consent	知情同意	52	0.07	2011
第二阶段 2016—2018	1	Big data	大数据	462	0.04	2016
	2	Privacy	隐私	221	0.02	2016
	3	Ethics	伦理	190	0.01	2016
	4	Social media	社交媒体	186	0.02	2016
	5	Health	健康	134	0.01	2016
第三阶段 2019—2020	1	Big data	大数据	393	0.05	2019
	2	Privacy	隐私	229	0.02	2019
	3	Ethics	伦理	217	0.01	2019
	4	Social media	社交媒体	200	0.04	2019
	5	Technology	技术	194	0.01	2019

(四)文献共被引分析

文献共被引分析及其聚类分析常用于窥探一个研究领域的关键文献和研究前沿。学界通常认为被引文献反映的是一个研究领域的"知识基础",即为图谱中直接显示的节点,而施引文献则通过聚类分析得到的聚类代表一个研究领域的"研究前沿",因此对施引文献进行共被引分析以及进一步的聚类分析对于理解数据伦理中的隐私问题的知识基础和研究前沿是有重要价值的。

1.高引用频次文献分析

图5为本文利用CiteSpace得出的数据伦理中的隐私问题文献共被引分析图谱。下文将从高引用频次文献和高中介中心性文献两类关键文献的角度出发,进行文献共被引分析。共被引频次排名前十的文献如表3所示。

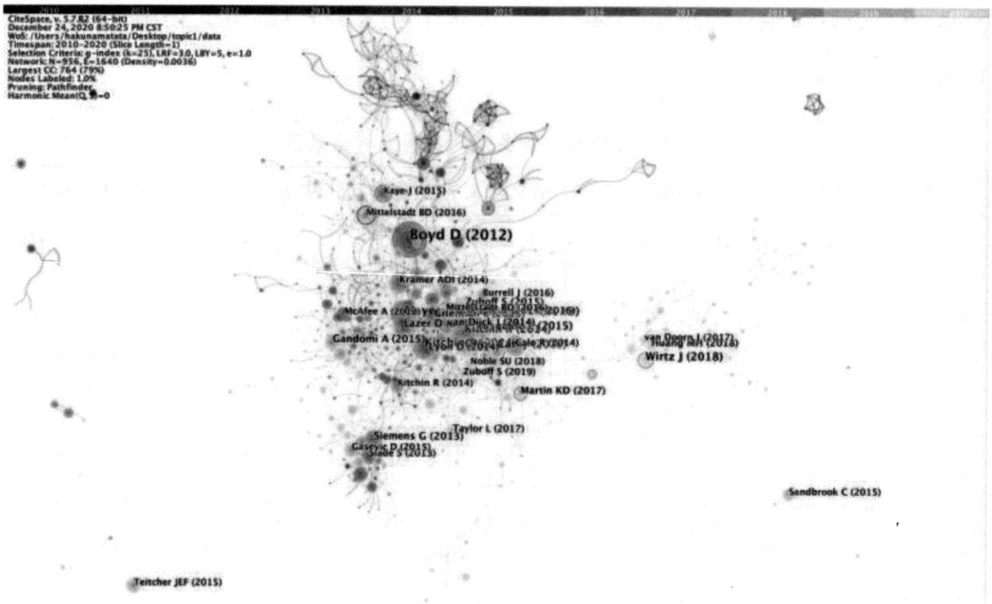

图 5　文献共被引分析图谱

表 3　共被引频次排名前十的文献

排序	共被引频次	作者姓名	发文年份	文献标题	文献来源期刊	所属学科
1	545	Danah Boyd	2012	Critical Questions for Big Data	Information Communication & Society	信息科学、传播学
2	125	Rob Kitchin	2017	Big Data, New Epistemologies and Paradigm Shifts	Big Data & Society	信息科学、社会学
3	108	Jochen Wirtz	2018	Brave New World: Service Robots in the Frontline	Journal of Service Management	管理学
4	77	David Lazer	2014	The Parable of Google Flu: Traps in Big Data Analysis	Science	信息科学
5	72	George Siemens	2013	Learning Analytics: the Emergence of a Discipline	American Behavioral Scientist	心理学
6	69	Shoshana Zuboff	2015	Big Other: Surveillance Capitalism and the Prospects of an Information Civilization	Journal of Information Technology	信息科学
7	68	Amir Gandomi	2015	Beyond the Hype: Big Data Concepts, Methods, and Analytics	International Journal of Information Management	信息科学、管理学

续表

排序	共被引频次	作者姓名	发文年份	文献标题	文献来源期刊	所属学科
8	64	Jose van Dijck	2014	Datafication, Dataism and Dataveillance: Big Data between Scientific Paradigm and Ideology	Surveillance & Society	社会学
9	62	Kelly D. Martin	2017	The Role of Data Privacy in Marketing	Journal of the Academy of Marketing Science	市场营销学
10	61	Solon Barocas	2016	Big Data's Disparate Impact	California Law Review	法学

博伊德指出，在大数据时代下，鉴于大数据作为一种社会技术现象崛起，大众有必要批判性地质疑其假设和偏见。博伊德列出并讨论了六个关于大数据的争议议题，这些议题表明大数据是一种文化、技术和学术现象，它建立在技术、分析和方法论的相互作用之上，这引发了学界的相关讨论和研究热潮。这篇文献的共被引次数最多，为545次。①

罗伯(Rob Kitchin)探讨了大数据的可用性，以及新型的数据分析模式如何挑战科学、社会科学和人文科学中已建立的认识论，并评估了它们在多个学科中产生范式转变的程度。罗伯认为，大数据和新型数据分析模式都是颠覆性创新；学术机构应当尽快对正在展开的数据革命的认识论含义进行更广泛的批判性反思。这篇文献的共被引次数排名第二，为125次。②

约亨(Jochen Wirtz)认为技术创新有可能极大地改变服务行业。本文的贡献有三方面：第一，约亨提出了服务机器人的定义。第二，约亨研究了与服务机器人相关的消费者感知、信念和行为，提出了服务机器人接受模型。第三，约亨从个人、市场和社会层面概述了围绕机器人提供服务的伦理问题。这篇文献的共被引次数排名第三，为108次。③

大卫(David Lazer)基于2013年"谷歌流感趋势"(GFT)相关数据超过美国各实验室预测结果的两倍这一事实，对于大数据分析为何会背离事实这一议题展开讨论。

---

① BOYD D, CRAWFORD K. Critical questions for big data: provocations for a cultural, technological, and scholarly phenomenon[J]. Information, communication & society, 2012,15(5): 662-679.

② KITCHIN R. Big data, new epistemologies and paradigm shifts[J]. Big data & society,2014,1(1):10.

③ WIRTZ J, PATTERSON P G, KUNZ W H, et al. Brave new world: service robots in the frontline[J]. Journal of service management,2018,29(5):1.

大卫认为，造成这一结果的两个重要原因分别是“大数据傲慢”（Big Data Hubris）和算法的变化。“大数据傲慢”通常暗指“大数据是传统数据收集和分析的替代品而不是补充”，而搜索引擎算法的改变和用户不定的搜索行为等会显著影响 GFT 的分析结果。这篇文献的共被引次数排名第四，为 77 次。①

乔治（George Siemens）表示，学习分析（Learning Analytics）引起了学界的注意，其目的在于更好地理解教学和学习的智能内容以及个性化。对于分析项目的所有参与者来说，隐私和数据所有权将变得越来越重要，而目前的法律体系在隐私和道德方面还不成熟。乔治最终得出结论，学习分析已经充分发展为一个新兴的研究领域。这篇文献的共被引次数排名第五，为 72 次。②

另外，肖莎娜（Shoshana Zuboff）等学者也从“监视资本主义”（Surveillance Capitalism）、大数据的整合描述和分析方法、数据化的意识形态基础、企业管理中的隐私研究、数据挖掘（Data Mining）算法的两面性等角度出发，探寻数字时代下有关数据与隐私问题的定义、描述、意识形态、社会影响、企业应用等议题。

2.高中介中心性文献分析

CiteSpace 中的聚类代表若干相关引文共同的、最突出的研究领域，通常用于展现某一学科或领域的知识结构。在 CiteSpace 聚类图中，聚类规模越大，编号越小，一般从 0 开始，“#”为聚类标识；聚类模块越大，聚类所包含的文献数量越多；聚类颜色代表了聚类所有文献首次发表的平均年份；模块化程度（Modularity）用于评价网络模块化程度，取值 Q=[0,1]，越接近于 1 表示聚类模块化程度越显著、越好，一般认为 Q 值大于 0.3 即为显著；轮廓值（Silhouette）则用于衡量聚类的网络同质性，取值 S=[0,1]，越接近于 1 表示网络同质性越强，一般当 S=0.7 时，聚类结果信度最高。与高共被引频次文献相比，高中介中心性文献不仅对现有学科领域有着重大的贡献，还是创造和推进新学科领域的关键文献。

如图 6 所示，本文对得到的引用文献共被引分析图谱进行聚类，得到若干个聚类。聚类 Q=0.7762，远大于 0.3，说明聚类非常显著；S=0.8954，较为接近 0.7，说明信度较高。

---

① LAZER D, KENNEDY R, KING G, et al. The parable of google flu: traps in big data analysis[J]. Science, 2014, 343(6176): 1203-1205.

② SIEMENS G. Learning analytics: the emergence of a discipline[J]. American behavioral scientist, 2013, 57(10): 1380-1400.

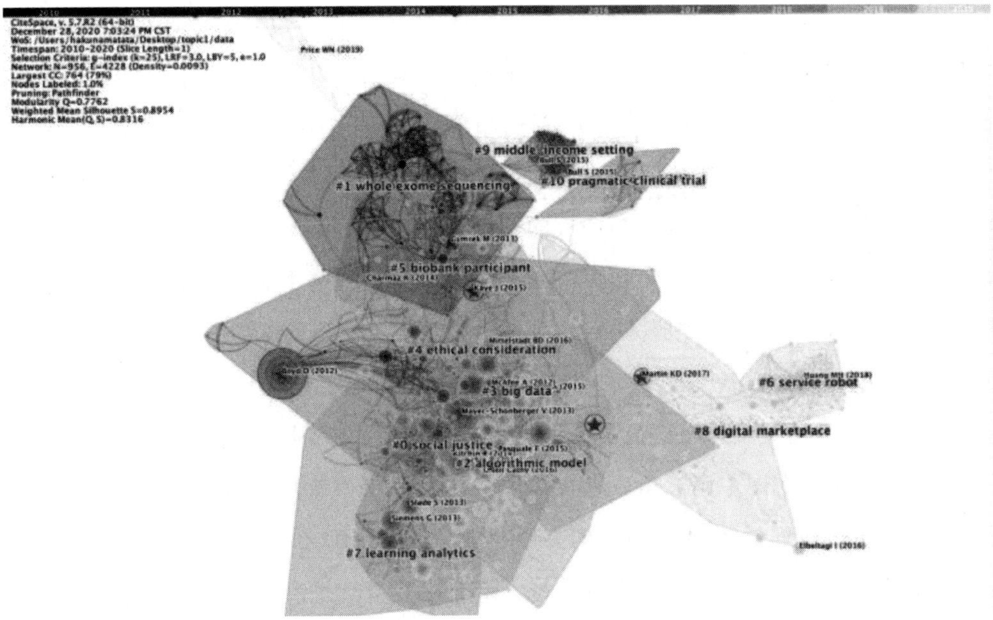

图 6　文献共被引聚类分析图谱

如表 4 所示，对于数据伦理中的隐私问题这一研究领域，前五大聚类为社会公正（＃social justice）、算法模型（＃algorithmic model）、大数据（＃big data）、伦理考虑（＃ethical consideration）以及服务机器人（＃service robot），说明目前学界在这一领域的研究前沿首先聚焦于分析和解决大数据伦理问题所引起的社会公正议题，再者探讨技术本身问题、伦理问题以及大数据应用和实践问题等等。实际上，博伊德这篇共被引频次最高的文献中介中心性为 0.11，为转折点文献，其对于“社会公正”成为第一大聚类具有非常大的贡献，因为其从“伦理考虑”出发，认为大众有必要批判性地看待大数据，并讨论了六个关于大数据的争议议题，引发了学界从“伦理考虑”到“社会公正”的讨论和研究热潮。

表 4　聚类文献数量排名前五的聚类信息

排序	聚类名称	中文含义	聚类文献数量	轮廓值	平均发文年份
1st	＃0 Social justice	社会公正	159	0.759	2014
2nd	＃2 Algorithmic model	算法模型	86	0.846	2015
3rd	＃3 Big data	大数据	77	0.907	2014
4th	＃4 Ethical consideration	伦理考虑	74	0.925	2012
5th	＃6 Service robot	服务机器人	55	0.975	2018

本文还发现,除了社会公正聚类外,数字市场(# digital marketplace)这一聚类是转折点中涉及次数最多的聚类,共三次。从图6中我们可以发现"数字市场"作为桥梁连接了左边与数据伦理中的隐私问题直接相关、偏向理论层面的"社会公正、算法模型、大数据、伦理考虑"等聚类和右边实践应用层面的"服务机器人"聚类,所以"数字市场"这一聚类才会被多次涉及。另一方面,聚类颜色代表聚类中文献首次发表的平均时间,"数字市场"左边的聚类年份集中在2015—2018年,属于对研究领域的理论探索期,"数字市场"以及右边的"服务机器人"年份集中在2019—2020年,属于对研究领域的实践应用期。

图6中有五篇文献外圈颜色最深,说明这五篇文献中介中心性大于0.1,属于聚类转折点,因此本文在图中用五角星进行标注。本文列出中介中心性排名前十的文献,具体信息如表5所示。作为转折点的高中介中心性文献都分别连接了两个聚类,即连接了两个不同的研究领域,接下来本文将详细介绍五篇转折点文献。

表5 共被引中介中心性排名前十的文献

排序	中介中心性	作者姓名	发表年份	文献标题	文献来源期刊	所属学科
1	0.18	Alessandro Acquisti	2015	Privacy and Human Behavior in the Age of Information	Science	信息科学、传播学
2	0.14	Kelly D. Martin	2017	The Role of Data Privacy in Marketing	Journal of the Academy of Marketing Science	信息科学、社会学
3	0.11	Boyd Danah	2012	Critical Questions for Big Data	Information Communication & Society	管理学
4	0.11	Jane Kaye	2015	Dynamic Consent: a Patient Interface for Twenty-first Century Research Networks	European Journal of Human Genetics	信息科学
5	0.10	Brent Daniel Mittelstadt	2016	The Ethics of Algorithms: Mapping the Debate	Big Data & Society	信息科学、社会学
6	0.07	Brent Daniel Mittelstadt	2016	The Ethics of Big Data: Current and Foreseeable Issues in Biomedical Contexts	Science and Engineering Ethics	伦理哲学
7	0.06	Jenna Burrell	2016	How the Machine 'Thinks': Understanding Opacity in Machine Learning Algorithms	Big Data & Society	信息科学、社会学

续表

排序	中介中心性	作者姓名	发表年份	文献标题	文献来源期刊	所属学科
8	0.05	Sharon Slade	2013	Learning Analytics: Ethical Issues and Dilemmas	American Behavioral Scientist	心理学
9	0.05	Sunil Erevelles	2016	Big Data Consumer Analytics and the Transformation of Marketing	Journal of Business Research	市场营销学
10	0.04	Michael Zimmer	2010	"But the Data is Already Public": on the Ethics of Research in Facebook	Ethics and Information Technology	信息科学

亚历山德罗(Alessandro Acquisti)总结了隐私行为实证研究的不同流派之间的联系,提出了关于信息时代公共政策在保护隐私方面的作用的见解。他提出了三个见解:首先,人们对隐私相关行为后果的不确定性以及他们自己对这些后果的偏好;其次,人们对隐私的关注或缺乏对环境的依赖;最后,隐私问题被商业和政府利益所左右的程度。这篇文献的中介中心性最高,并且作为重要转折点连接了"数字市场"(#8 digital marketplace,文献所在聚类)和"服务机器人"(#6 service robot)两大研究领域。由此可见,服务机器人领域研究的开端受到数字市场领域的影响较大,并且以亚历山德罗这篇文献为转折点展开了领域内的主要研究。①

凯利(Kelly D. Martin)阐述了隐私研究在市场营销和相关学科中的现状。凯利检视了数据和信息隐私的理论视角和实证结果,并认为未来应当利用多维方法来进行相关研究,因为相关问题在当代营销的隐私问题中具有多元性的特点。由于内部和外部利益相关者会受到数据隐私问题的多种潜在不可预见的影响,因此这方面的相关研究仍是非常关键的。这篇文献作为重要转折点连接了"数字市场"(#8 digital marketplace,文献所在聚类)和"大数据"(#3 big data)两大研究领域。②

博伊德这篇文献在上文中已详述过,因此不再赘述。这篇文献作为重要转折点连接了"伦理考虑"(#4 ethical consideration,文献所在聚类)和"社会公正"(#0 social justice)两大研究领域。

简(Jane Kaye)将生物医学的研究与信息技术中数据的应用相结合,突破信息化

① ACQUISTI A, BRANDIMARTE L, LOEWENSTEIN G. Privacy and human behavior in the age of information[J]. Science, 2015, 347(6221): 509-514.

② MARTIN K D, MURPHY P E. The role of data privacy in marketing[J]. Journal of the academy of marketing science, 2017, 45(2): 135-155.

时代静态的、纸质的知情同意机制,提出了一种新的同意方法,即动态同意(DC)。DC主要是在生物库的背景下开发的,但它也有在其他领域应用的潜力。这篇文献作为重要转折点连接了"生物样本库成员"(#5 biobank participant,文献所在聚类)和"数字市场"(#8 digital marketplace,文献所在聚类)两大研究领域。①

布伦特(Brent D. Mittelstadt)解释道,在信息社会中,算法的设计层面和操作层面之间的差距以及人类对其伦理含义的理解差异可能会衍生出严重的后果,进而影响个人、群体和整个社会。这篇文献作为重要转折点连接了"算法模型"(#2 algorithmic model)和"社会公正"(#0 social justice)两大研究领域。②

另外,布伦特等学者也从生物医学视角下大数据实践的伦理评估和治理、社会间接性机制中的算法不透明问题、教育领域学习分析所面临的隐私问题、企业利用大数据进行消费者分析的问题、未来社交网站发展的伦理问题等角度出发,基于各个应用层面视角,对于大数据在各个领域的实践中产生的伦理隐私问题进行了深入的解读与讨论,为解决大数据在数字时代与人和伦理的冲突问题以及在各行业的进一步应用奠定了良好的基础。

(五)突现分析

除了共被引分析外,突现分析是识别某一学科或领域研究前沿的另一种方式。在研究前沿的分析中,文献的突现强度或爆发性表示施引文献在选定时间内发生的突现情况,具体来说即为网络中某个文献的共被引强度在短期内发生了很大变化,一般这种变化暗示着这个文献在其突现的一段时间内成为研究热点。表6为数据伦理中的隐私问题共被引文献突现强度排名前五的文献信息。

表6 共被引突现强度排名前五的文献

排序	突现强度	作者姓名	文献标题	发表年份	突现起始年份	突现结束年份
1	165.33	Danah Boyd	Critical Questions for Big Data	2012	2014	2017
2	24.09	Michael Zimmer	"But the Data is Already Public": on the Ethics of Research in Facebook	2010	2012	2015

① KAYE J, WHITLEY E A, LUND D, et al. Dynamic consent: a patient interface for twenty-first century research networks[J]. European journal of human genetics, 2015, 23(2): 141-146.

② MITTELSTADT B D, ALLO P, TADDEO M, et al. The ethics of algorithms: mapping the debate[J]. Big data & society, 2016, 3(2): 1-21.

续表

排序	突现强度	作者姓名	文献标题	发表年份	突现起始年份	突现结束年份
3	15.55	Andrew McAfee	Big Data: the Management Revolution	2012	2015	2017
4	14.24	Hsinchun Chen	Business Intelligence and Analytics:from Big Data to Big Impact	2012	2015	2017
5	11.28	George Siemens	Learning Analytics: the Emergence of a Discipline	2013	2014	2018

博伊德和乔治的两篇文献在上文中已详述过，因此不再赘述。

齐默以 2008 年在美国一所大学发生的一次全校学生 Facebook 个人资料数据隐私风险事件为例进行案例研究。他阐述了一系列未来社交网站发展中必须解决的伦理问题，包括“同意的本质”(the Nature of Consent)、如何正确识别和尊重社交网络的隐私期望、数据公开发布前的匿名化策略，以及相关学术机构审查委员会的专家应当如何进行基于从社交媒体搜集数据的研究项目等等。①

安德鲁(Andrew McAfee)表示，众多学者和企业对于大数据时代的探讨结论是：在未来，数据将会像土地、石油和资本一样，成为经济运行中的根本性资源。有人估算，数据正在以每年超过 50%的速度增长，这意味着每二十个月左右的时间，世界上的数据就会翻一番。数据能够产生价值，因为数据背后反映着信息，而管理最核心的要素之一就是信息的收集与传递。大数据将掀起一场管理革命，无论是企业界、学术界还是政界都将受到重大影响。②

陈炘钧(Hsinchun Chen)指出商业智能和分析(BI&A)已经成为从业者和研究人员的重要研究领域，这反映了当代商业组织中数据相关问题的重要性和影响力。陈炘钧对于 BI&A 进行了详细的介绍，对三代 BI&A 的关键特性和功能进行了定义和描述；分析了目前的 BI&A 研究，并确定了与 BI&A 研究和教育相关的挑战和机遇。③

以突现强度排名第一的博伊德的文献为例，这篇文献于 2012 年发表，从 2014 年开始突现，到 2017 年结束突现，突现持续 4 年左右，突现强度为 165.33，远大于其他几篇文献，说明其在 2014—2017 年间共被引强度陡然升高且幅度较大。单独分析这篇

① ZIMMER M. “But the data is already public”: on the ethics of research in Facebook[J]. Ethics and information technology,2010,12(4):229-241.

② MCAFEE A, ERIK B. Big data: the management revolution[J]. Harvard business review,2012,90(10):60-66,68,128.

③ CHEN H, CHIANG R H, STOREY V C. Business intelligence and analytics: from big data to big impact[J]. MIS quarterly,2012,36(4):1165-1188.

文献，图 7 即其被引用的年度分布图，我们可以看到从 2014—2017 年间被引频次的斜率陡增，这就说明文献在这段时间内发生了较强的突现。结合前文的共被引分析，本文认为造成这个现象的原因是这篇文献从数据伦理中的隐私问题的“伦理考虑”出发，激发了学界对于“社会公正”的研究热情，并使“社会公正”成为受学者关注最多的研究议题，同时 2014—2017 年属于数据伦理中的隐私问题第一阶段末尾至第二阶段的研究，学者们受到博伊德提出的六个争议议题的启发，从各个学科视角探究大数据的实践可行性以及可能造成的伦理和隐私问题。简言之，2014 年前为此文献的铺垫期，2014—2017 年为此文献的前沿期。

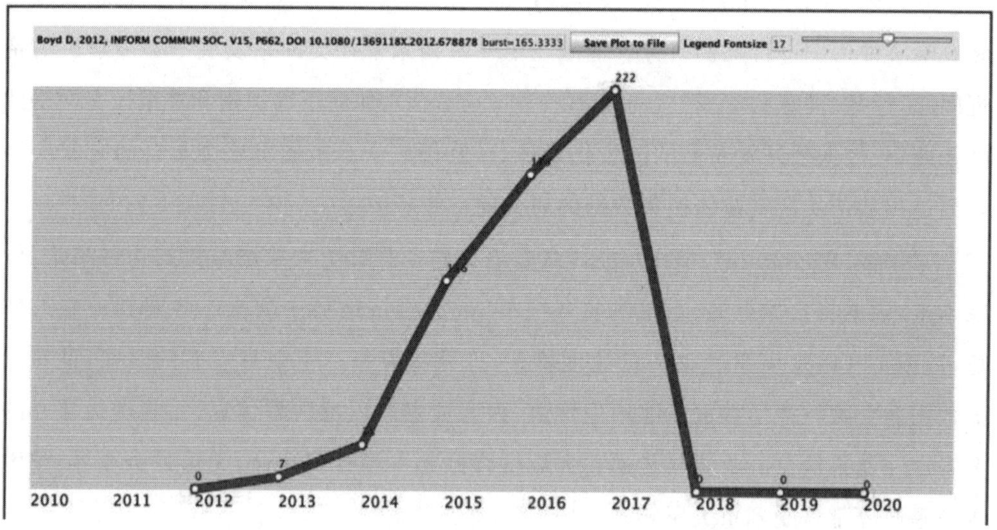

图 7　博伊德的文献被引用的年度分布图

四、结论与发现

（一）研究演进脉络：三大阶段

数据伦理中的隐私问题这一领域的研究发展可以整体划分为三个阶段：第一阶段为 2010—2015 年，在这一阶段，学者们普遍从信息科学和社会学的角度出发，试图从本质上了解、剖析和总结这一领域的一些具体研究议题，多围绕大数据本身的特征和伦理问题进行研究，年平均发文数量在 30 篇左右；第二阶段为 2016—2018 年，在该阶段，学者们在充分理解大数据的情况下，开始探究大数据在多个领域应用的可行性，重点关注大数据在应用时可能会对使用者、客户或社会造成什么样的潜在影响或伦理问题，年平均发文数量在60篇左右；第三阶段为2019—2020年，随着移动互联网的飞速发展以及2019年新冠病毒的影响，人们被迫将很多学习、工作和生活场景从线下转移到线上，因此数字经济迎来了前所未有的“飞跃式发展”，大数据等新技术也进入了全方位、多层次、跨行业的新应用阶段，但这也引发了一些新的伦理和隐私问题，学者们就针对大数据的新应用以及新的伦理和隐私问题进行了探讨和研究，这一阶段年平均发文数量接近100篇，是三个阶段中发文数量最多的阶段，可见学界在这个阶段对相关研究的重视程度。

(二)学科视角:多视角并存、多学科集群

从学科视角看，这些文献从信息科学、社会学、传播学、心理学、管理学以及法学等多个学科视角出发，对于数据伦理中的隐私问题这一研究领域进行了多学科、跨学科、交叉学科研究，呈现出多视角并存、多学科集群的特点。同时，这些文献也从侧面反映了这一研究领域引起了来自不同学科领域的不同学者的关注和研究。因此，数据伦理中隐私问题的研究不仅需要学者们从信息科学和社会科学出发梳理问题，还需要他们利用心理学和管理学对个体和群体进行剖析，结合市场营销学探究应用层面的问题等等。

由此可见，数据伦理中的隐私问题研究具有两大特点。一是对于数据伦理中的隐私问题的研究可分为三个阶段；二是学界都从多个学科视角切入，进行综合性的讨论与研究。

(三)研究议题:相对集中，逐渐深化

对于数据伦理中的隐私问题，整体上来看，三个阶段的研究具有一些共同的特征，研究范畴相对集中。例如共现频次最高的前三个关键词都是“大数据、伦理和隐私”。分开来看，各阶段研究内容逐步深化。第一阶段对于这个研究领域的研究才刚刚起步，形成的关键词共现网络较为稀薄，学界在2010年首先关注“伦理”，而后关注“隐私、信息和知情同意”，最后直至2013年才开始关注“大数据”，但这并不影响大数据成为这一阶段共现频次最高的关键词，说明学界大多数对于数据伦理中的隐私问题的关注都会涉及大数据的讨论与研究，这在后面两个阶段也一样；第二阶段迎来了这一研究领域的井喷，此阶段“社交媒体”和“健康”取代了之前的两个关键词，体现出学界开始关注数据伦理中的隐私问题在社交媒体等具体场景下的现象以及在生物医学领域

中的实践应用,可以说是迈出了从理论讨论到实践应用的一大步;第三阶段与第二阶段类似,但“技术”取代了“健康”,这是由于2019—2020年新兴技术的“飞跃式发展”以及2019年新冠病毒的影响,导致有关技术在人们生活和工作中出现的频率越来越高,同时也引发了新的伦理和隐私问题,因此学界的相关议题和研究也越来越多。

综上所述,在2010—2020年期间,“大数据、伦理和隐私”为学界不变的三大研究热点,形成了稳固的关键词网络,除了这三个关键词外,在不同的阶段也出现新的热点来取代之前的热点,热点随着相关研究的深入和社会现状的变化而发生改变。

(四)“数字市场”:从理论过渡到实践的桥梁

数据伦理中的隐私问题这一研究领域中,受关注最多的研究议题是“社会公正”,其次是“算法模型”“大数据”“伦理考虑”以及“服务机器人”。这说明目前学界在这一领域的研究前沿首先聚焦于分析和解决大数据伦理问题所引起的社会公正议题,再者探讨技术本身问题、伦理问题以及大数据应用和实践问题等等。从高中介中心性角度看,前五篇文献作为转折点分别连接了五对不同的聚类,其中博伊德的文献对于现有聚类的形成贡献巨大;亚历山德罗和凯利的文章作为中介中心性排名前两名的文献,构建了“数字市场”来充当连接理论探索聚类和实践应用聚类的桥梁,将学界从2012—2016年主要聚焦于理论层面探寻和解决数据伦理中的隐私问题研究过渡到2017—2020年在大数据的实践应用中发现和解决伦理隐私问题研究,尤其激发了学界对于数字市场和服务机器人这两个前沿领域的研究热情。实现了从第一阶段的理论研究过渡到第二阶段理论实践相结合的研究,最终走向第三阶段偏向实践应用的研究。

通过上述分析,本文发现该领域的研究基本呈现出从理论到实践应用研究的发展演化逻辑。“数字市场”充当理论探索过渡到实践应用聚类的桥梁。

五、未来趋势预测

从数据角度看,博伊德等人的文献属于Web of Science中的高被引论文,说明高共被引频次的文献对于数据伦理中的隐私问题这一研究领域的贡献度较高,属于这一领域的研究前沿。

另外,本文在CiteSpace中生成突现强度排名前三十的文献,并且以突现开始时间为条件进行排序,发现在研究领域的第一阶段(2010—2015年)的突现通常持续3—

4 年，而在第二阶段(2016—2018 年)的突现通常持续 1—2 年，尚未有第三阶段的文献发生突现。造成这一现象的主要原因是：一方面，第一阶段的研究偏向于对大数据、伦理问题、隐私问题等进行问题识别和理论研讨，这一阶段的研究成果能够在较长一段时间内为后来的学者提供坚实的理论基础和潜在的研究方向，例如齐默的文献就提出了未来社交网站发展中亟待解决的隐私伦理问题；另一方面，随着新技术的发展和社会的快速进步，技术更新迭代的速度越来越快，所带来的各种各样的伦理问题也越来越多，学界为适应这种变化同样地不断加快进行新的研究，紧跟热点潮流，因此关键文献的突现持续时间越来越短。本文预测，第三阶段(2019—2020 年)的突现会延续之前的趋势，即突现持续时间会越来越短，可能大部分文献的突现持续时间会在 1 年及 1 年内。

〔何建平，深圳大学传播学院教授、博士生导师；高原，深圳大学传播学院硕士研究生〕

〔特约编辑：曹晚红〕

城市数字化转型中传媒的角色探析

What Can Media Do in Urban Digital Transition?

◎ 吴信训　王　敏

Wu Xinxun　Wang Min

摘要:“城市数字化转型”发展的基础显然是自2008年兴起的全球智慧城市乃至智慧乡村的发展热潮。作为一个新的发展目标,这无疑意味着人们寄予更高希望于城市数字化转型,而超越既往理念中的智慧城市阶段。由此,有必要进一步分析数字化的核心能力是什么,从而有效利用其核心能力,以达成期望的目标。在这个进程中,又有必要拷问:作为城市及社会发展重要一翼的传媒能做什么,该做什么?本文进而从辨析数字化进程基本规律中传媒的角色入手,提出:1.传媒应该成为信息传播有力的“吹哨者”;2.传媒应当好信息传播科技创新的“先行者”;3.传媒应当好数字化生产力发展的“智囊团”;4.传媒应当好城市数字化转型的有力“议程设置者”。

关键词:城市;数字化;转型;传媒

Abstract: With the global upsurge of intelligent cities and villages emerging since 2008, the urban digitalization transition appears as a new trend that we can count on to exceed previous expectations of intelligent cities. Therefore, further study is needed to analyze the kernel of digitalization which we can take full advantage of to achieve the objectives, and it's essential to explore media's functions and responsibilities as a wing of urban and social development. This paper advances the identification of the roles of media in the elementary laws of digitalization transition as a powerful whistler, technical innovator, productivity development brain, and agenda-setter.

Keywords: city, digitalization, transition, media

“数字化”已深深植根于人类社会，引发人类社会生活方方面面发生前所未有的崭新变化。IBM 公司 2008 年提出“智慧的地球”理念[①]，引发了全球智慧城市乃至智慧乡村的发展热潮。学界业界纷纷探索并实践实现城市“高质量发展、高效能治理、高品质生活”的种种可能，如《智慧城市的批判与实践——国外文献综述》[②]，《治理智慧城市：智慧城市治理的文献回顾》[③]。城市数字化转型则是更高境界上的前瞻性形态。它意味着通过充分释放数字化蕴含的巨大能量，让城市更聪明、更智慧，进一步提升城市系统的运行效率、产出效率，涵盖城市生产、生活、生态方方面面。这已经成为未来世界特别是各国核心城市发展的必然趋势，也成为当今学界业界格外关注的热点。自 2020 年底，上海市政府在我国率先提出“全面推进城市数字化转型”的全新发展目标，“城市数字化转型”立即成为我国业界学界实践与理论研究前沿的新景观，相关研究如《城市数字化转型，打造具有世界影响力的国际数字之都》[④]，《上海全面推进城市数字化转型》[⑤]，《城市数字化转型：转什么、怎么转、为谁而转？》[⑥]，《城市数字化转型：上海怎么做》[⑦]，《数字化转型裂变城市新价值》[⑧]，《新基建助力城市数字化转型》[⑨]，《数字化转型需突破信息化孤岛》[⑩]等。本文则从媒介研究的视角，探讨城市数字化转型的进程中，传媒能发挥怎样的作用。

一、城市数字化转型，路在何方？

城市数字化转型，传媒能做什么？要回答这个问题，我们先要观察一下：城市数字化转型，路在何方？

2020 年底，上海市政府率先提出“全面推进城市数字化转型”的全新发展目标，[⑪]面向未来塑造城市核心竞争力，并将上海城市数字化转型列入上海市“十四五”规划，

---

① 常倩，李瑾.乡村振兴背景下智慧乡村的实践与评价[J].华南农业大学学报(社会科学版)，2019，18(3)：11-21.

② 董宏伟，寇永霞.智慧城市的批判与实践：国外文献综述[J].城市规划，2014，38(11)：52-58.

③ 梅耶尔，佩德罗，谢嘉婷，等.治理智慧城市：智慧城市治理的文献回顾[J].治理研究，2020，36(2)：90-99.

④ 钱学胜，凌鸿，黄丽华.城市数字化转型，打造具有世界影响力的国际数字之都[J].上海信息化，2021(1)：6-12.

⑤ 靳欣威.上海全面推进城市数字化转型[J].上海质量，2021(1)：8.

⑥ 郑磊.城市数字化转型：转什么、怎么转、为谁而转？[EB/OL].(2021-01-10)[2021-03-22].https://export.shobserver.com/baijiahao/html/329367.html.

⑦ 应琛，刘绮黎.城市数字化转型：上海怎么做[J].新民周刊，2020(45)：44-45.

⑧ 尧戈.数字化转型裂变城市新价值[J].上海企业，2021(2)：5.

⑨ 赵明君.新基建助力城市数字化转型[J].上海信息化，2021(1)：15-16.

⑩ 范书斌.数字化转型需突破信息孤岛[J].国企管理：石油经理人，2020(12)：1.

⑪ 中共中央网络安全和信息化委员会办公室.关于全面推进上海城市数字化转型的意见公布[EB/OL].(2021-01-08)[2021-03-22].http://www.cac.gov.cn/2021-01/08/c_1611676479346954.htm.

力争使上海早日成为具有世界影响力的国际数字之都。

研究将“城市数字化转型”作为一个新的发展目标，无疑也有必要先厘清其发展的基础是什么。

众所周知，“城市”与“数字化”结缘，是由“智慧城市”开始的。资料显示，“智慧”理念来源于IBM公司2008年提出的“智慧的地球”①，这里的智慧，无疑是指数字化给人类社会带来的智慧，由此引发了全球智慧城市乃至智慧乡村的发展热潮。智慧城市的要旨，在于提升城市治理水平、发展数字经济、提高公共服务质量。

2014年8月，由国家发展改革委员会等八部委研究制定的《关于促进智慧城市健康发展的指导意见》经国务院同意正式发布，这是我国第一份对智慧城市建设作出全面部署的权威文件。② 2014年，北京市启动了智慧乡村项目建设，《北京市“十三五”时期信息化发展规划》提出到2020年建设运行200个智慧乡村的建设任务。③

2016年3月我国政府发布的《国民经济和社会发展第十三个五年规划纲要》中，首次提出要“建设一批新型示范性智慧城市”。④ 在2016年10月9日中央政治局第36次集体学习中，习近平总书记指出，要“以推行电子政务、建设新型智慧城市等为抓手，以数据集中和共享为途径，建设全国一体化的国家大数据中心”。⑤

在智慧城市建设进程中，上海无疑也是行进在前列。2020年11月，上海从350个国际城市中脱颖而出，成为首个获得“世界智慧城市大奖”的国内城市。

现在，上海又率先提出“城市数字化转型”的全新发展目标，人们自然要问：城市数字化转型要区别于智慧城市，标志是什么？

《上海市全面推进城市数字化转型“十四五”规划》指出，全面推进数字化转型，是上海主动服务新发展格局的重要战略，是超大城市治理体系和治理能力现代化的必然要求，是面向未来塑造城市核心竞争力的关键之举。⑥

《规划》在总体要求部分明确，把数字化转型作为上海“十四五”经济社会发展主攻方向之一，从城市是生命体、有机体的全局出发，统筹推进城市经济、生活、治理全面数

① 常倩，李瑾.乡村振兴背景下智慧乡村的实践与评价[J].华南农业大学学报（社会科学版），2019，18(3)：11-21.

② 中共中央网络安全和信息化委员会办公室.八部委印发《关于促进智慧城市健康发展的指导意见》[EB/OL].(2014-08-27)[2021-03-22].http://www.cac.gov.cn/2014-08/27/c_1112850680.htm.

③④ 常倩，李瑾.乡村振兴背景下智慧乡村的实践与评价[J].华南农业大学学报（社会科学版），2019，18(3)：11-21.

⑤ 上海大数据联盟.习近平：以数据集中和共享为途径，建设一体化国家大数据中心[EB/OL].(2016-10-11)[2021-03-22]. https://www.sohu.com/a/115853857_468622.

⑥ 上海市人民政府办公厅.关于印发《上海市全面推进城市数字化转型“十四五”规划》的通知[EB/OL].(2021-10-27)[2021-12-25]. https://www.shanghai.gov.cn/nw12344/20211027/6517c7fd7b804553a37c1165f0ff6ee4.html.

字化转型——率先探索新经验，用数字化方式创造性解决超大城市治理和发展难题；率先应用新技术，用数字化场景牵引技术创新和广阔市场空间；率先转换新动能，用数据要素配置链接全球资源、大力激发社会创造力和市场潜力，全面提升城市治理能力和治理水平现代化，创造人民城市数字化美好生活体验，打造城市高质量发展的强劲引擎，为加快建设具有世界影响力的社会主义现代化国际大都市奠定扎实基础。

在具体实现路径上，《规划》提出的三个"率先"，概括表达了上海城市数字化转型的三个目标。同时，《规划》还提出了三个坚持的总体原则精神，即：坚持整体性转变、坚持全方位赋能、坚持革命性重塑。①

毫无疑问，要实现这三个"率先"的目标和三个坚持的总体原则精神，都有赖于"数字化"的能力。

十余年来，虽然人们对数字化带来的惊人智慧或能力已经耳熟能详，但我们在寄予更高希望于城市数字化转型的时候，有必要进一步深思分析：数字化的核心能力是什么？在根本上，数字化究竟给人类社会带来了怎样的智慧？

数字化的核心能力，可以概括为：(1)对所有信息变动情况具有高度敏捷精准的判断力(传感警示、移动定位、图像识别等)；(2)对复杂管理系统具有高度周到精细的规划力(交通管理系统、社会管理系统、企业经营管理系统等)；(3)对预设行动指令具有高度灵巧精确的执行力(智能制造、智能农业、智能医疗、智能交通、智能军事等)；(4)带给人类探求实现更多超凡能力的无限想象力和创新力。

正因为如此，城市，特别是上海这样的超大型城市的全面深化管理与发展，运用数字化转型理念作为指导思想，具有重大的实践价值。而且，我们也不难发现，对照上海规划的三个力争"率先"实现的目标，现实确实还有很大的提升空间。比如，哪怕是在一些三甲医院，尽管属于数字化的设备设施不少，但符合病人看病切身需求的方便性、周到性、人性化方面，还有不少情况亟待改善。

宏观来看，探讨上海"全面推进城市数字化转型"的路径，可以关注以下几点：

上海落实三大"率先"目标，在解决超大城市治理和发展难题方面，重点需运用数字化对复杂管理系统具有的高度周到精细的规划力，在"精细化""提质增效"上下功夫，更好创造人民城市数字化美好生活体验，；在用数字化场景牵引技术创新和广阔市场空间，以及转换新动能，用数据要素配置链接全球资源方面，重点需综合运用数字化带给人类探求实现更多超凡能力的无限想象力和创新力，以及对预设行动指令具有高

① 中共中央网络安全和信息化委员会办公室.关于全面推进上海城市数字化转型的意见公布[EB/OL].(2021-01-08)[2021-03-22].http://www.cac.gov.cn/2021-01/08/c_1611676479346954.htm.

度灵巧精确的执行力,充分发挥想象力,在“科技创新增效”上下功夫,带动智能制造、智能农业、智能医疗、智能交通、智能军事等上升到新能级、新境界,力争在整体实力上站在世界城市的最前列。

二、传媒的角色与城市数字化转型

“全面推进城市数字化转型”既然是一个新发展阶段的全新战略目标,也无疑对早已步入数字化发展轨道的传媒业,提出了新的挑战。在这个进程中,传媒业能做什么?传媒业的发展目标又该是什么?

数字化的进程,显示着如下的发展规律:

数字化的核心能力,无疑是以高新科技为支撑的。高新科技从何产生呢?无疑是人的创新智慧。数字化进程的规律,是科技创新的快速变革与人的创新智慧高度提升互动的结果。后者引发前者,前者增益后者,周而复始。这两者是数字化转型的核心要素。但归根结底,人的创新智慧是主导的要素。

传媒的本质,是信息人和信息传播科技高度融合一体执行信息传播任务的专业性社会组织。在这个组织中,“信息人”无疑是主导的要素。传媒组织中的“信息人”是具有专业信息素养和信息传播能力的人。传媒首先应发挥好“信息人”的作用。具体可以体现在以下几个方面。

(一)传媒应该成为信息传播有力的“吹哨者”

在当今的数字新媒体时代,尽管“万物皆媒”“万物互联”,数字科技网络会智能地随时反映出自然世界、人类社会信息变动的情况,但由于信息传播手段多样化,信息传播渠道多样化,信息传播主体多样化,信息传播内容多样化,信息传播方式多样化等,这一切也意味着对社会大众来讲,信息的不确定性及其传播效果也更多样化。传媒,特别是社会的主流传媒,应该成为信息传播有力的“吹哨者”,尽可能降低乃至消除信息传播噪音,用响亮的哨声,第一时间让社会大众获得相对确切的信息,从而增强信息应该带给社会大众的有利效果。

最近,河南郑州暴雨水灾事件就对我们提供了重要的警示。根据有关媒体的报道,2021 年 7 月 18 日 18 时至 21 日 0 时,郑州出现罕见持续强降水天气,全市普降大暴雨、特大暴雨,累计平均降水量 449 毫米。一千万人口的省会城市顷刻泽国。暴雨袭来之前,7 月 19 日晚 21 时 59 分,郑州市气象局已发布暴雨红色预警信号,20 日上午局长李柯星连续签发至少3份暴雨红色预警信号,但由于防灾抗灾处置不及时,雨情造成重大人员财产损失。

从现有报道,大众看不出郑州市气象局是通过什么渠道、什么方式发布的暴雨红色预警信号;局长李柯星连续签发的3份暴雨红色预警信号又是通过什么渠道、什么方式传递到了哪里;相关省市责任人和社会公众是否及时知晓了该预警信号、明白了其警示含义,并采取了应有的预防举措。

如果在这种时候,在郑州的主流媒体能以"信息人"的专业敏感,发挥主流媒体特有的传播能力,迅速向社会公众强化传播该预警信号及其含义,同时,将该预警信号送达关键部门及其责任人,并能参与出谋划策,可能会对减轻灾害产生有益的效果。

传媒,特别是社会的主流传媒,身处信息传播的最前沿,应该对任何预警信息有高度的敏感性和高度的研判能力,以及迅速将信息送达要害部门及其责任人的能力。

(二)传媒应当好信息传播科技创新的"先行者"

传媒,特别是社会的主流传媒,总是与最新的信息传播科技打交道,传媒人每天身处信息传播科技的实践应用环境,日积月累会培养出可贵的对更高水平的传播新科技的想象力。这是一种潜藏的巨大的传播科技创新生产力。在这一基础上,传媒人要更敏锐地洞察、畅想数字信息传播科技的发展趋势、前景,尤其是在信息安全方面(国家信息安全方面,民生信息安全方面),当好信息传播科技创新的"先行者"。

实践证明,传媒业对信息传播科技发展需求具有高度的敏感性,传媒一方面传播着信息,同时又将信息传播更快、更及时、更生动、更现场感的发展需要,反馈给信息传播科技业界。而且,大众传播市场巨大的消费需求及发展空间前景,强有力地刺激信息传播科技业界,激发其创新的动力。甚至一些高新传播科技的创新发明,就是由传媒业界自身引领开发的,或是由传媒业界与电信业界、计算机业界协同开发的。在信息数字化时代,这一特征体现得尤为明显。例如,从模拟电视向数字电视的转型,二维电视向三维立体电视的演进,AI、VR、虚拟主持人等系列新媒体科技成果的开发诞生,莫不如此。在日本,NHK放送技术研究所就一直在这些方面扮演着执牛耳者的角色。

(三)传媒应当好数字化生产力发展的"智囊团"

上海在提出"全面推进城市数字化转型"的时候,强调三个坚持,即:坚持整体性转变、坚持全方位赋能、坚持革命性重塑。这足以显示其全局性和深刻性思考。

习近平总书记在谈到建设新型智慧城市时强调指出,“以数据集中和共享为途径,建设全国一体化的国家大数据中心”①,这特别值得深思,因为,这是提高生产效率和生产力的重要途径,也是实现上海市“全面推进城市数字化转型”目标中的“用数据要素配置链接全球资源、大力激发社会创造力和市场潜力”的重要途径。我国现在城市数字化发展的一个明显缺陷,就是各行各业都在建数据库,甚至所谓的大数据库、数据云,花了不少人力物力财力,很多都是重复投资建设,而且,各人自扫门前雪,关起门来独家享用,呈现严重的数据孤岛化。革除这样的弊端,很需要整体性、全方位、革命性的统筹规划、协调、实施。这也需要洞察各行各业各方主体的付出和利益诉求,以及各方主体数字化现有成就及发展需求的链接可能与机制。

媒体记者每天活跃在各行各业,接触各行各业方方面面发展变动的最新信息,对社会生产以及数字化的整体状态比较容易获得相对全面的感受,形成全局性的认识概念。同时,媒体,特别是主流媒体长期形成的社会公信力,也使其比较容易发挥整合各行各业资源的链接、沟通作用。所以,媒体,特别是主流媒体,应当增强担当城市数字化转型主人翁的自觉意识,并不断提高这种能力,争当数字化生产力发展以及全面推进城市数字化转型的智囊团。政府的有关方面也应当积极创造相关的体制机制。

(四)传媒应当好城市数字化转型的有力“议程设置者”

“人民城市人民建、人民城市为人民”,这是新时代我国城市建设发展的最强音和指南针。城市数字化转型是关系到美好城市未来的重大战略谋划,是关系到城市全体人民美好生活未来的重大战略谋划。怎样在城市数字化转型的进程中也真正体现出“人民建”的理念和精神,而不只是部分专家、学者、领导的事情,在这方面,传媒是大有发挥作用的空间的。

众所周知,“议程设置”是传媒具有的重要社会功能。传媒可以通过日常报道的议程设置,向公众提示“社会生活中的重要议事日程”,把社会公众的关心和注意力引导到特定的问题上,甚至进而激发公众的参与行动。

在我国的城市建设发展中,就有不少案例生动反映出传媒通过发挥议程设置功能,有力助推了城市发展规划目标的实现。例如,四川成都有一条府南河。其与城市的关系及特点,和上海的苏州河类似。为使府南河变得更美,为成都的发展创造更好的自然环境条件,为成都人民带来更多的美好生活享受,经过长期的准备,成都市人民

---

① 上海大数据联盟.习近平:以数据集中和共享为途径,建设一体化国家大数据中心[EB/OL].(2016-10-11)[2021-12-25]. https://www.sohu.com/a/115853857_468622.

政府决定在1995年启动全市人民盼望已久的府南河综合治理工程。到1995年8月，治理工程进入了10万人大拆迁的关键阶段。为使拆迁变成居民的自觉行动，《华西都市报》不仅及时报道有关情况，还策划发起了“府南河工程百万市民大参与”活动。1995年10月至12月，一场场匠心别具的活动接踵而来，群情鼓动：《华西都市报》首先召开了“府南河工程百万市民大参与”新闻发布会；在成都多家媒体刊登“大参与”广告；征集“府南河大合唱”音乐作品；先后6次刊出府南河工程知识征答题；在府南河沿岸及整治工地设立5—6个答案投票点，让百万市民投票；先后5次举行知识答卷抽奖；在投票、抽奖的同时举行“告别府南河签名”活动；同时还组织了“告别府南河摄影留念”“府南河诗、书、画、楹联捐献和征集”“中小学生府南河新歌创作与朗诵”“府南河征文”“府南河拆迁居民座谈会”等丰富多彩的活动，系列活动最后在12月26日与四川电视台联办的“府南河大合唱”文艺晚会中画上圆满句号。

在上海和各个城市推进城市数字化转型的进程中，传媒也应当充分发挥特有的“议程设置”功能，策划精彩纷呈的系列活动，引导全市人民共同关注、群策群力，把广大人民群众中蕴藏的创新智慧激发出来，全方位推进城市数字化转型实现理想的目标。

〔吴信训，上海大学新闻传播学院教授；王敏，浙江大学传媒与国际文化学院博士研究生〕

〔特约编辑：曹晚红〕

从人工走向智能*

——人工智能技术在音视频舆情管理中的实践与思考

A Survey of AI Technology Applied to Analysis of Public Opinion in Audio and Video

◎ 刘丽群　马　玥

Liu Liqun　Ma Yue

摘要:数字技术发展和移动媒介革新不断推动公众表达和讨论空间的扩大,舆情研究受到愈来愈多学者的重视。音视频技术的普及应用加剧了舆情监测、分析和管理的难度,冲击了网络舆情管理过程生命周期的既定程式,传统的网络舆情分析方法已经无法适应变化快、周期短、方式杂的舆情现状。数据处理能力强大、具备深度学习能力的人工智能技术逐渐出现在舆情分析领域,为音视频舆情管理提供可探索的新路径。本文从分析音视频舆情管理的特点出发,主要阐释人工智能技术在音视频舆情管理领域中的应用和实践创新,提出了有待完善的关键点和发展空间,期望与学界和业界人士共同探讨,更好地驱动舆情管理的路径创新与方法创新。

关键词:人工智能;音视频舆情;舆情分析

Abstract: With the development of the Internet, the online public space for free expression and discussion is expanding and the generation mechanism of online public opinion is reformed. Meanwhile, more attention is paid to public opinion research among scholars. However, the traditional analysis methods of Internet public opinion such as online surveys can not work well in fast and changeable public opinion research especially after the entrance of audio and video technology. Therefore, Artificial Intelligence (AI) with the capacity of data processing and deep learning has been applied to public opinion analysis and management, which sheds light on the analysis of public opinion in audio and video. This paper mainly focuses on the

* 本文系国家社会科学基金项目“媒介融合背景下新时代主流媒体的改革难点与可行路径研究”(项目编号:19BXW024)阶段性研究成果。

following parts: (1) Demonstrate current difficulties in the audio and video public opinion analysis; (2) Review the applicant and potential of AI in audio and video public opinion management; (3) Conclude the challenges of analysis of public opinion in audio and video. The finding acknowledges the role of AI plays in video and audio public opinion management, but the complexity of public opinion and diversity of participants are not taken into consideration comprehensively by AI and related study so that problems still exist. Further research is required based on the conclusion from this paper.

Keywords: Artificial Intelligence, audio and video public opinion, analysis of public opinion

一、概述

数字技术发展和移动媒介迭代,不断推动公众表达的释放与讨论空间的扩大。舆情研究议题随之迎来了更新,网络舆情成为新的研究对象,现有的舆情分析和管理方法也需要革新。

狭义角度的网络舆情管理指的是以政府为主体实施,即指政府及其相关部门运用方法对网络上传播的带有某种文化倾向或利益倾向的看法或言论进行观测与调治的过程;广义角度的是指政府、社会组织以及网民等参与单元对舆情的综合性研判与合作共治的过程,是一种"政府主导、多元参与"的社会治理方式,在一定程度上能够反映出国家网络治理体系和能力的水平。① 从构成而言,网络舆情管理主要包括对象、内容、形式、手段、境况以及技术等组成要素;从流程上讲,网络舆情管理主要涉及监测、研判、预警、应对、评估等过程要素。网络舆情管理是一项多方位、多元素、全过程的复杂系统工程,其功能和价值在于可以识别事件的发起、发生与发展的演化过程和效用机理,监测舆情的发展状态和要素改变,判析可能出现的次生和衍生事件,从而能够从系统化和过程性的角度来预防与应对潜在威胁或现实危机,并最大程度地减少负面影响和损失。②

传统的、基于统计科学的舆情研究高度依赖调研对象的自我陈述和表达,在一定范围内抽样调查是其进行舆情分析的主要途径,但其周期长、成本高、效率低,无法应

①② 李昊青,兰月新,侯晓娜,等.网络舆情管理的理论基础研究[J].现代情报,2015,35(5):26.

对快速变化的社会现实和复杂多变的公众意见，结果的真实性、准确性不足[①]；大数据时代的舆情研究面临网络舆情生成路径的改变，需要充分考虑信息流动规律和人的主体性，在网络海量数据中挖掘隐性舆情[②]，传统的舆情研究方法不再完全适用。为应对舆情新特性和提升舆情分析效能，业界和学界逐渐出现基于人工智能（Artificial Intelligence，AI）技术的解决方案。

人民日报社网络中心舆情监测室建立了一套网络舆情监测体系，能够对网络舆情进行 24 小时全天候监测并进行统计分析；某企业已经实现以自然语言处理技术和大数据挖掘技术作为基础，自动采集网络海量信息，实现聚类、检测、分析等功能，呈现特定舆情走势；另外一家企业的舆情预警辅助决策支持系统，已经能够监测追踪网络热点话题和敏感话题，并在一定程度上实现舆情预测。人工智能深度学习、计算推理等技术特性，在网络舆情分析中具有广泛应用的可能。但同时也要看到，当前研究分析仍然集中在低维度文本舆情方面，缺少对音频、视频等多媒体形式为载体的新兴舆情信息的分析研究。[③]

舆情监测是国内外人工智能技术应用的重要领域之一。具备机器学习和深度学习能力的人工智能可以通过对历史事件的学习，不断完善舆情模型，从而预测网络事件发展方向，加强事件演变预警能力，有助于相关部门事前采取舆情干预和引导，规避群体性舆情事件的发生，提升社会治理能力。国内网络舆情监测系统借助人工智能技术，尝试在原有大数据分析基础上，加入自然语言处理、机器阅读理解等相关技术，提升系统的智能化水平；2019 年美国发布的报告《人工智能与国家安全》提到，基于数据驱动的人工智能技术监控社交媒体，并对大规模的数据集进行二次分析，识别出威胁国家安全情报将是情报工作的一部分。[④] 正是基于此背景，本文将对人工智能在音视频舆情分析领域中的针对性应用展开分析和阐述。

二、音视频舆情管理的困境分析

本部分主要分析当前音视频舆情管理的特点，并讨论人工智能技术针对音视频舆情监测、分析、管理三大难点发展出的解决方案与现实应用案例。

---

① 李欣人，许翘楚.当代舆论学的发展理路与现实取向[J].中州学刊，2018(8)：167-172.

② 唐涛.基于大数据的网络舆情分析方法研究[J].现代情报，2014，34(3)：3-6，11；周葆华.社会化媒体时代的舆论研究：概念、议题与创新[J].南京社会科学，2014(1)：115-122.

③ 颜建弘.基于大数据的多媒体舆情分析方法研究[J].科技传播，2019，11(14)：100-101.

④ 美国 2019 年人工智能与国家安全报告[R].美国：美国国会研究服务处，2019：9-10.

(一)音视频舆情复杂程度高

音视频舆情作为网络舆情的类别之一，在其生成速度快、多链条线上传播以及信息含量多等特征的影响下，相比图文及其他网络舆情更容易引发病毒式传播和舆情爆发，让整个舆情周期的变化更加复杂。学者杨明刚指出，网络舆情在与社会舆情的交互作用下，通常都毫无征兆地出现，且舆论中心如爆炸效应一样，呈现出短时间内越来越强，社会影响力大、关注度高等特点。[①] 刘毅指出，网络舆情作为人们在线上表达及传播的情绪想法和态度意见的总和[②]，相较于发生在现实空间中的传统舆情，线上空间中的网络舆情在结合了网络的自由、匿名等特性后变得更加复杂，甚至会和现实空间进行互动，对个体和社会产生深刻的影响。音视频舆情的复杂性加深体现在变化速度快和不实信息引发新类型舆情两个方面。

首先，音视频舆情传播快，变化快，周期短。从网络事件所衍生的网络舆情一般经历潜伏、成长、成熟、衰退四个阶段[③]，音视频舆情在信息传播不受时空限制的基础上，能够以极快的速度携带大量信息进行传播，这使得网络事件成为网络舆情的周期越来越短，其中尤其是音视频形式为载体的舆情产生的数据量和关系链接会大幅度增加，提高了舆情数据监测的难度。

其次，音视频舆情的信息可信度不足，易诱发不实舆情、反转舆情的出现。大量音视频舆情事件的信息源是微信朋友圈、论坛、微博等社交媒体，短视频平台已成为重要的舆情发酵平台，但是此类平台信息的真实程度、准确程度等参差不齐，虚假信息、错误信息掺杂其中，音视频类素材的广泛应用更加速了不实信息的生产与传播。2021年抖音不实信息专项治理行动中，清理涉嫌“不实信息”类短视频 505 条，处罚相关账号 236 个。对不实舆情、反转舆情的分析与判断，加剧舆情管理的复杂度。

不实舆情[④]包括夸大事实、混淆视听、无中生有等具体表现形式，不实舆情的根源就是不实信息，路透新闻学研究所(Reuters Institute)的调查显示，新冠肺炎疫情蔓延期间，有三分之一的社交媒体用户表示，自己曾经见过有关疫情的不实或误导性信息。[⑤] 评估信息的真实性和准确性，识别不实信息，一方面需要人本身不受情绪干扰

① 杨明刚. 大数据时代的网络舆情[M].深圳：海天出版社，2017：166-167.

② 刘毅.网络舆情研究概论[M].天津：天津人民出版社，2007：53.

③ 黄微，赵昕，赵江元.舆情传播高涨期阶段的反转事件产生机理分析[J].情报理论与实践，2019，42(12)：60-66.

④ 李奕红.积极应对不实网络舆情[EB/OL].(2017-06-01) [2021-08-20]. http://yuqing.people.com.cn/n1/2017/0601/c209043-29310675.html.

⑤ Reuters Institute digital news report 2021[R].Oxford，UK：Reuters Institute，2021：9-11.

地理智接收,另一方面更需要针对音视频的相关技术来从源头阻断其传播和演变。反转舆情也由不实信息导致,指的是在公共事件发展不同时期,公众情绪态度、观点评论等主观意见发生倾向性较强的逆转表达,且这种情况在整个过程中至少出现一次。① 法制网舆情监测中心彭晓月总结出舆情反转的两条路径:其一,“舆情发酵—介入—澄清事实—舆论反转”;其二,“舆情发酵—网民质疑—网络自净—舆论反转”。② 错误引导网民情绪的舆情反转事件发生后,对于网民情感和社会信任都会造成负面影响。③

以上音视频的特性和网络舆情的固有属性融合既增加了舆情监测的难度,也更加证明了舆情监测的必要性,实现高效的舆情监测既需要快速及时的大数据处理能力,亦需要掌握音视频传播规律,对音视频舆情生成的每个节点进行实时反馈。

(二)音视频舆情隐性信息多

在以往图文主导的舆情生成基础上,随着互联网的普及和短视频技术的广泛应用,音视频已成为舆情生成的源头之一。中国互联网络信息中心(CNNIC)第48次报告显示,截至2021年6月,我国网络视频(含短视频)用户规模达9.44亿,占网民整体的93.4%。其中短视频用户规模为8.88亿,占网民整体的87.8%。④ 直播、短视频等视听产业带来了新平台与新的内容生产、传播方式,为舆论场的变化注入了新的元素。⑤ 音视频引发的网络舆情事件也越来越多,社会意见、社会舆论的生成和传播不再单纯以图文形式呈现,音视频也是重要的组成部分⑥,新冠肺炎疫情期间音视频类的可视化传播就扮演了重要角色,视频等可视化形式成为此次疫情中信息表现的主要方式。但是,音视频舆情的信息特征和依托平台的特性增加其所携带的信息量,给音视频舆情的分析带来了双重挑战,准确分析音视频舆情的内涵意义成为难点。

第一,音视频技术为主的舆情信息生产速度快,携带数据信息量大,维度更高,以其为对象进行舆情分析,难度和工作量都呈现几何式增加。一方面,计算机对视频音频的解码转化过程还不完善,准确度低于传统的文字识别,需要人工的高度配合和辅助;另一方面,视频音频的信息密度通常更高,内容更加丰富,特别是包含了更多人类

---

① 刘旭彤.双微传播舆情反转现象形成机理及对策研究[D].济南:山东大学,2017.

② 彭晓月.网络舆情反转现象研究[EB/OL].(2020-09-28)[2021-08-20]. http://m.legaldaily.com.cn/The_analysis_of_public_opinion/content/2020-09/28/content_8320008.htm.

③ 夏一雪,兰月新,刘茉,等.大数据环境下网络舆情反转机理与预测研究[J].情报杂志,2018,37(8):92-96,207.

④ 第48次中国互联网络发展现状统计报告[R].北京:中国互联网络信息中心,2021:2.

⑤ 刘鹏飞,曲晓程,唐钊.2019年中国网络社会舆情分析报告[R].北京:社会科学文献出版社,2019:19.

⑥ 毕翔,唐存琛,肖俏.短视频社交媒介舆情危机应对[J].图书馆,2019(6):74-80,87.

抽象的情感信息，再由不同个体加工后生成的舆情更加难以分析。

第二，视频音频平台本身所依托的算法推荐机制，会导致茧房效应和沉默效应的产生[①]，舆情监测和分析可能会陷于大量的同质化内容中，无法全面呈现公共意见，导致舆情分析的结果片面化，最终影响舆情的预测和预警效果。

随着5G时代的到来，信息传播载体将发生更多的变化，视频直播和高质量视频生产传播成为常态，音视频可能作为5G时代网络舆情的主要形式存在。在此后更复杂的信息传播形式如VR新闻、360度新闻普及之前，解决好音视频分析问题既是为了应对当下的舆情分析特点，也是为未来更深入的舆情分析提供参考。

(三)音视频舆情管理层次浅

同网络舆情一样，音视频舆情多源于现实事件，会对现实世界产生影响，但是在某些突发事件中，舆情管理被过度简单化，相关部门缺少科学、理性地判断决策音视频舆情合理管理的经验，将舆情应对等同于封号禁言[②]，有可能引发严重后果：(1)舆情预警失灵，多次发酵错失舆论疏导良机；(2)舆论场割裂，影响公信力权威。并且由于音视频舆情具有数据含量大、传播能力强等特点，通过数据深度挖掘提取有价值信息来把握舆情规律，精准预警引导舆情，是该领域还未解决的问题，音视频舆情管理极易陷入浅层管理的困境中。

在舆情早期预警阶段，相关机构则需要丰富全面的大数据整理以及对于历史舆情事件规律的提取和梳理，再根据突发事件的性质、影响范围及程度等因素，将舆情划分为特大(一级)、重大(二级)、敏感(三级)、一般(四级)等预警等级。赵云泽指出，舆情预警是舆情监测的更高一级别，而升级关键在于系统是否能够自动化、多维度、科学地判断一次舆情事件中包含的冲突势能的大小，其中冲突势能的判断就要依靠计算机对历史事件的理解程度。然而目前的计算机仅仅提供计算推理的功能，其深度学习的能力还不足，可能出现预警级别失误、错报漏报的情况。[③]

在预警机制的基础上，国内外相关研究均强调政府对于网络舆情的积极应对和正面引导。中国学者张玉亮等人从政府角度出发，认为在突发舆情中，应该从事实出发，及时做到信息公开，借助开放的网络平台积极主动回应网民质疑，及时公布相关的处理过程，以引导舆论。[④] B. Brauchler认为突发网络舆情危机最终爆发的主要原因是

---

① 李磊，肖新月，王润琪.短视频时代政府网络舆情引导研究[J].湘潭大学学报(哲学社会科学版)，2021，45(4)：80-84.

② 苏婧.超越舆情管理的360度信息决策[J].青年记者，2017(27)：25-27.

③ 赵云泽.从舆情监测升级为舆情预警的思路研究[J].人民论坛，2019(32)：123-125.

④ 张玉亮，贾传玲.面向优化处置的突发事件网络舆情应对启动研究[J].情报理论与实践，2018，41(4)：94-98，93.

相关部门没有及时应对，导致其处于被动地位，不能够完全发挥引导舆情的作用。①而对网络舆情的正面引导实则是舆情管理的后期阶段，只有当网络舆情的前期管理得以落实，后续的引导才能够产生切实的效果。

对新兴的音视频舆情进行舆情管理，光靠人力和初级的计算机手段是远远不够的，不停探索如政务视频舆情引导等舆情管理的新路径②是良性舆情管理生态建立的必经之路，同时也是政府权威公信力和社会信任感提高的保障。

三、人工智能应用于音视频舆情管理中的实践

从上文可以看到，音视频舆情面临演变过程复杂、隐性信息丰富、管理层次浅等问题，从网络舆情管理过程生命周期③视角观察，问题主要凸显在音视频舆情监测、分析、管理(包括应对、评估、恢复等)三个细分阶段，引入新的技术和思路来解决上述问题十分必要。首先，人工智能具备大数据的快速响应及处理能力，并且在音视频类型的高维度数据分析上已有阶段性成果，可以较好地实现音视频舆情传播节点把控；其次，以人工智能技术的历史事件深度学习特性为基础，它可以开展音视频舆情的深度分析，优化预警、引导模型，实现音视频舆情的靶向管理。

(一)AI+音视频舆情监测

AI+音视频舆情监测指基于人工智能技术对音视频内容进行识别和追踪，尤其是从音视频信息量大和传播链条复杂的两大特点出发，发展出音视频的信息识别技术和追踪技术，最终完善音视频的舆情监测服务。

当前的 AI+音视频舆情监测可以对其中的文本、视频、图像、音频等进行实时采集，进行图片识别、人脸识别、光学字符识别(OCR)检测等操作，实现精准识别出色情内容、暴力恐怖内容、政治敏感人物以及恶意文本信息的功能，实现较好的人工智能音视频舆情识别功能；在识别的基础上，人工智能还可对话题相关的音视频进行传播跟踪与数据溯源，通过监测其传播路径，分析内容聚类的大数据和传播路径图谱，了解话题传播的平台和平台上的舆情情况，快速查找事件的信息源头和传播的关键节点，降低不实舆情出现的概率，提高舆情监测效率，人工智能技术对语音和文本类信息的识

① BRAUCHLER B. Islamic radicalism online: the Moluccan mission of the Laskar Jihad in cyberspace[J]. The Australian journal of anthropology, 2004, 15(3): 267-285.

② 张梦婷."政"能量：政务短视频舆论引导路径探析[J]. 视听，2019,150(10):156-157.

③ 李昊青，兰月新，侯晓娜，等.网络舆情管理的理论基础研究[J].现代情报，2015,35(5):28.

别准确率高达90%,对图片和视频类违法有害信息进行识别的准确率达99%。

语音识别方面,卷积神经网络(Convolutional Neural Networks,CNN)、循环神经网络(Recurrent Neural Networks,RNN)等模型被广泛应用并取得了更好的效果。Zhang等人提出的全序列卷积神经网络(Deep Fully Convolutional Neural Networks,DFCNN),通过对时域语音信号进行傅里叶变换得到语音的语谱图,该方法从图像中提取时间和频率两个维度,通过卷积层和池化层的组合,能够对整句语音进行建模。① Dario Amodei等人提出的Deep Speech 2模型,通过应用RNN变换器建立端到端的语音识别模型。② 视频识别方面,基于CNN 16扩展网络的识别方法是在时间域上从框架中寻找某个模式来表达局部变化信息,从而优化整体的识别性能。Facebook公司的C3D③ 是较为早期的一种视频识别方法,它通过将二维卷积推广到三维实现了视频在时序上具有的延续性;基于双路CNN的识别方法是利用两个独立的深度神经网络,通过各自训练取平均值的方法进行识别。双流CNN④ 是一种基于目视图像生成器(VGG)的视频识别方法,将向量处理转化为图像处理,提高了视频行为的识别准确率。

随着人工智能深度学习的发展,AI+音视频舆情监测系统已被投入现实应用,如表1中列出的三个应用平台已经将人工智能技术融入音视频领域的舆情识别和追踪过程,提升舆情监测的智能化程度,降低音视频舆情的失控概率。

表1　人工智能音视频舆情监测应用案例

应用平台	平台描述
某公司SenseMedia系统	SenseMedia系统基于全流水线深度学习算法,采用以图形处理器(GPU)为核心的异构并行分布式架构,实现包括人物、物体等在内的全面内容审核,提供影视剧、直播、短视频、图片等视频图像内容的安全审核以及结构化内容解析标签服务。
某公司优图平台	优图安全审核是主要针对广告、直播、短视频等行业存在的涉黄、涉恐、涉政、隐含恶意等内容推出的图像内容监控服务,它能够辅助甚至代替人工过滤,提高审核效率。
某公司"AI谣言粉碎机"	"AI谣言粉碎机"通过追踪传播路径,分解传播环节,内容匹配验证,标注二次加工情况,追踪到假新闻的源头。目前,"AI谣言粉碎机"在特定场景中的准确率已经达到81%。

① ZHANG S, LIU C, JIANG H, et al. Feedforward sequential memory networks: a new structure to learn long-term dependency[J]. arXiv preprint. arXiv:1512.08301, 2015.

② AMODEI D, ANANTHANARAYANAN S, ANUBHAI R, et al. Deep speech 2: end-to-end speech recognition in English and Mandarin[C].International conference on machine learning,2016: 173-182.

③ TRAN D, BOURDEV L, FERGUS R, et al. Learning spatiotemporal features with 3d convolutional networks[C].Proceedings of the IEEE international conference on computer vision, 2015: 4489-4497.

④ YE H, WU Z, ZHAO R W, et al. Evaluating two-stream CNN for video classification[C].Proceedings of the 5th ACM on International Conference on Multimedia Retrieval. ACM, 2015:435-442.

(二)AI+音视频舆情分析

由于音视频内涵丰富,对其进行舆情分析的难点在于音视频的显性内容分析和隐性情感分析。AI+音视频舆情分析主要是通过智能识别音视频内容主体、语义以及分析视频文本内容来定性音视频内容并进行深入分析。具体而言分为两个阶段,相关分析首先通过人工智能技术对于音视频人声及人脸的定位、检测以及智能抠图,提取并分析视频包含的全部语义成分;其次则基于自身业务安全管理过程中积累的海量标准样本库,通过舆情数据的学习来进行智能舆情事件分类,并对舆情实体音视频内容展开深层的情感分析,提升音视频舆情分析准确度。

音视频语义分析要从视觉和声音上对音视频内容进行描述和分析。视频内容可以被视为时间上连续的一系列图像帧的集合,是一种没有结构的流式媒体。而声音含有丰富的语义信息,是除视觉图像之外的另一重要信息,在视频数据中,音频语义与视觉语义可相互补充。音视频语义分析的关键是利用较高层次的语义概念理解低层次语义信息,从而对视频语义进行准确分析。S.L. Feng 等学者提出使用多伯努利相关性模型在图像和视频中进行自动标注和检索。[①] 随着深度学习技术的快速发展,视频语义分析和深度学习得到了很好的结合,并且取得了超过传统算法的效果。Rakshith Shetty 等学者提出一个基于不同特征的视频描述方法,使用编解码器结构对视频生成多段描述。[②] 对于音频的处理,则主要有语音转写和关键词检索两大技术,一般将海量语音进行预处理、关键内容识别,建立关键词和语音的对应关系的索引,后续可通过文本快速检索出包含特定关键词的音频材料。在准确理解语义的基础上,人工智能中的 CNN 技术能基于长短不一的文本实现更复杂的情感分析[③],便于对音视频舆情进行情感语境及关键帧捕捉,分析其情感倾向性。

南方财经全媒体旗下的"视音频传播监测与分析系统"就是 AI+音视频舆情分析的典型案例,主要采用视频内容分析(Video Content Analysis,VCA)技术,对多种质量层次的原创音视频内容进行智能化分析处理,对音频、视频、人物、物体和场景

① FENG S L, MANMATHA R, LAVRENKO V. Multiple bernoulli relevance models for image and video annotation[C].Proceedings of the 2004 IEEE Computer Society Conference on Computer Vision and Pattern Recognition, 2004. CVPR 2004. IEEE, 2004, 2: I-II.

② SHETTY R, LAAKSONEN J. Frame and segment-level features and candidate pool evaluation for video caption generation[C].Proceedings of the 24th ACM international conference on Multimedia 2016:1073-1076.

③ RUDER S, GHAFFARI P, BRESLIN J G. Insight-1 at semeval-2016 task 5: deep learning for multilingual aspect-based sentiment analysis[J]. arXiv preprint. arXiv:1609.02748, 2016.

等多个维度进行自动化识别、交叉比对以及自然语言处理。该技术将高维度的音视频数据降维为可分析的文本内容，并借助人工智能技术进行内容的深度分析，分析精度更高。

（三）AI＋音视频舆情管理

AI＋音视频舆情管理需要深化舆情管理的层次，做好预警、引导两部分内容。在人工智能技术的支持下，相关部门对于音视频舆情事件进行监测、分析，并基于舆情预警等级体系对舆情进行严重程度评级，生成相应预警信息反馈到舆情监测和管理平台；同时，在明确舆情引导场景、目标后，人工智能可生成预案和音视频素材辅助舆情管理部门的决策，提升舆情人员舆论引导的针对性。

整体上看，AI＋音视频舆情管理是借助人工智能技术对舆情事件预警、正面引导的全过程，并在该过程中建立起支持分类索引的舆情数据以备进一步的人工智能学习和未来的管理，基于TOPSIS的舆情评估模型、BP神经网、马尔科夫逻辑网、深度卷积神经网络算法，智能音视频生成等是常用的相关技术和模型。

其操作流程一般为，AI＋音视频舆情管理将音视频数据转化的文本信息进行标签分类（涉军、涉政、涉宗教等多种信息标签），再采用音视频样本比对技术通过快速特征（Feature）提取的方式来进行检索和比对，结合陈越等人提出的网络舆情威胁评估模型①，实现音视频舆情的实时预警；之后，人工智能通过深度的现状分析和相似案例对比进行自动化的音视频内容生产，服务于舆情引导。现实中已有相关应用（见表2）。

表2　人工智能音视频舆情管理应用案例

应用平台	平台描述
某公司音视频内容审核	提供基于深度卷积神经网络算法与海量训练样本的人工智能内容检测与预警服务，支持对视频画面和声音的多维度智能核查，可以智能化监测并预警色情、涉政和暴力等内容，快速处理掉违规内容。
人民网采用的某公司解决方案	利用3D虚拟重建等计算机图像技术，通过视频内容自动化生产引擎（Moviebook Auto-Production Engine，MAPE）生成全新的视频，用以快速生产音视频内容引导舆论。

① 陈越，李超零，于洋，等.基于TOPSIS方法的网络舆情威胁评估模型[J].情报杂志，2012，31(3)：16-18.

上述的应用现状展现了人工智能技术在音视频舆情管理领域中的适用性，它可以在很大程度上解决音视频舆情监测、分析、管理难的问题，但是其发展方向上有待改善的空间还很大。

四、AI+音视频舆情管理发展空间的思考

人工智能技术为音视频舆情监测、分析、管理提供了新的技术支撑，它在有效提升舆情管理效能的同时，如果能够进一步突破网络舆情本身及网络舆情涉及的多元人群带来的瓶颈障碍，就能在没有人力干涉的情况下独立完成复杂的舆情管理，从而产生更大的发展空间和更多的应用场景。

首先，无论是图文类舆情还是音视频舆情，实现对其的管理均需要对其本体内容和意义的准确识别。然而，目前大部分网络舆论分析由于技术、资金等条件的限制，借助的自然语言处理技术和水平有限，多停留在颗粒度粗糙的词频词云分析及表面的主题分析[①]层次，即使有人工智能技术的引入，舆情分析的真实度和深度也还不足。并且，自然科学指导下的量化数据统计和分析在某些特定场景下会忽视语言的语境，陷入机械的数据处理，缺少对语言深层情感表达以及用户主体主观能动性的考量[②]。从本质上来讲，音视频技术是一类特殊的网络语言，由文本、图像、语音等静态的低维度数据构成，目前的音视频分析路径还停留在先简化、再分析的阶段，未来实现直接对音视频进行分析才能提高音视频舆情分析的精度和效率。

其次，网络舆情在与不同人、不同人群互动的过程中可能会导向多个结果，现有的网络舆情分析缺少对人群画像的掌握和细分，还停留在性别、年龄、职业等初步的人口统计学特征上。而网络舆情的人群主体差异性非常显著。一方面，不同网络平台上的群体会呈现出于平台属性的系统差异；另一方面，人群的划分只有不限于基础的人口统计学特征，将个体心理特质、社会文化环境以及线上化身和线下实体的多维互动纳入其中，才能够对不同网民群体在舆情生成不同周期中生产的内容进行分析，更好地把握舆情的发展规律，实现舆情的预测预警，并为相关部门疏导、引导舆情提供全面的参考。

---

① 金兼斌. 社会化媒体时代网络舆论需要把脉[N]. 社会科学报，2018-04-26(006).

② 朱婧雯.网络舆情演化：基于意向性语言认知的传播逻辑阐释[J].湖南师范大学社会科学学报，2021，50(3)：85-94.

最后，此类音视频新技术本身具有一定的使用门槛，其参与主体有限，舆情代表性不足。尽管CNNIC的报告显示中国互联网普及率已达到71.6%，九成以上的网民均为网络视频用户，但是硬件设备缺乏或互联网技能不足导致的网络失语人群规模仍然不小，这也造成了网络舆情并不能够完全代表现实民意。同时，网民群体也会受到沉默的螺旋影响，在舆论一边倒的时候选择不发出真实的声音。Gearhart等学者通过对Facebook的意见表达进行研究，证实了社交网络软件(Social Network Software，SNS)中沉默的螺旋的存在，如果用户认为自己所持的观点与大多数人的意见相反，则不会参与相关社会问题的讨论。① 赖胜强通过实验研究，证实了网络社区中意见相符性会对人们的网络舆情传播意愿产生影响，当网络社区评论的意见倾向与受众意见倾向相符时，受众的线上舆情传播意愿会提高；意见倾向相反时，舆情传播意愿则会被抑制。② 除了人的能力和意愿的因素外，音视频平台依托的算法推荐机制也会强化沉默的效应，导致舆情呈现的片面和舆情分析的偏差。在未来，推动人工智能技术不断丰富分析维度，实现网络舆情和社会现实、线上化身(Avatar)和线下真人两组交互关系一一对应，结合多样化的数据全方位掌控网络舆情的同时真正实现对网络舆情的预测和引导。

结语

人工智能技术在音视频舆情领域的应用展现了其适应新媒体技术发展和网络舆情演变的能力，针对当前音视频舆情复杂程度高、隐性信息多、管理层次浅的特点，人工智能技术基于其数据分析和深度学习能力，渗透到音视频舆情管理的每个环节，在监测、分析、管理上都发挥着重要作用，相比传统的人力辅助计算机操作模式更加高效准确，具有良好的应用前景。本文主要对新兴的音视频舆情管理特点及基于人工智能技术的解决方案、应用实践进行了系统的分析，一方面佐证了人工智能技术应用于音视频舆情监测分析的潜力和可能，另一方面也为学界聚焦于音视频舆情研究提供参考。需要注意的是，人工智能技术在总体舆情监控方面的应用尚存需要解决的屏障，宏观的网络信息传播环境变化和微观的个体复杂多面性需要被考

---

① GEARHART S, ZHANG W. "Was it something I said?""No, it was something you posted!" A study of the spiral of silence theory in social media contexts[J]. Cyberpsychology, behavior, and social networking, 2015, 18(4):208-213.

② 赖胜强.意见相符性与评论文明性对网络舆情传播行为的影响[J].新闻与传播评论,2021,74(1):47-55.

虑其中，才能够更好地发挥出人工智能技术的优势，开拓更大的发展空间，构建起健康的网络舆论生态。

〔刘丽群，武汉大学国家文化发展研究院教授、博士生导师；马玥，武汉大学新闻与传播学院传播学专业博士研究生、教授级高级工程师〕

〔特约编辑：涂凌波〕

国际传播

从同情的理解到对话的理解：诠释学视角下重建跨文化传播的主体间性*

From Sympathetic Understanding to Conversational Understanding: Rebuilding the Intersubjectivity in Intercultural Communication from a Hermeneutic Perspective

◎ 刘国强　杨韫珏

Liu Guoqiang　Yang Yunjue

摘要：跨文化传播作为多元主体之间的交往活动，必然涉及不同文化的“理解”与“阐释”的问题。传统的跨文化传播是基于本文化立场，构成了“主体-他者”的二元对立。诠释学的“对话”思路，强调跨越主体性的局限，对于当下的跨文化传播实践具有理论指导意义。本文认为，解决跨文化传播中的诸多理解问题，势必要以诠释学的主体间性问题作为理解基础，实现跨文化传播中多元主体的“相互理解”。同时，诠释学对于主体间性的关注，也为中国的传播实践作出积极的理论指导。

关键词：诠释学；主体间性；跨文化传播

Abstract: As a communication activity between multiple subjects, cross-cultural communication involves the "understanding" and "interpretation" issue between different cultures. However, based on its culture position constitutes the binary opposition of "subject-other". The "dialogue" idea of hermeneutics emphasizes the limitation of crossing subjectivity, which has theoretical guiding significance for the current cross-cultural communication practice. This paper holds that to solve the understanding issues in cross-cultural communication, it is bound to take the inter-subject aspect of hermeneutics as the understanding basis to realize the "mutual understanding" of multiple subjects in cross-cultural communication. Meanwhile, hermeneutics' attention to inter-subjectivity also

* 本文为国家社科基金“金砖国家传播共同体建设与国际传播秩序重构研究”(项目号：20BXW063)成果。

provides positive theoretical guidance for China's communication practice.

Keywords: hermeneutics, inter-subjectivity, intercultural communication

跨文化传播研究发轫于一种理解"异文化"的需要,它涉及不同文化之间和传播主体间的复杂关系。早期的跨文化研究者以文化相对主义视角批评了西方文化中心观和优越论,奠定了去中心化的多元主义跨文化交流的伦理基础,然而,文化的差异性、多样性与普遍性,文化相对主义与中心主义,共存论与竞争论,无法理解的他者与可以共通的人类情感等等,仍具学理上的深刻张力。随着跨文化交流程度的加深,不同文化之间的差异、矛盾日益显著,日益复杂的跨文化实践要求研究理论脱离"二元对立"的研究框架,以多主体视角探究跨文化传播的可能性。基于此,本文认为,随着跨文化研究的进一步深入,未来的研究需要打破古希腊哲学以降"主体论"的研究传统,注重主体间性研究和阐释,为理解跨文化传播提供新的理解维度。[①] 而诠释学理论的发展转换,对理解跨文化传播的主体关系深具启发意义。本文试图对此加以探讨。

一、跨文化传播何以需要诠释学视角

人总是生活在文化之中的,文化以先在的形式,给予人们理解世界和组织社会的特定方式。而从另一方面看,人类也是作为跨文化的物种而存在的[②],所以,青木保说:"人就是这样难以摆脱出生的文化,而又不得不同时与异文化不断相遇。一旦考虑到人的这两种宿命,我想,不妨断言说,我们是被迫在本土文化与异文化的夹缝中生存着的。"[③]

跨文化传播研究的就是具有不同文化背景的个人、组织、国家之间进行的信息传播和文化交往活动。这一传播活动的独特之处在于,由于不同文化背景带来的巨大差异,传播者和接受者之间存在许多理解障碍,交流变得异常艰难,而几乎很难达到理想的传播效果。因此,跨文化传播的历史总是伴随着偏见、误读、刻板印象、民族中心主义、歧视、冲突乃至战争。

而跨文化传播的障碍首先是诠释学问题:即人们生活于不同的文化传统,但总是

---

① MARTIN J N, NAKAYAMA T K. Intercultural communication and dialectics revisited[M]//THOMAS K, HALUALANI, RONA TAMIKO. The handbook of critical intercultural communication. Oxford, UK: Blackwell Publishing Ltd, 2010: 59-83.

② 单舟.如何寻找跨文化传播的可能性:评单波新著《跨文化传播的问题与可能性》[J].当代传播.2010(4): 119-120.

③ 青木保.异文化理解[M]于立杰,陈潇潇,吴婧,译.北京:中国青年出版社,2008: 27.

把自身的文化视角客观化，而没有意识到其理解只是文化透镜的折射。这使跨文化传播中的误读和误解变得不可避免。

实际上，人与人之间的相互理解从来就不是一件简单容易的事情。语言作为交际的工具，既是桥也是墙。这就需要人们在对语言和理解的关系做出深刻反思的基础上来构建文化交际中的主体关系。诠释学（Hermeneutics，或译为“解释学”“阐释学”）起源于对《圣经》教义的解释。但施莱尔马赫把它发展为对一切历史文本进行理解的广泛领域，从而奠定了其人文科学的方法论基础。而20世纪以后，诠释学又完成了从认识论和方法论向本体论的转型，从而成为理解存在意义与主体间性、主客体关系的基本哲学立场，并扩展到历史学、文学批评、语文学、社会学、文化人类学、科学史、神话学、法学等诸多人文社会科学领域。可以说，在所有的人文学术和社会科学中，阐释问题始终是一个重大的基本问题。① 伽达默尔提出了诠释学的普遍性要求：“凡是在没有出现直接理解的地方，也就是说，必须考虑到有误解可能性的地方，就会产生诠释学的要求。”②而“陌生性的经验和误解的可能性乃是一种普遍的现象”。③ 因此，诠释学对澄清跨文化传播中的理解问题有着更为重要的意义。

但与此同时，跨文化传播则提出了更高的解释要求。它不只是要克服文本理解的时间间隔，还需要克服共时性下交往的空间性间隔；它不再囿于“文化传统自身中的理解与解释，去阐述单一传统自身进化的‘效果史’”，而是要“研究不同文化传统之间的跨文化理解和解释，并阐明不同文化传统在互相交往中的共同进化”；跨文化传播下需要解释的文本、语境、主体间性都具有多元、复杂的新含义，它“要多边地研究不同文明与文化中不同文本和语境、成见与传统的互动关系，并且更要进而探究不同文化语境与传统背后不同的、深层次的文明历史结构，并阐明它们之间更为复杂的互动关系”。④ 因此，在诠释学的视野下，跨文化传播意味着双重甚至多重的解释。

二、传统诠释学与跨文化传播移情式理解的“主体–他者”二元关系范式

跨文化传播体现不同文化之间的交流，也是不同文化主体之间的意义交换，因此，它不同于主体与客观文本之间的阐释关系，或文本接受者对文本生产者的理解关系，

① 刘国强，涂骁睿.传统诠释学与事实符合论下的新闻客观性[J].中国地质大学学报（社会科学版），2019(3)：100-107.

② 伽达默尔.诠释学Ⅰ：真理与方法[M].洪汉鼎，译.北京：商务印书馆，2010：258.

③ 伽达默尔.诠释学Ⅰ：真理与方法[M].洪汉鼎，译.北京：商务印书馆，2010：259.

④ 姚介厚.跨文化哲学的四个维度[J].中国社会科学院研究生院学报，2011(4)：33-39.

而是主体与主体之间的互动关系，总是呈现为一种“主体间性”。在这一点上，我们可以看到，诠释学的不同理论范式对主体关系有着不同的理解，而以狄尔泰为代表的传统诠释学，构建了移情理解的跨文化传播“主-客”关系范式。

传统诠释学由施莱尔马赫奠基，他意在将诠释学建成一门人文科学普遍的认识论和方法论。在施莱尔马赫看来，文本具有实在意义，但认识则具有相对性，因此，理解就是通过对语言的分析来重建他人思想的艺术，人们由此由分歧走向共识：“与为了让一切分歧终结而设立一种知识的科学相反，现在的问题是设立一种分歧的艺术，从而让人们能够由此达到知识的共同基础。”①

狄尔泰建立了认识论和方法论诠释学的基本理论。首先，他认为文本具有确定性意义：“任何一种真正伟大的艺术作品，都不希望表达有关其创作者的任何东西。它本身就具有真实性——它是固定的、有形的、长期不变的；而且，正因为如此，对于它的某种训练有素的和令人信服的理解才有存在的可能。”②其次，他超越施莱尔马赫的语言中心观，采取泛文本概念，确定了解释方法论的可能性：“历史中的一切东西都是可理解的，因为一切东西都是文本。”③最后，在认识的方法路径上，他以生命意识的共通性为基础，通过“移情”方式，使认识者获得与其所理解的历史对象的同时性，来把握文本或历史事件的真实意义。在狄尔泰看来，生命本身就能解释自身，它自身就有诠释学结构，所以生命构成精神科学的真实基础。“只有通过这种关于生命客观化的观念，我们才能获得有关历史事件的本性的真知灼见。……各种精神科学研究都以生命的客观化作为它们的综合性主题。”④

对施莱尔马赫和狄尔泰来说，诠释学的基本作用在于：“从理论上确立解释的普遍有效性，历史的确定性建立在这一有效性的基础上，以反对来自浪漫主义的任意性和怀疑论的主观性的不断侵扰。”因此，借助于文本的基本结构，诠释学建立了理解的客观化层面。⑤ “精神客观化于其中的一切东西都包含着对于你和我来说是共同性的东西。”⑥

理解固然是对生命表现的理解，但这种理解有时是不能轻易达到的，因此需要一

---

① BOWIE A. Introduction to German philosophy[M]. Cambridge, UK: Polity Press, 2003: 80.

② 狄尔泰.历史中的意义[M].艾彦，译.南京：译林出版社，2014：67.

③ 伽达默尔.诠释学Ⅰ：真理与方法[M].洪汉鼎，译.北京：商务印书馆，2010：344.

④ 狄尔泰.历史中的意义[M].艾彦，译.南京：译林出版社，2014：75.

⑤ 利科.诠释学与人文科学：语言、行为、解释文集[M].汤普森，编译.孔明安，张剑，李西祥，译.北京：中国人民大学出版社，2012：11.

⑥ 狄尔泰.对他人及其生命表现的理解[M]//洪汉鼎.理解与解释：诠释学经典文选.李超杰，译.北京：东方出版社，2001：97.

种理解的技术，或者说一种方法程序。对于狄尔泰而言，这种技术性的方法程序，首先是指由己及人的类比推理，其次是指由人及物、由个别性到共同性、由局部到整体的归纳推理。① 所以狄尔泰声称，只有同情（Sympathie）才使真正的理解成为可能。②

如果把狄尔泰关于理解的时间性转换成跨文化理解的空间性，我们不难发现，这也是跨文化传播这门学科兴起以来最为通行的主体关系范式。在这样的视角看来，作为自我文化对立面的他者文化只是未经理解之前的表象，其本质是一种可以相互转换主体关系的他我文化。跨文化传播的主要问题就是如何理解异质文化的他人，对异文化理解的可能性在很大程度上就基于这样一种奠基于心理学的诠释学方法论。

首先，基于生命共通性的"共同情感"保证了不同文化相互理解的可能性。相异文化背景的群体基于"共同情感"赋予情感表达相同的意义与内涵，获得相似情感体验唤起彼此情感共鸣，为沟通提供共享会意空间。③ 以李子柒的视频在 YouTube 的走红为例，她的视频内容既有中国传统乡村日常生活中美好的一面，具有很强的中国文化符号特性，但与此同时，这些内容又超越了特定文化限制，激起人们相似的普遍性情感体验。

其次，文化的差异需要通过个体的生命体验才能被更好地加以理解。在传统诠释学的视角下，跨文化传播成为一门"同情的理解"的技术。增强自身的异文化体验，以更好地了解他者文化，成为跨文化传播中的重要手段。这一技术使"你不必变成对象本身，也能了解你的对象"。霍尔认为，在跨文化传播中，"语言不是一个能将思想和意义从一个脑子向另一个脑子迁移的系统，而是组织信息、释放思想、诱发其他生物体作回应的系统"，要靠经验，"尤其是海外生活的经验"，才能把世间"有洞察力的素材"植入自己的脑子。④ 他以自己在日本遭遇的被不断更换旅馆房间的一连串让他"大惑不解、不可思议"的事件，说明如何把某种行为放在文化语境中去理解。青木保借其在泰国寺庙修行半年的经历，来"体验不同性质的时间和空间"，以理解泰国佛教的特殊意义。他也认为，这种实际体验远比语言更有作用："在那之前我一直生活在一个语言过剩的世界中，所以，在这里有一种心智被豁然打开的感觉。"⑤

最后，这种同情的理解还需要转换成一种他者的视角。或者，用格尔茨的话来说，

① 李庆本.阐释与跨文化阐释学[M]//王宁.文学理论前沿（第十三辑）.北京：清华大学出版社，2015：42-64.

② 伽达默尔.诠释学 I：真理与方法[M].洪汉鼎，译.北京：商务印书馆，2010：333.

③ 徐明华，李丹妮.情感畛域的消解与融通："中国故事"跨文化传播的沟通介质和认同路径[J].现代传播（中国传媒大学学报），2019(3)：38-42.

④ 霍尔.超越文化[M].何道宽，译.北京：北京大学出版社，2010：52-53.

⑤ 青木保.异文化理解[M]于立杰，陈潇潇，吴婧，译.北京：中国青年出版社，2008：55.

就是“从土著的观点来看”。如施莱尔马赫所言:“解释的重要前提是,我们必须自觉脱离自己的意识而进入作者的意识。”①

因此,这一范式承认不同文化的差异和分歧,跨文化传播的意义不在于消除差异,而是更好地理解差异,“跨文化理解的目的不是把不同文化变得一致而毫无区别,而是深入认识不同文化,既认识其中的差异,也认识其中相通和共同之处”。② 本尼迪克特认为,虽然不同文化模式具有多样性,但人性的基本面并没有什么差异。爱德华·霍尔作为跨文化传播的奠基者,其理论也是建立在人性相通的前提上。在这种差异与相同的张力关系下,跨文化传播者进而通过比较达到对异文化的理解,并最终建构多元文化和谐并存的全球文化景观。“各美其美,美人之美,美美与共,天下大同”就是费孝通先生对这一跨文化传播理想的经典概括。

但在这一范式中,主体间的关系本质上仍是一种“我者-他者”的二元关系,一种跨文化的认识者与他者文化这一客观认识对象之间的关系。他者被客观化,他者文化仿佛具有某种固定的意义,成为伽达默尔所言的历史的“客观化物”。这种“主体-他者”的理论模式天然存在着主体间交往缺失的缺陷,从单一主体的视角面对他者无可避免地会存在着两个方面的理解问题。

第一个问题是,它忽视了作为文化主体的认识者不可避免地带有的文化成见,也忽视了特定历史语境和具体交往情景下解释的多义性,从而构建出一种关于他者文化的刻板印象。正如青木保所言,在面对异文化时,人们往往凭借片面的印象将其归类与定型,并且这种定型被大众媒体传播并固化为一种刻板印象。③ 而文化身份是在具有相对差异性的文化语境产生,统合了民族语言、种族认同的概念综合体。④ 认识主体的本质内涵不是一种绝对客观的、普遍的社会经验,知识本质上仅仅是某个群体的财产。⑤ 换言之,人的认识是其所处的具体的社会历史文化条件的产物,必然受到现实客观条件和自身认识情感的制约。跨文化交往中,主体置身于复杂多变的文化环境之中,兼有不同的文化身份,加剧了主体之间的交流困难。而将异文化作为具有客观意义的对象来理解,就可能形成跨文化理解笼统偏狭的前见。如在中西文化比较上,类似这样的表述并不鲜见:“中国文化秉持阴阳互补观,认为不同文化的相遇会产生你

① 洪汉鼎.理解与解释:诠释学经典文选[M].上海:东方出版社,2001:23.

② 张隆溪.阐释学与跨文化研究[M].上海:上海三联书店,2014:148-149,164-165.

③ 青木保.异文化理解[M]于立杰,陈潇潇,吴婧,译.北京:中国青年出版社,2008:88-91.

④ KIM Y Y. Intercultural personhood: globalization and a way of being [J]. International journal of intercultural relations, 2008, 32(4):359-368.

⑤ KUHN T. The structure of scientific revolutions [M]. Chicago: The University of Chicago Press, 1962:210.

中有我，我中有你的效果，而西方二元对立思辨模式强调的是非此即彼。”[①]这类对异文化的理解构成了一种文化差异的绝对化解释，但它并不能反映中西文化差异的真实状况，而成为跨文化解释的空洞前见。

第二个问题是，它可能在文化多样性或相对主义的表象下，在对他者文化的赞美中，掩盖了西方文化的中心视角。比如，玛格丽特·米德对萨摩亚女孩青春期的研究，构建了一个不同于西方文明的似乎更加自然和开放的人际交往关系，但抛开关于这项研究本身是否严谨可靠的争议不说，不论是从这项研究在西方学术界关于生物决定论和文化决定论聚讼难定的情况下所产生的巨大学术价值而言，还是从现代性反思语境下对西方文明的批评而言，都不难看出该研究所持的西方主体视角和萨摩亚文化作为观察和研究对象的他者角色定位。霍尔的跨文化传播研究同样不能摆脱这一窠臼。因此，这一范式虽然强调多元和相对，但并不能形成真正的文化之间的对话。

三、哲学诠释学与对话的跨文化传播主体间性重建

西方诠释学在狄尔泰之后经历了一次转向，即从认识论和方法论的诠释学转向存在论和本体论的哲学诠释学，其代表人物就是伽达默尔。

与狄尔泰从生命出发来理解历史和人文科学诠释方法的普遍性相反，伽达默尔受海德格尔的存在主义转向影响，从人的历史性出发来诠释人的存在。伽达默尔提出了理解的“效果历史”概念：“真正的历史对象根本就不是对象，而是自己和他者的统一体，或一种关系，在这种关系中同时存在着历史的实在以及历史理解的实在。一种名副其实的阐释学必须在理解本身中显示历史的实在性。因此我就把所需要的这样一种东西称之为‘效果历史’。理解按其本性乃是一种效果历史事件。”[②]理解的效果历史肯定了理解中前见的合理性。人无法抛弃自己此在生活世界中的文化前见，而总是基于前见来与所理解的东西会合。所以理解实际上就是一个主体之间进行对话的过程。这一过程中，对话主体携带各自经验和文化前见所形成的视域，来寻求或创建一种共同语言，从而获得一种更高的普遍性，即达到视域的融合。因此，这种普遍性的获得并不是要抹杀各自的特殊性，而是要在一个更大的总体格局中体验他者的特殊性，分享他者的特殊性。由此伽达默尔就发展出一种多元性的统一模式。这样一来，他的

① 贾文山，刘杨.跨文化传播的诠释学视角：以中国语境为例[J].西安交通大学学报(社会科学版)，2018(3)：123-129.

② 伽达默尔.诠释学Ⅰ：真理与方法[M].洪汉鼎，译.北京：商务印书馆，2010：424.

诠释学也就有可能走向一种对话的跨文化传播诠释学。这对我们重建跨文化传播的主体间性大有启发。

所谓对话的视角就是把跨文化中涉及的主体放在平等交往的视域下,而非一种"主体-客体"的简单对立的视域下。在这一视角下,跨文化传播既要摒弃单一视角对于他者文化的"凝视",也要面对日益复杂的文化冲突,避免对于文化差异的刻意强化造成的沟通障碍,既要体现多样性,又要包含同一性理解。跨文化研究的方向必然是文化间的理解对话,并且随着全球文化交往的加深,跨文化要由主体性走向主体间性。"哈贝马斯提出的'文化间性'概念强调,文化之间的差异与互动,并且通过文化之间的交往互动,达成新的意义的构建。"①"主体"和"他者"的身份视角并非一成不变,而是互为对照,每个人既是"主体",又作为"客体",实现一种双向的对话交流。

语言学家洪堡特认为,世界观和文化观寓于语言之中,通过交流得到展现。意义的构建交流主体的相互理解都是由语言实现的。② 伽达默尔在狄尔泰对于理解的阐释的基础上,进一步阐发,关注隐藏文本之下的认知结构、文化背景对个体理解的视角产生的影响,即对"视域"的影响。"视域"是诠释学中一核心概念。诠释学的视域是个体在理解过程中的独特视角,受到过去的历史文化与现实环境的双重作用。但视域并不是一种封闭的、固定的存在,不同的视域共同归属于宏大的、全人类共享的共同视域之中,视域之间的交流对话即是一种向共同视域演进的过程。③

由于视域是个人经验与历史文化环境共塑下的产物,所以对话的双方不可能达成完全的一致见解,但是通过交流,双方的视域发生重叠,联通,相互影响,个体借此得以反思和审视原有的视域,从而使得主体原有的视域得到丰富和拓展,同时使得理解成为可能。④ 伽达默尔认为,不同的个体置身于各自的视域中,而理解则是对于他人视域的"置入",通过设身处地的感受,实现对他人视域的理解。在这一个置入的过程中,他人的特性得以被主体感知到,而这一过程既不是"让他人受制于我们自己的标准",也并非一种机械的视域"迁移",而是二者通过置身入彼此的视域,交换彼此的意义空间,从而达到一种更高层次的普遍性。⑤ 在这种普遍性之中,交流的主体分别克服自身原有视域的局限性,对彼此的了解也更为深入。

---

① 肖珺,王桐.跨文化传播视野下的多元文化主义理论反思[M]//单波.跨文化传播研究(第一辑).北京:中国传媒大学出版社,2020:102-121.

② 洪堡特.论人类语言结构的差异及其对人类精神发展的影响[M].姚小平,译.北京:商务印书馆,1999:64-79.

③ 伽达默尔.诠释学Ⅰ:真理与方法[M].洪汉鼎,译.北京:商务印书馆,2010:390.

④ 孙妍峰,张芊.诠释学与跨文化传播的关系探究[J].新闻世界,2012(10):178-179.

⑤ 伽达默尔.诠释学Ⅰ:真理与方法[M].洪汉鼎,译.北京:商务印书馆,2010:391.

视域融合的视角关注认知主体间的对话交往，强调主体间性作为达成理解的前提条件。这在跨文化传播对于“理解文化间的差异”之要求的基础上，更加关注不同文化间的主体性问题。换言之，达成理解不仅要意识到文化之间存在差异，避免绝对化、均质化的思维模式；同时，在方法论上，要切身地“进入”异文化的视域，通过视域之间的交换和融合，达成更具有普遍意义的共识。由此，交往的主体得以跨越霍尔所说的“无意识文化对自己的钳制”，实现文化之间的彼此理解与认同。①

诠释学并不回避或试图消除差异，既反对主体的“一己之见”对于被理解客体的单向投射，也不排除个体自身所具有的主观性对于理解过程的影响。② 诠释学寻求的理解是一种基于主体间存在的差异，在保持各自的特殊性的同时，在更大的格局中寻求认同和理解。换言之，诠释学所倡导的理解是一种“求同存异”的解释。同时，基于主体间的差异和不同，诠释学认为，理解应当脱离自身的意识，通过身份视角的转换“进入”他人的意识，从而达到理解的目的。③ 主体间性是要打破主体对于客体单向的解释，并且赋予双方平等的对话权利。对于“他者”的理解，最终要回归到对于主体自身的理解维度，通过与其他主体的互动，认知者得以跨越自身认知局限的藩篱，在融合来自于其他视域的认知的同时，认知者自身的视域也得到拓宽和多元理解。而在跨文化交流中，理解本身即是在承认特殊性、差异性的同时，在更大的总体格局中理解他者的特殊性，从而克服自身认知的局限，达到更高的普遍性。效果历史的概念并不回避差异问题的存在，重要的是克服差异所造成的认知局限，通过对话和沟通，不同的认知主体得以相互关照自身，实现双向的沟通对话。④ 传播者并无绝对的“自我”与“他者”的区分，交流双方既是自身文化的“主体”，又在对方文化中成为“他者”，并且通过自身文化的他者化、对象化，实现对本文化的反思和审视。诠释学所描述的“视域融合”即是这种共识达成的体现，既对立又统一，而融合的视域比原有的视域具有创新性和进步性，不同文化之间不再是对立的关系，而是在交流中实现共同发展。视域间的交流促使了原有视域的新旧整合与意义建构，差异化的沟通促使个体在视域整合中不断对自身的旧有视域进行批判和反思，通过比较视域间的差异，开展视域间的对话，从而汲取差异化视角中对自己视域有益的成分。⑤ 单波指出，文化间的相互理解，最终能够化

---

① 霍尔.超越文化[M].何道宽，译.北京：北京大学出版社，2010：212.

② 张隆溪.阐释学与跨文化研究[M].上海：上海三联书店，2014：148-149，164-165.

③ 洪汉鼎.理解与解释：诠释学经典文选[M].北京：东方出版社，2001：23.

④ 姚介厚.跨文化哲学的四个维度[J].中国社会科学院研究生院学报，2011(4)：33-39.

⑤ 贾文山，刘杨.跨文化传播的诠释学视角：以中国语境为例[J].西安交通大学学报(社会科学版)，2018(3)：123-129.

解固有的偏见，削减多元文化间的冲突和对立，达到和谐共生的局面。①

伽达默尔的诠释学强调其中的实践性，他认为，解释的对象从来不是一个静态的客体，而要在流动的时间中加以理解。② 视域是历史与现实相融合的体现，因而对话兼具“共时性”和“历时性”，交流者们对谈、融合、再对谈、再融合是一个无限循环往复的过程。诠释学的理解不仅是对于他者话语的理解，最重要的是双方视域融合之后，回到理解主体自身，通过发展、进步的全新视域对自身的认知进行反思和重新理解认识。③ 换言之，诠释学的理解过程是“主体-他者-主体”的循环式扬弃的理解。霍尔同样也指出，跨文化的最终目的在于理解文化自身，文化中隐匿的诸多内在要素由于认知主体“身在此山中”，个体往往无从察觉文化内在系统的存在，而通过与不同文化系统的主体交往，本文化中原本深藏于现象之下的结构得以被发现和认识。④ 跨文化和诠释学最终指向相同的目标，因而用诠释学理解跨文化现象有其必然性和关联性。

但是，伽达默尔对话的主体间性是在哲学本体论意义上进行探讨的，并没有涉及社会现实层面，特别是缺乏意识形态批评维度。他也态度鲜明地反对将理解和解释看成处理主体与文本以及主体间关系的方法，由此引发了哈贝马斯与伽达默尔之间一场重大的争论。本文因篇幅所限，对哈贝马斯、利科等人的诠释学理论及其对跨文化传播中主体间性的意义不再做深入探讨，但需略加强调的一点是，跨文化传播的主体关系不仅仅建立在历史性的文化层面，也是在现实社会意识形态和权力关系中展开的，对文化的理解及主体间的对话关系必然涉及主体间的交往理性和商谈伦理，也应该有容纳相互批评和自我反思的空间。而这在更深层的意义上，又可能引发对文化多元主义的限度的跨文化伦理反思，以及不同文化的现实权力关系与异文化批评的霸权主义倾向等问题，它也可能因此加剧文化间的隔膜和冲突。从这一意义上看，跨文化传播对话式的主体间性总是处于理想型与现实型的巨大张力中，它的实现度最终取决于文化群体的理性能力。

结语

诠释学摒弃了古希腊柏拉图以降对于“对话和理解永远无法真正实现”的悲观设想，与“差异阻隔了对话的实现”的消极假设不同，诠释学通过强调主体间互动关系的

---

① 单波.跨文化传播的问题与可能性[M].武汉：武汉大学出版社，2010：249.

② 穆尔，麦永雄，方颂玮.阐释学视界：全球化世界的文化间性阐释学[J].外国美学，2012(00)：312-336.

③ 伽达默尔.诠释学Ⅱ：真理与方法[M].洪汉鼎，译.北京：商务印书馆，2010：74-80.

④ 霍尔.超越文化[M].何道宽，译.北京：北京大学出版社，2010：43.

构建，指出差异并非阻隔对话，差异造成的误解等诸种因素的存在，反而使得解释和理解成为必要。解释的任务就是交流双方在认识到差异存在的现实条件下，通过沟通达成误解的消除，从而促使双方的认识进一步发展和前进。

跨文化传播作为多元主体之间的互动交往过程，其中深切地反映着不同思维习惯、历史文化、政治经济的博弈与斗争，并且随着社会的发展，现实冲突的加剧，传播手段的迭代，交往的日益密切，这些博弈与斗争始终处于不断变化之中。长期以来，跨文化交际中，主体性思路一直制约着多元文化主体交流的可能，尽管诸多实践者和研究者意识到文化差异的存在，却仍然未能自觉地采纳主体间性的视角去看待不同文化之间的差异问题，由此造成诸多误解、偏见，甚至歧视。伴随着跨文化交往的不断加深，文化之间的交往愈发频繁，一方面是泾渭分明的文化边界愈发模糊，提供了更多理解异文化的可能，另一方面则是文化之间的差异和误解正愈发成为文化交流亟待解决的难题，需要人们转变思路，达成理解共识。

诠释学对于理解的深入探讨强调了理解过程中主体间性对于达成理解的必要性，启示我们在跨文化交往中摒弃绝对化的"自我中心"，而尝试通过理解不同主体所身处的具体历史文化语境，意识到造成差异的诸多"前见"因素，通过彼此视域的交流和融通实现最终的彼此认可。对于主体间性的关注与认识，有助于构建平等对话的跨文化交际，由西方霸权主导转向多元文化平等对话，由"文明的冲突"转向"文明的对话"，由粗暴的消除文化之间的差异以期均质化转向求同存异，承认差异的同时，不否定共同价值的存在，由此以构建积极的人类命运共同体。

而对于中国的国际传播实践而言，诠释学的方法提示我们如何做到"中国声音"与"世界视角"二者有机统一。长期以来，中国的传播的传播力、影响力有限，中国话语在自我讲述时面临着价值体系、文化差异等诸多现实困境[①]，中国文化区别于西方的观念体系发展模式与西方话语主导下的世界传播格局之间充满了张力和冲突，中国的传播实践者时常面临着中国话语表达如何触达国际公众，如何提升中国话语国际影响力等问题。随着对外交往程度的加深，中国的传播指导思想和实施策略也在发生着转变，提出"平等交流""融通中外"等基本理念，关注到文化之间的互动交往，由单一主体的对外宣传转向注重主体之间的对话交流。

中国话语的传播，离不开与不同话语之间的对话，将"对外传播"转变为"跨文化交流"，在交流中实现文化的友好往来。我们不仅要考虑中国文化如何对外传播的问题，

① 单波，林莉.中国对外报道的"方法—目的"之惑：基于新华社对外报道的历史考察[J].现代传播（中国传媒大学学报），2019(10)：36-41.

还要在传播过程中设身处地考虑其他文化受众的思维模式、文化观念、价值认同。

同时，来自其他文化的优秀成果也值得被借鉴和分析，这有助于我们发现自身在跨文化传播实践中的不足。正如诠释学的理解最终要回到对于理解者自身的反思，中国的跨文化交流也是自省与进步的过程。跨文化视域的对话，也有助于我们对于中国文化的认识，提升中国文化自信，促进中国文化繁荣发展。

〔刘国强，四川外国语大学新闻传播学院教授、院长；杨韫珏，四川外国语大学新闻传播学院研究生〕

〔特约编辑：涂凌波〕

中国国际传播中的西方话语陷阱分析与应对

Analysis and Response to the West's Discourse Trap in China's International Communication

◎ 周鑫宇 项靖雅

Zhou Xinyu Xiang Jingya

摘要：西方所发明的词汇体系，有可能成为中国国际传播中的“话语陷阱”，影响讲好中国故事的效果。本文分析了“中国例外话语陷阱”“引战挑衅话语陷阱”和“语用预设词汇陷阱”。针对这些问题，我们在国际传播中应当加强理论素养和政治敏感性，以“世界之中国”话语对冲西方的“中国例外”话语，仔细分辨和审慎应对美西方右翼势力故意炒作的引战话语，还应当加强对外来概念的权威解释、规范使用。最根本的解决之道是增强中国自身的话语创造力，用融通中外的话语构建和议程设置，化被动为主动，从“后真相”化、政治化和堕落化的西方舆论泥沼中脱颖而出，在百年未有之大变局中以变应变。

关键词：国际传播；话语陷阱；国际舆论

Abstract: The lexical system invented by the West may become a "discourse trap" in China's international communication, affecting the effectiveness of telling China's story. This article analyzes the "Chinese exceptionalism discourse trap", the "trolling discourse trap" and the "presupposition discourse trap". In response to these problems, we should strengthen our theoretical literacy and political sensitivity in international communication, counter the western discourse of "China Exceptionalism" with the discourse of "China in the World", carefully distinguish and cautiously respond to the trolling discourse deliberately hyped by the right-wing forces in the US and the West. Also, the western concepts should be interpreted and used in a more authoritative and standardized way. The most fundamental solution is to enhance China's creativity in discourse, use discourse construction and agenda-setting to integrate China with the world, turn passivity into initiative, thus we can reduce the negative impacts of the quagmire of "post-truth", politicized and degenerated western public opinion, and cope with the significant changes unseen in a century.

Keywords: international communication, discourse traps, international public opinion

新冠肺炎疫情爆发以后,中国国际传播的话语、形式和价值凝练在挑战和机遇中突破求变,开创了新航道、新局面,也面临新的形势和任务。习近平同志 2021 年 5 月 31 日在中央政治局学习活动上的重要讲话,对全国各级党委党组加强国际传播能力建设提出了更高的要求。未来在讲好中国故事、传播中国声音的过程中,我们应当注意一个久已存在、在近来的国际舆论斗争中尤为突出的问题:如何深入洞察、利用和超越西方的话语体系,避免不假思索地使用西方媒体、政客和学者发明的词汇和概念,以免在讲好中国故事的过程中落入西方的"话语陷阱"。

一、中国例外话语陷阱

坚定不移地走中国特色社会主义道路,是中国共产党向世界作出的庄重政治宣示和历史选择。中国道路、中国方案、中国模式取得了让人民自豪的发展成就,凝练出中国在政治制度、经济制度、社会发展模式、社会价值观上的特色理论体系和独特性话语论述。部分学者认为,在历史发展道路、对外关系经验上,不同国家可能形成不同形态的例外论,并将中国政治思想创新称为"中国例外论"和中国的特殊主义。[①] 中国是否存在或应该发展"例外论",属于学术探讨的范畴。值得注意的是,在当前的国际舆论斗争之中,西方在刻意塑造中国的"他者"角色,将中国和国际社会的主流割裂开来。一些西方媒体和政客惯于为一些具体问题冠以"中国"称号,在国际传播叙事中将中国特殊化、标签化、例外化,以实现抹黑、打压和孤立中国的政治目的。

新冠疫情爆发之后,美国时任总统特朗普在推特上将新型冠状病毒称为"中国病毒"(Chinese virus),发文前后仅推特平台上关于"中国病毒"的一周发帖量就增长了十倍之多,[②]一些国外媒体也随即附和、恶意抹黑中国,短期内对我国的国际形象造成

① 张锋."中国例外论"刍议[J]. 世界经济与政治, 2012(3): 82-104.

② BUDHWANI H, SUN R. Creating COVID-19 Stigma by referencing the novel coronavirus as the "Chinese virus" on Twitter: quantitative analysis of social media data[J]. J med internet res, 2020,22(5):1-3.

负面舆论压力。我们对于“中国病毒”这样显性的污名化和攻击性话语开展了坚决而成功的斗争。但是美西方所创造的其他一些话语,其背后的政治隐喻和政治影响却更难识别。例如,西方广泛使用的“中国疫苗”(China's vaccine)一词就是另一在西方舆论场中广泛传播的“中国称号”。而这一称号的话语含义给中西方受众带来的感受是不同的,中国人更难识别其中的政治含义。从中国国内的语境来看,中国研发和生产疫苗代表了中国的医学技术实力和国际责任担当,“中国疫苗”在很大程度上具有民族自豪的色彩。但在西方的语境中,“中国疫苗”一词却恰恰隐晦地抹杀我国疫苗对全人类的贡献,为美西方进一步宣扬中国的“口罩外交”(mask diplomacy)、“疫苗外交”(vaccine diplomacy)等铺设语境,把疫苗“为世界”导向了疫苗“为中国”,强化了“中国威胁论”“中国战略扩张”等政治阴谋论。这种话语是围绕中国政治形象展开话语构建的一部分。西方智库和媒体通过“中国病毒”“中国疫苗”“口罩外交”“疫苗外交”一系列概念的捏造和建构,形成一条完整的政治阴谋论话语叙事链条。在西方叙事中,中国推进抗疫合作、捐赠口罩和疫苗等医疗物资的行为“基于地缘政治动机”,其目的是将病毒根源国的形象伪装、美化成提供解决方案的负责任大国形象,获取软实力红利并巩固与“一带一路”沿线国家的关系,展示全球卫生领导地位和威权治理模式的优越性。①

西方制造的“中国疫苗”和“中国病毒”两个词汇看起来表面含义差异巨大,甚至可能引发中国受众截然相反的认知和感受,但在当前特殊的国际政治背景和西方的话语构建中,两者在本质上都是美西方将抗疫问题政治化的舆论手段。“中国疫苗”的称号更具有话语层面的迷惑性和隐蔽性,表面上词义为中性,实则让疫苗的概念国界化、政治化,削弱了中国疫苗的国际公共产品属性。如果和西方国家研发生产的疫苗进行对比,这一话语陷阱就更加明显。至今为止,西方生产的新冠疫苗多以研发公司和机构、历史事件等名称命名,如美国药企辉瑞公司和德国生物技术公司共同研发的“辉瑞疫苗”、美国国家卫生研究院资助并与莫德纳公司合作研发的“莫德纳疫苗”等,我们很少在西方媒体中看到这些名称被冠以“美国”“欧洲”等国别、地域名号。我国研发的疫苗也以“科兴”“国药”等作为医学称呼的署名,世界卫生组织对此也有正式的翻译。俄罗斯研究机构研发的“卫星-Ⅴ疫苗”,取苏联发射的第一颗人造卫星之名寓意疫苗研发

---

① KARÁSKOVÁ I, BLABLOVÁ V. The logic of China's vaccine diplomacy[EB/OL].(2021-03-24)[2021-08-16]. https://thediplomat.com/2021/03/the-logic-of-chinas-vaccine-diplomacy/; HUANG Yanzhong. Vaccine diplomacy is paying off for China[EB/OL].(2021-03-11)[2021-08-16]. https://www.foreignaffairs.com/articles/china/2021-03-11/vaccine-diplomacy-paying-china.

速度之快，也得到了国际组织和医学专业机构的认可。但在西方媒体主导的国际舆论场上，中国和俄罗斯疫苗的医学原名经常被弃之不用，而被冠以“中国疫苗”“俄罗斯疫苗”，凸显了其利用话语构建实现政治目的的手段。而中国国内部分媒体也使用“中国疫苗”“美国疫苗”等不规范称呼，就容易落入西方的政治话语陷阱中，打消中国以人类命运共同体为核心的主流话语的完整性和自洽性。

近年来，在西方的舆论话语构建中，相似的词汇还有“北京文本”“北京共识”“中国制造”等。“北京文本”(Beijing Climate Revolution)是哥本哈根气候谈判会议上中国在气候等全球治理问题上提出的方案，是对美国等发达国家主导下“丹麦草案”的回应。尽管该词汇被国际会议和媒体界广泛使用、传播，但应当注意的是，所谓“北京文本”代表的是发展中国家的共同立场，其本质是多边讨论形成的国际共识，而不是中国的一家之言。“北京文本”一词冲淡了中国为推动形成气候治理国际共识所做的努力，将中国与发达国家置于对立位置。此外，使用“北京文本”而不使用“中国文本”，更有凸显政治性的意图，暗示了中国政治权力的影响，营造了以大国主导代替多边协商、以二元竞争代替协商合作的国际舆论氛围，“北京文本”不如“发展中国家方案”更有代表性和号召力。相比之下，西方国家提出的方案虽然以“丹麦草案”命名，但由于丹麦是欧洲的小型国家，更是会议的举办地，因此这一话语构建几乎完全是非政治化的。美国等西方大国对相关方案的暗中操弄和政治霸权被完美地隐藏到一个非政治性的词汇之中。“北京”和“丹麦”的对抗，无形中隐喻了妖魔化的强权和多边合作的对抗。“北京共识”(The Beijing Consensus)一词被用于代指中国发展的特殊道路。这一概念最早由美国《时代》周刊高级编辑、美国著名投资银行高盛公司资深顾问乔舒亚·库珀在英国伦敦外交政策中心发文提出，随后被海外学术界广泛使用。[①] 在西方语境中，“北京共识”是相对于所谓现代化必经之路——“华盛顿共识”(The Washington Consensus)而提出的概念。在学者的研究中，“北京共识”代表了中国不同于西方的、独立自主的发展道路和发展方式对其他发展中国家的“吸引力”，这种吸引力和“华盛顿共识”臭名昭著的胜利主义和干涉主义是不一样的。但由于世界各国对“华盛顿共识”的含义具有更广泛的认知，西方媒体将“北京共识”与“华盛顿共识”并列，就悄然构成了一种刻意的话语污染，暗示中国将像美国一样输出自己的制度和价值观，强化“中国威胁论”，也塑造了中美之间全方位竞争的情景，消解了中国提出的以“新型大国关系”为核心的外交话语。“中国制造”(Made in China)本是全世界中国商品标签上

① 刘庆军，郭文亮. 从“北京共识”到“中国模式”：改革开放以来海外学者对“中国道路”的研究进展[J].社会主义研究，2019(2)：156-165.

的名字，后来在国际舆论中传播，代表了中国作为“世界工厂”的经济地位。而近年来，西方政客和媒体在一定的政治背景下使用这一词汇，夸大中国在全球产业链和价值链上的威胁。在“中国威胁论”甚嚣尘上的背景下，“中国制造”一词还在海外消费者心中凸显了负面的商品来源国刻板印象，把商业品牌和消费行为政治化。[①] 实际上，中国的制造业产品是全球产业分工的成果，其中的高科技产品尤其离不开全球采购、全球协作和全球知识分享。发达国家不但在中国的制造业中获利巨大，还反过来对中国产业链“卡脖子”。我们要认识到，美国和部分西方国家政治外交政策的变化，已经对“中国制造”的涵义进行了话语浸润，将中国的企业和商品打上特殊标签，试图在全世界舆论中构建一个他们所希望的“破坏全球化市场竞争规则”的中国形象，为其不公正的对华外交和贸易政策铺设舆论。中国应该针锋相对地使用反映全球产业合作客观事实的、具有广泛性和包容性的话语，如“为世界制造”(Made for World)等，将中国的标签隐含于后，争取世界最广泛的认同。

上述这些“中国词汇”可以归结为西方政客和媒体所构建的一种“中国例外”话语陷阱。这里所说的“中国例外”，绝不同于“中国特色”和“中国道路”，而是一种“他者”(the other)话语。“他者”话语将不同于自己的他人或群体建构为明显区别于主流群体的具有异质性的角色[②]，形成对抗性格局并建构起权力的对立关系[③]。一方面边缘化他者群体、固化对他者的负面刻板印象和媒介偏见；另一方面加强自我群体的身份认同，将自我群体的观点和形象进一步推向主流和合法的位置。这种“中国例外”话语有一定的时空局限，是在一定的政治环境下衍生和转化出来的。在当前一段时期内，西方意图在国际政治、国际贸易、全球治理等问题上，把中国同国际社会割裂开来，强化一种“他”“我”的观念结构，构建中国和西方对立冲突的关系，把中国描绘为扩张私利、挑战秩序、运用强权、追求霸权的力量。这些“中国例外”话语词汇容易混淆于中国人民的民族自豪话语表达中，如果不假思索、不做界定地在国际舆论中使用，使用者往往不自知地陷入了西方的话语陷阱。

二、“引战挑衅”话语陷阱

美西方对华舆论战的升级，除了与国际格局变化有关，也是美国等国国内政治变

---

① SAMIEE S. Customer evaluation of products in a global market[J]. Journal of international business studies, 1994(25):579-604.

② 童兵，潘荣海. “他者”的媒介镜像：试论新闻报道与“他者”制造[J]. 新闻大学，2012(2)：72-79.

③ BELLOU T. Derrida's deconstruction of the subject: writing, self and other[M]. Bern, Switzerland: Peter Lang CH, 2013: 219-220.

化背景下的产物。近年来,西方国家不同程度地出现了以反移民、反自由贸易为特征的反全球化现象,美国和部分西方国家的右翼势力越来越集聚于“本土主义”大伞之下,[①]为转移国内社会撕裂矛盾、凝聚党派间共同敌人而向中国实施“引战挑衅”(trolling),利用污蔑抹黑、混淆视听、制造对立的语言,侵蚀互联网媒介话语空间,渲染和操控民族主义情绪,刺激本土主义势力以达到其政治目的。美西方近来针对中国提出的“人质外交”(hostage diplomacy)、“人造病毒”(man-made virus)、“债务陷阱”(debt trap)、“战狼外交”(wolf-warrior diplomacy)等词汇,都是罔顾事实、不讲道理的舆论战炮弹。以下我们先对这些西方话语的背景和使用情况做简单回顾,再分析其共同的话语特点。

在高科技竞争领域,出于蓄意精准打压中国高科技企业的政治图谋,美国联合加拿大拘押华为公司高管孟晚舟,这种惯用和滥用“长臂管辖”的行为引发了国际舆论的指摘。在此背景下,澳大利亚智库以挑衅性话术污蔑中国大行“人质外交”、“胁迫外交”(coercive diplomacy),美国媒体随之利用这些词汇大肆造势。“人质外交”话语是颠倒黑白、甩锅推责的恶意攀咬,意图将美国和加拿大迫害者的形象转化为受害者形象,塑造“国家对个人”“政权对公民”的扭曲性媒介事实,博取世界公众的同情和支持。在这种话语之下,中国越是强硬应对,西方媒体越是反复报道和污蔑中国,不断强化中国的强权形象。

这种挑衅性的话语还集中体现在新冠病毒问题上。美西方部分政客、智库、媒体否定中国在抗击新冠肺炎疫情中所作出的积极贡献,反过来在病毒来源等问题上借机污名化中国,大肆传播关于新冠病毒“人为制造”的阴谋论,从而实现话语渗透和舆论操纵。美国排外主义、反智主义、非理性主义的盛行与合流,为反华、反科学、伪科学的挑衅对立论调提供了肥沃的滋长土壤。此外,西方在媒体上的话语权优势也助长了这类话语的蔓延。

在国际经贸合作上,国际舆论场上关于中国对“一带一路”沿线国家实施“新殖民主义”(Neocolonialism),开展“债务陷阱外交”(debt trap diplomacy)的无稽之谈仍在流传,企图挑拨中国与合作国家的平等互利关系。然而,“一带一路”倡议秉持和平合作、开放包容、互学互鉴、互利共赢的丝路精神,不存在掠夺攫取自然资源和瓜分势力范围的霸权行径。这些与中外经济合作丰硕成果事实数据相背离的话术,旨在煽动国际对华疑虑和不信任,在国际话语中将中国放置于孤立无援的境地。

---

① 周鑫宇. 美国外交中的本土主义:历史传统与新发展[J]. 国际问题研究, 2017(6): 96-108.

在敏感地区问题上，美西方对中国治疆政策的虚假叙事和抹黑污蔑更是不遗余力。美国一是运用经济管制手段在新疆人权问题上向中国施压，以所谓的“强制劳动”为由对新疆棉纺织等产业横加指责、实施制裁，公然破坏国际经贸秩序；①二是利用其强话语能力和议程设置能力在国际叙事中将新疆描绘为“暴力集中营”，煽动国际舆论。事实上，新疆连续四年没有发生暴恐案件，反恐斗争取得显著成效，经济持续增长、民生极大改善，2020 年实现 32 个贫困县全部脱贫摘帽。对于这些真相事实，西方媒体集体失声、避之不及，对缺少证据的谎言却趋之若鹜，体现出明显的政治意图。

上述例子是西方引战挑衅话语陷阱的典型缩影，我国对此进行了大量澄清和辩驳工作，揭露了西方的虚伪性，有力地引导人民群众识别、判断西方的险恶用心。例如，外交部新闻发言人在答外国记者问时表示，问中方在“人质外交”上的立场是一个充满恶意的问题，“最好去问问加拿大政府什么是‘人质外交’”；针对西方流传的“人造病毒”谣言，中国网民联合签署呼吁世界卫生组织调查美国德特里克堡实验室，外交部发言人表示，美国在两百个生物实验室疑云上“欠世界人民和国际社会一个交代”；在所谓的“债务陷阱问题”和新疆“人权问题”上，我国也以大量客观事实数据进行澄清，揭露西方阴谋和居心。然而，这些捍卫国家利益和声誉的正常外交举动又被西方扣上“战狼外交”的帽子，称中国外交姿态从保守、被动、低调向自信、主动、高调转变，外交形象从“熊猫”向“战狼”转变。这一说法给中国外交贴上“攻击性”“侵略性”“民族主义”的标签，本质上体现了西方对中国迅速发展的恐惧和希望中国继续任人宰割的傲慢。美西方通过针对性的抹黑和攻击，试图在舆论战中丑化中国的国际形象，正如《环球时报》时评所说的“搞‘战狼外交’的不是北京，而是华盛顿”②。

值得注意的是，许多此类词汇并不起源于各国政府机构和权威国际组织，而是由美西方右翼媒体和智库提出。右翼政客和媒体故意刺激舆论、扩大影响，“求关注”是其进行挑衅的主要政治目的。以上提到的在高科技竞争领域、新冠病毒应对、国际经贸合作、敏感地区问题、外交发言风格上的西方引战挑衅话语陷阱，创设了一个不受理性、真理、逻辑、证据、文明等标准控制的“后真相时代”话语空间和语境，③因此依据事实、还原真相的澄清和辩驳仅能发挥有限作用，甚至中国政府和媒体的正当驳斥会被西方主流媒体报道，进一步渲染和扩散这些话语。西方右翼势力随即利用这些话语和

---

① 李捷. 美国对华政治极化与涉疆虚假人权叙事[J]. 当代传播，2021(4):69-72.

② 搞“战狼外交”的不是北京，而是华盛顿[N]. 环球时报，2020-05-25(015).

③ HANNAN J. Trolling ourselves to death? Social media and post-truth politics[J]. European journal of communication，2018，33(2):214-226.

热度来巩固其基本盘,获取政治利益。例如,据我们的研究统计,美国有线电视新闻网(CNN)报道引用中国外交部发言人话语的频率远高于其他美国主流媒体,而在 CNN 等部分西方媒体撰写的报道中,几乎无一例外地试图构建 “极端对极端”“无理对无理”的画面,捞取国际和国内的政治利益。

究其根源来说,这种不顾真相、肆意撒谎的话语策略反映了美国国内政治新变化和互联网传播中的乱象,被美国新兴的右翼势力视作一种重要的政治动员策略,已经发展得十分成熟。① 西方学者对此进行研究,称之为“引战挑衅”,英文原意为“拖钓”。② 在美国国内政治中,“引战挑衅”表现为利用互联网时代“流量至上”的传播特点,故意提出一些耸人听闻、缺少证据的“新词”“金句”,投掷侮辱性的、离题的、虚假的言论,以引诱对手“上钩”反击。上述话语特点恰恰迎合了人们的猎奇心态和“后真相时代”人们相信自己想看到的“事实”和“真相”的倾向,具有较强的煽动性和欺骗性。此外,互联网“推送”算法使受众所能接触到的网络空间容易充斥单一的话语和意识形态,并且形成过滤气泡屏蔽相异的声音和话语,加强了这种政治话语的恶劣效果。西方政客惯于通过无端的攻击抹黑,引发政治对手的强烈回应,以此构建对抗性的关系格局,反过来更好地凝聚本派支持者,扩大政治影响力。在当前美国特殊内政条件下,这种刻意挑衅式的政治话语模式将共和党和民主党的政客不同程度地卷入其中,凸显了美国政治的堕落,也对西方多国政治造成了影响,表现了美西方在“后真相时代”的政治荒谬。我们要对美国和西方国家这类引战挑衅话语陷阱加强分析和重视,谨防西方以虚假信息迷阵制造反华舆论,③以污名政治、谎言政治的恶意政治修辞和政治传播策略在国际传播中筑牢负面中国国家形象的“信息茧房”。

三、语用预设词汇陷阱

与中国例外话语和引战挑衅话语相比,还有一类西方制造的词汇陷阱隐藏更深、令人难以察觉。这类词汇陷阱无法通过表层语言形式上的词汇构成要素和词性来识别,而是潜藏在词汇的语篇背景、深层含义和社会认知中。语言学将这种说话者和听

---

① MERRIN W. President Troll: Trump, 4Chan and memetic warfare[M]//HAPPER C, HOSKINS A, MERRIN W. Trump's media war. New York:Palgrave Macmillan, Cham, 2019:211-219.

② HAWLEY G. Making sense of alt-right[M]. New York: Columbia University Press, 2017: 108-110; FLORES-SAVIAGA C, KEEGAN B, SAVAGE S. Mobilizing the Trump Train: understanding collective action in a political trolling community[J]. Proceedings of the international AAAI conference on web and social media, 2018,12(1):83-89.

③ 吴炜华. 特朗普政府“污名政治学”的智识逻辑与策略演进[J]. 当代世界, 2020(11): 51-56.

话者共同享有的,不需要进行具体说明的背景信息、蕴涵信息和语境信息称为语用预设。这类信息具有单向性、主观性、隐蔽性、信息凸显性和认知多维性,①能够在貌似中性、不携带显性情感色彩的同时实现隐性评价和观点建构,往往不易被人识别或受到审视。在使用这类话语的时候,话语构建者可能将其重新语境化以赋予其新的内涵和外延,或者将某些听者本来并不具有的信息、知识、观念、思维、态度等巧妙地伪装成说话的前提和暗示,无形中为对话和讨论预设了框架,使他者的观点无法摆脱限制,达到按照自己方式构建权力结构的目的。② 我们如果对此不加鉴别,就很容易掉进语用预设词汇陷阱之中,在国际舆论中落于不利境地。

比如,在新型冠状病毒问题上,美西方政客、智库和媒体都积极鼓噪、反复炒作病毒溯源问题,以转移自身抗疫不利的责任,制造反华仇华国际舆论。对于这些别有用心的污名和谎言,我们作出了明确而坚决的表态,积极配合国际组织的病毒溯源工作,反对将溯源问题政治化。然而,从话语的角度分析,"溯源"一词具有特殊的语用预设背景,我们在使用西方提出的"溯源"概念时,也有必要提高警惕。"溯源"在英语原文中是"origin tracing"。这一英文词汇运用在西方所设置的媒介语境中,实际上传递给读者一种隐性信息——即新冠病毒存在清楚的可追溯的病毒源头,只需要沿着既定路径返回去(trace back)确定源头即可。而从科学的角度来看,目前仅能认定传播新冠病毒的中间宿主,至于病毒源头是什么、产生在哪里是未知的、不确定的。世界卫生组织发布的研究报告中使用的也不是"溯源"一词,而是"病毒研究"(research on COVID-19/studies into COVID-19)。疫情爆发以来,世界卫生组织任命了国际专家小组两次前往武汉实地考察,其官网将这一活动称为"新型冠状病毒源头研究"、"世界卫生组织与中国的联合任务"(WHO-China Joint Mission),③而并不是西方媒体所报道的"溯源小组"。因此我们要提防西方智库媒体用词背后的内涵,提升报道专业度,避免无意识地"对号入座"。

又比如西方常用"崛起"(rise)一词来描绘中国的快速发展。"崛起"是西方舶来词汇。当考察"崛起"一词在西方语境中的文化含义时,我们会发现,西方国际关系历史文化中,"崛起"一词天生就与"衰落"一词相伴而生,与"战争""挑战""霸权"等概念

---

① 魏在江. 语用预设的语篇评价功能:语篇语用学界面研究[J]. 中国外语, 2011,8(2): 23-29.

② 陈建平,尤泽顺,等. 社会、文化、身份与话语建构:中国社会语言学新探索[M].北京: 人民出版社, 2017: 212-215.

③ WHO. Report of the WHO-China joint mission on coronavirus disease 2019 (COVID-19)[R/OL].(2020-02)[2021-08-20]. https://www.who.int/docs/default-source/coronaviruse/who-china-joint-mission-on-covid-19-final-report.pdf.

紧密联系,与之相关的“地缘政治”“零和博弈”等学术论述塑造和限制了西方受众认识国家间关系的认知框架和思维模式。当“中国崛起”这一说法脱离基础性事实,被美西方大做文章,与“中国威胁论”“中国恐惧论”绑定在一起广泛出现在国际传播中时,受众可能接收到“中国的迅速发展必然带来其他大国的衰弱”“中国不可能以和平方式崛起”“中国正野心勃勃地谋划地缘扩张”等暗示性信息。这些负面印象唤醒了对话接收者既有的关于“崛起”一词的社会认知并形成共振,通过语用预设巧妙地隐含在语篇中,在接收者观念中不知不觉地常态化,悄然间塑造和改变着中国在国际上的国家形象。

还有一些原本中性的词汇在实践演化中被赋予了延伸的意义,在话语接收者的社会认知中有了新的色彩。因此在词汇应用发生语境更换时,我们需要注意受众所在语境下认知的变迁是否改变了词汇含义。这类话语陷阱尤其隐藏在西方的舶来学术词汇中。由于历史和现实原因,美国学术话语在世界上影响巨大,西方话语输入对中国人文科学也有很深的渗透。美国学者发明的词汇,常常成为国际通用的学术和政治概念,得到广泛使用。应当注意的是,一些词汇的含义在西方政治实践中已经按照美国的政治逻辑发生了演化。我们使用这些概念要避免生搬硬套、随处滥用,落入西方的话语陷阱中。这方面典型的例子包括“公共外交”“文化软实力”“地区战略”等。这些词在美国的外交实践中,已经脱离学者最初的定义,有了浓厚的政治色彩。我们简单出于学者书本上的概念,将一切民间友好往来都称作“公共外交”,将一般的文艺作品、文化产品乃至企业品牌都归为“文化软实力”,将“一带一路”倡议和企业“走出去”都一概称为“战略”,实际上无形中按照美国人的政治逻辑将非政治的国际交往变得政治化了。国际舆论对于这些词汇的理解可能受到美国霸权行为的影响,从而导致话语接收者对中国友好民间交往、企业合作活动等非政治主体行为的误解。

实际上,中央文件在使用国际通用学术概念时一般都进行过科学准确的区分。如十八大报告将“公共外交”和“人文交流”区别并列、强调“国家文化软实力”、纠正和反对“一带一路战略”等说法。但部分媒体和学术界对中央精神把握不准确,对于国际通行概念的内涵研究不够,原创概念体系薄弱,就容易出现“国际概念是个筐,什么都往里装”“中央一讲,下面乱用”的问题。另外,我们还要注意地方政府和社会机构倾向于将一般的文化和经济活动进行“政治拔高”,造成泛政治化现象,这在对外宣传中也容易导致词不达意、授人以柄的问题。

结语

由于西方具有强大的话语渗透力和议程设置能力，其发明和传播的一些词汇表达可能构成我国在国际传播中落入话语陷阱。本文分析了“中国例外话语陷阱”“引战挑衅话语陷阱”和“语用预设词汇陷阱”，这三类话语陷阱都有带着明显指向性的政治意图，美西方将对抗冲突性的关系格局悄然隐藏于其创设的话语情景之中，从而达到在国际传播叙事中将中国他者化、污名化、标签化的目的。如果我们不加分辨地使用和传播某些话语，容易加深西方话语建构下的中国的某些负面刻板印象，在国际舆论斗争中落于不利境地。

对此，我们在国际传播中应当加强理论素养和政治敏感性。对于一些西方所设置的话题和话语要谨慎分析、合理使用、加以扬弃、实现超越。具体来说，我们要以“世界之中国”话语对冲西方的“中国例外”话语，仔细分辨和审慎应对美西方右翼势力故意炒作的引战话语，还应当加强对外来概念的权威解释、规范使用。从长远来看，中国在西方所制造的话语喧嚣中，既不能听而不闻、不予回击，也不能仓促应对、随波逐流，最根本的解决之道是增强中国自身的话语创造力，用融通中外的话语构建和议程设置，化被动为主动，从“后真相”化、政治化和堕落化的西方舆论泥沼中脱颖而出，在百年未有之大变局中以变应变。

〔周鑫宇，北京外国语大学区域与全球治理高等研究院教授、博士生导师；项靖雅，北京外国语大学国际关系学院硕士研究生〕

〔特约编辑：涂凌波〕

社交化、个人化、视频化:全媒体时代国际传播发展态势及应对*

Socialization, Personalization, Videolization: the Development and Response of International Communication in the Omnimedia Era

◎ 龙小农 阎庆宜

Long Xiaonong Yan Qingyi

摘要:全媒体时代,国际传播呈现出传播平台社交化、传播主体个人化和传播形态视频化三大转向。面对这一新态势带来的后真相时代信息的鱼龙混杂、平台传播时代西方的平台打压和话语竞争时代中国话语的缺失等挑战,中国可从传播技术、传播平台和传播内容等面向出发,创新科技运维、强化国际平台建设和叙事话语建构,积极适应并引领媒体融合发展趋势,提升国际话语说服力和国际舆论引导力,借助国际传播推动全球秩序革新。

关键词:国际传播;国际话语权;社交媒体;短视频;舆论引导

Abstract: The international communication in the omnimedia era shows three major turns: socialization of communication platform, individualization of communication subject and videolization of communication form. This new situation brings about three challenges: mixed information in the post-truth era, western countries' crackdown on the media platform in the era of platform communication and the lack of Chinese discourse in the era of discourse competition. Facing these challenges, China should act base on communication technologies, platforms and content: adapting to and leading the development trend of media convergence; innovating scientific and technical operations; building international media platforms and constructing narrative discourse. Through these ways, we can meet challenges, seize opportunities, boost the

* 本文系研究阐释党的十九届四中全会精神国家社科基金重大项目"重大舆情和突发事件舆论引导机制创新及应对策略研究"(批准号:20ZDA059)研究成果之一。

international discourse persuasion and the leadership in international public opinion, and finally innovate the international order with the help of international communication.

Keywords: international communication, international discourse power, social media, short video, guide public opinion

在高速移动互联网等新兴信息传播科技的驱动下，国际传播主要场域已从传统媒体转移到以社交媒体为代表的新兴媒体。这一转移改变了国际传播传受主客体之间以往的思考、沟通和话语方式，推动当今国际传播呈现出新态势、新格局，给中国国际传播能力建设和国际舆论引导带来全新挑战和机遇。因应这一前所未有的新态势、新格局，中国国际传播主体只有积极适应并引领媒体融合趋势，精准把握社交媒体交互性、实时性、移动性、个体性等特点，才能应对挑战，抢抓机遇，在国际传播新格局下提升国际传播能力，借助国际传播推动全球秩序革新。

一、三大转向：全媒体时代国际传播新态势

从全球受众的媒介接触模式来看，脸书（Facebook）、推特（Twitter）、优兔（YouTube）、抖音国际版（Tik Tok）和微信（WeChat）等社交媒体，已成为当下国际信息汇聚传播的重要渠道和平台，成为受众获取资讯和娱乐的主要来源之一。在传播社交媒体化的全球语境下，当今全媒体国际传播新态势主要呈现出“三大转向”：一是传播平台的社交化；二是传播主体的个人化；三是传播形态的视频化。

（一）国际传播平台的社交化转向

传统媒体时代，报刊、广播、电视等大众媒体凭借自身专业和技术优势，成为国际传播主体的当仁之选，是进行国际传播的主要平台。但随着受众社交媒体使用率的不断提高，国际信息传播路径日益由具有官方属性的主流媒体向具有个人属性的社交媒体转变。传播学者弗朗西斯·萨巴早在 1985 年就指出了新媒体技术的分众功能：由于信息与来源的多样性，受众本身选择的主动性增强，目标观众群倾向于选择信息，因而强化了多区隔化，促进了传送者与接收者之间的人际关系。[①]

数字化、移动化和社交化的媒体，已成为各国民众日常生活中不可或缺的一部分。

① 卡斯特.网络社会的崛起[M].夏铸九，译.北京：社会科学文献出版社，2006：320.

相形之下,传统媒体渐呈式微之势。诸多报刊纷纷停刊或只提供电子版,广播电视整体向网络视听迁移。数据分析公司 Statista 发布的报告显示,截至 2020 年 6 月,世界有近 60%的人口使用互联网,而全球社交媒体用户已突破 38 亿大关,超过一半的人口使用社交媒体。[①] 特别是受全球新冠肺炎疫情影响,"宅生活"催生了大量线上社交需求。2020 年,世界第一大社交媒体脸书的月活用户首次超过 30 亿。[②] 而在庞大的互联网用户中,有超过一半的网民从脸书或其他社交媒体平台中获取来自世界各地的新闻资讯。[③] 社交化传播已成为时下信息传播的主要形态之一。

在此背景下,国内外传统媒体纷纷降维传播,主动拥抱新兴的社交媒体。英国广播公司(BBC)、《纽约时报》等西方传统主流媒体或创办自身移动媒体平台,或进驻既有社交媒体开设账号,融合多维传播渠道,打造强大的信息传播矩阵。中国对外传播媒体也顺势而为,根据国际受众媒介接触模式的变化开启数字化和网络化融合传播变革之路,中国国际电视台(CGTN)、《中国日报》等主流外宣媒体都已经"入乡随俗"进驻脸书、推特、优兔等海外社交平台,并不断进行观念革新和实践创新,转变国际传播策略。

除传统媒体致力于移动优先战略外,信息传播的社交化转向还催生了一批新生网络媒体。这类媒体虽然没有传统媒体得天独厚的品牌影响力和原创内容优势,但凭借其专业性强、受众参与度高、病毒式传播的特点,以社交媒体平台为依托,为用户提供聚合性的、黏性强的新闻。如美国社交化新闻聚合网站的代表"嗡嗡喂"(BuzzFeed),其创办之初的定位是通过跟踪信息传播途径和用户分享行为的运营模式提供"社会化广告",并在发展中逐渐演变为以提供信息、娱乐为主的信息社交网站。

大众传播时代,传统媒体作为人类"视听觉"的延伸,满足了受众获取信息和娱乐的需求。全媒体传播时代,社交媒体凭借其交互性、及时性的优势,进一步促进了传受主客体之间的互动和反馈,从而满足了受众感官深层体验的需求。在社交媒体平台上,传统媒体单向灌输信息和提供娱乐服务的刻板模式被打破,来自世界各地的用户可以用文字、图片、视频、表情包等全媒体传播符号,与其他传播者和受众进行跨国界的交错互动,并第一时间就传播的内容分享观点、表达态度。为满足受众参与传播的

---

① We Are Social, Hootsuite. Digital 2020: global digital overview[EB/OL]. (2020-01-31)[2021-06-07]. https://wea-resocial.com/blog/2020/01/digital-2020-3-8-billion-people-use-social-media.

② 极客公园. Facebook 月活用户首次超过 30 亿,巨头依旧在增长[EB/OL]. (2020-05-01)[2021-06-07]. http://www.geekpark.net/news/259334.

③ 腾讯网. 超一半网民通过 Facebook 等社交媒体获取新闻 付费新闻出版商面临挑战[EB/OL]. (2016-06-07)[2021-06-07]. https://tech.qq.com/a/20160615/025944.html.

需求，许多媒体还在客户端和平台中设置了分享按钮，用户可以将内容“一键转发”至脸书、推特等社交媒体平台，从而和其他社交媒体中的联系人实现跨平台互动。以互动和反馈为核心的社交化传播成为国际传播平台的鲜明特征。

（二）国际传播主体的个人化转向

社交媒体赋权赋能公民个体的同时，也降低了新闻传播的门槛，对传播主体的要求不断降维。对于国际传播而言，传统媒体时代由政府、传媒、跨国企业和非政府组织共同主导的“大众传播”模式，逐渐演变为社交媒体主导下的“全民传播”模式。得益于新自由主义的兴起，以公民个体或个人工作室为单位的传播主体作为国际传播领域的后起之秀，已成为一股不可忽视的传播力量。

新自由主义的全球政治气候促进了媒介对日常生活的渗透，个人主义思潮再度盛行，引导了个人或组织的日常实践，为创新表达、互动共享提供了空前动力。一方面，由发达国家所主导的全球意见市场被打破，来自世界各地的网络关键意见领袖（KOL）涌现出来，他们通过在社交媒体“传递意见”逐渐改变全球舆论格局。如现居中国的英国父子 Lee Barrett 和 Oli Barrett，在优兔等社交媒体平台发布一系列有关中国的真实感悟和见闻的视频，有力反击了西方主流媒体对中国的偏见和误读，彰显出公民个体的传播效应。① 另一方面，在日常生活媒介化和全球化趋势下，情感驱动的文化达人（COL）在跨文化传播中的力量开始显现。以中国网红李子柒为代表的民间对外传播主体，通过情感沟通和个性化的影像叙事展现中国文化，其团队在优兔平台上传的视频累计播放量超过 17 亿次，账号的全球粉丝累计过亿②，在传播中华优秀传统文化、改善中国国际形象方面取得了显著效果。

目前，国际传播主体个人化转向正在向纵深迈进。在“六度区隔”的社交空间，任何社交媒体用户传播的任何内容，在适当的时间、适当的地点，借助适当的媒介与平台，都可能引发一次国际传播的“蝴蝶效应”。2020 年 11 月，中国青年画家乌合麒麟将自己描述澳大利亚士兵在阿富汗残杀少年的数字新闻漫画（CG）《和平之师》发布在微博平台，被中国外交部发言人赵立坚转发在其个人推特账号上，并通过置顶推文的方式引发国内外网友激烈讨论，最终引发漫画所涉及的澳大利亚领导人的关注回应，有效引导和设置了国际舆论议题，即是典型例证。

---

① 东方网.愤怒回击泰晤士报污蔑！英国父子：没来过中国就不要随意评判[EB/OL].(2021-01)[2021-06-07].http://news.eastday.com/eastday/13news/auto/news/society/20210129/u7ai9715555.html.

② 相关数据根据李子柒账号在优兔、抖音、微博、哔哩哔哩平台的数据统计，时间截止到 2021 年 4 月 1 日。

(三)国际传播形态的视频化转向

2018年以来,高速移动互联网和移动终端加快普及、带宽增加以及资费下降,全球互联网和社交平台整体上经历了一场大规模的"视听化转向",由中心化的、以文本为核心的、由思想和理性驱动的"阅读网络"演化成为由影响力和情感主导的"视听平台"。① 其中,以社交媒体为发布平台、以移动终端为接受载体的短视频,凭借其"短、平、快、黏"的特点成为媒体融合发展的新传播形态,引发用户需求井喷式增长。2019年英国广电受众研究委员会(BARB)发布的研究报告显示,约40%的英国中青年受众每周都会观看手机短视频;在美国,与传统电视节目相比,64%的手机用户更倾向于观看长度不足5分钟的快餐化短视频。② 有的国外学者甚至认为,"视频代表了现在,短视频代表了未来"。③

短视频作为国际传播全新的传播样态,已经不仅是一种媒介载体,更是一种全新的话语形态和交往方式。凭借其参与度高、制作简易、黏性传播、画面语言可通约的优势,短视频在成功获得大量观众的同时,也吸引了越来越多的用户生产内容(UGC)加入短视频创作中。预计2021年,全球IP网络每秒钟在互联网传播的视频内容将达到100万分钟(1.7万小时)。④ 来自世界各地的内容创作者们借助智能媒介技术和数字公共平台,打破时空的巨大差异,构建跨文化沟通和社交互动联结,已成为当下国际传播的新潮流、新风尚。

国际传播视频化转向在移动终端的拓展,已经开始重塑新闻的视觉体验和叙事模式,使短视频成为当下新闻在社交媒体传播的主流形态和话语。我国主要对外传播媒体在积极推广海外多端口落地时,已注意到短视频在国际传播中的潜在"蓝海市场",不断尝试不同的内容风格,为我国短视频国际传播争取到更大的自主权和自由度。如中国网推出的《中国3分钟》(*China Mosaic*)围绕不同的涉华热点话题,在友好的情绪氛围中呈现真实、生动的中国,成功提高了海外网民对中国文化的好奇心和认可度;而

---

① 史安斌,王沛楠.2019全球新闻传播新趋势:基于五大热点话题的全球访谈[J].新闻记者,2019(2):37-45.

② EASTON J. Short-form mobile video on the rise for Gen Zs and Millennials[EB/OL].(2019-05)[2021-06-07]. https://www. digitaltveurope. com/2019/05/14/short-form-mobile-video-on-the-rise-for-gen-zs-and-millennials.

③ OSTROFF J. Video content is the now, but short-form video content is the future[EB/OL].(2017-04-05)[2021-06-07]. https://www. convinceandconvert. com/content-marketing/video-is-the-now-but-short-form-video-is-the-future.

④ TJ MCCUE. Video marketing in 2018 continues to explode as way to reach customers[EB/OL].(2018-06-22)[2021-06-07]. https://www. forbes. com/sites/tjmccue/2018/06/22/video-marketing-2018-trends-continues-to-explode-as-the-way-to-reach-customers/? sh=484af1a8598d.

中国国际电视台为主持人刘欣量身打造的《点到为止》(*Getting to the point*)则一改一团和气的传播氛围,直面回应不实涉华舆论,批判国际社会对中国的污蔑和抹黑,有效扩大了国际舆论场上的中国声音。

国际传播呈现出的"三大转向",相互促进、相互融合,进一步推动国际传播向网络化、全球化、全民化迈进。一方面,传播平台的社交化趋势赋予了公民个体成为传播主体的能力和权利,并为短视频快速传播提供了渠道和中介;另一方面,短视频凭借其低门槛、碎片化、移动化等媒介特性,成功迎合了个人记录生活、自我表达的需求,进一步激发了个体传播者的内容生产积极性,使国际传播主体更加个人化。这"三大转向"彼此渗透影响,最终塑造了"平台+个人+短视频"的融视频传播模式,给中国重构国际传播体系、提升国际传播能力提供了社交媒体新平台、个性化新主体、短视频新话语的难得机遇。短视频平台抖音国际版就是这"三大转向"的成功融合。这一平台短视频"病毒式传播"的特点和迎合用户"个性化"的产品定位是它大获成功的重要原因。

二、三大问题:全媒体时代国际传播面临的挑战

当今国际传播呈现出的传播平台社交化转向、传播主体个人化转向和传播形态视频化转向"三大转向",在给中国加快构建中国话语和中国叙事体系、提升国际传播力带来历史机遇的同时,也提出了"三大问题":一是后真相时代信息的鱼龙混杂;二是平台传播时代西方的平台打压;三是话语竞争时代中国话语的缺失。

(一)后真相时代信息的鱼龙混杂

在当下的社交媒体语境中,真相的传播力有时远远无法与谣言的传播力相抗衡。传播主体的多元化使得任何组织和个人都可在社交媒体平台发布信息、表达看法、散播情绪,但内容的真实性、观点的客观性却面临极大考验,碎片化传播使得信息核查变得更加困难。一方面,普通网民出于娱乐恶搞、满足猎奇心理等不同目的发布的非官方谣言,可能在特定网络圈层中传播,产生不良影响;另一方面,即使是专业的新闻机构和媒体,在国家意识形态和政治立场等因素的驱使下,发布新闻报道时也无法真正做到客观公正,使得社交媒体平台中的信息更加鱼龙混杂。美国麻省理工学院的研究数据显示,虚假信息在推特平台中的传播速度是真实故事的 6 倍,其中,假政治新闻的

表现尤为显著。[①]

2020年新冠肺炎疫情的爆发，让全球遭遇一场前所未有的“信息疫情”的冲击，大量虚假信息和谣言通过社交媒体平台传播扩散，加剧了国际社会的恐慌情绪，并且对特殊时期全球民众的疫情防控产生了误导。《纽约时报》的用户调查显示，疫情期间，有37%的用户在脸书等平台接触到了大量由机器人生产或推送的“误讯”（misinformation）和出于政治目的恶意传播的“谬讯”（disinformation）。[②] 美联社等西方主流媒体甚至违背其专业伦理道德，主动制造“信息疫情”，发布诸如“中国隐瞒疫情真实情况”等虚假新闻，煽动社交媒体平台涉华负面情绪，发动对中国的舆论战。而美国等个别国家的政府官员为了推卸自身抗疫不力的责任，不断通过社交媒体散布“中国病毒”等谣言，以此甩锅中国。这种出于政治目的的“官方谣言”加大了西方民众的仇华和仇亚情绪、制造族裔对立，为美国国内发生的一系列针对亚裔的暴力事件埋下祸根。

同时，虽然社交媒体平台提供了海量信息，但受“选择性接触”机制的影响，大部分受众还是会根据自身偏好，从较为固定的信息源获取信息。而在“东方主义”话语体系的笼罩下，许多西方民众对东方世界存在一系列虚无缥缈的幻想和误读。国外社交媒体平台中很多关于中国的不实信息刻意迎合了西方民众固有的刻板认知和观念，较容易为其“理所当然”地接受。在互联网“群体极化”效应下，国外网民更容易对中国产生偏见或误解。特别是在后疫情时代，世界意识形态冲突和文明冲突有常态化之势，国外社交媒体上传播的有关中国疫情等方面的虚假信息和谣言，可能进一步降低西方民众对我国的好感度。可以说，中国外宣媒体借助国际社交媒体履行“澄清谬误、明辨是非、联接中外、沟通世界”的职责困难重重。

（二）平台传播时代西方的平台打压

21世纪以来，以中国为代表的新兴经济体在经济实力和国际影响力方面与发达国家的差距逐渐缩小，全球财富和权力加速向亚洲转移。在2008年金融危机和新冠疫情全球大流行的双重驱动下，这一态势有显著加速的迹象，已引发西方的恐惧和担心，认为这会挑战老牌发达国家的影响力、价值观念和现有西化的国际秩序。新冠疫情期间，西方国家不断反弹的疫情形势进一步暴露了西方社会长期存在的政治极化、

① 中国新闻网.研究显示假新闻传播速度更快 是真实新闻的6倍[EB/OL].(2018-03-11)[2021-06-07].https://www.chinanews.com/gj/2018/03-11/8465054.shtml.

② 史安斌，张金牛.大变局下的小变数：透视疫情下的西方媒体与社会[J].青年记者，2021(3)：96-100.

种族隔阂等内部矛盾，经济危机和社会撕裂进一步加剧。而亚洲国家的抗疫效果和经济复苏进程则与欧美国家的形成鲜明对比。据此，日裔美籍学者弗朗西斯·福山预测，新冠肺炎疫情将成为历史的加速器，使全球权力分配继续向东转移，因为东亚在控制局势方面比欧洲和美国做得更好。①

在世界格局加速“东升西降”的变迁中，西方对中国崛起的焦虑也相继创出新高，出现了西方国家“抱团”对中国发动前所未有的全方位打压态势。除了在政治、经济、科技、人文教育等传统领域不断推出针对中国的排挤、制裁政策外，西方还在全球新闻传播和世界意见市场方面对中国设限。美国特朗普政府2017年12月发布的新版《国家安全战略报告》，直接将中国明确定位为“战略上的竞争对手”。2020年，特朗普政府甚至直接将15家中国媒体列入“外国使团”名单，变相大量驱逐中方媒体记者，全方位限制中国新闻机构在美国的工作和活动。② 英国政府在2021年年初跟风站队，吊销中国国际电视台在英国的落地许可，企图对其进行封杀。与此同时，抖音国际版和微信等中国知名社交媒体在国际化发展道路上也遭到了部分国家政府的围追堵截。2020年，印度政府多次以维护国家安全为由发布禁令，已下架总计267款中国APP③；美国对抖音国际版采取强制购买行为，企图全方位阻断中国互联网企业的全球传播道路。

目前来看，虽然特朗普已经卸任，但西方国家针对中国的打压和霸凌并不会就此好转。“后特朗普时代”的首位美国总统拜登延续了特朗普政府的对华政策和叙事策略，并联合其盟友对中国进行打压排挤，试图继续维持美国治下的国际秩序。2021年年初，美国炮制的“抵制新疆棉”事件已为我们敲响警钟：在美国民主党精英高举的“美国正在回归”的大旗下，西方试图再次建立统一战线联盟，其利用公共外交等“巧实力”来遏制中国的政策有可能常态化。未来，我国国际舆论和对外传播面临的挑战只增未减，国际舆论引导任务更加艰巨。

(三)话语竞争时代中国话语的缺失

在全球化3.0时代，全球互联的社交平台为以中国为代表的发展中国家提供了打

---

① 参考消息.盘点2020极不寻常的世界变局[EB/OL].(2020-12-31)[2021-06-07].http://www.cankaoxiaoxi.com/world/20201231/2430927.shtml.

② 环球网.美国再列6家中国媒体为“外国使团” 外交部：将作出正当必要反应[EB/OL].(2020-10-22)[2021-06-22].http://world.huanqiu.com/article/40OAXkqOjKQ.

③ 搜狐网.又来封杀？印度大肆限制中国APP，民众却千方百计偷着用[EB/OL].(2020-12-03)[2021-06-07].https://www.sohu.com/a/436032971_594189.

破由发达国家主导的传统国际传播格局的可能。从技术和理论上来看,世界各地的新闻媒体机构及其公民个体都可以将信息直接送达目标受众,从而实现"弯道超车",达成部分学者所界定的"电子乌托邦"(Teletopia)[①]或"信息乌托邦"(Infotopia)[②]。

但从整体传播效果来看,中国国际传播仍处于"半失语"状态,国际涉华舆论的话语权依旧掌控在发达国家手中。对于西方社会挑起的舆论攻击和责难,我国媒体大多是被动回应,反击方式和渠道十分有限。我们主动发布的信息大多以传统的政治话语为主,《中国日报》等对外主流媒体的官方账号甚至被贴上了"外国代理人"和"政治广告"的标签。中国对外传播工作者精心设置的各类正面议题和国家形象宣传也很难在庞大复杂的互联网平台中激起闪亮的水花,甚至时常被国外媒体选择性报道,成为西方国家污名化中国的素材。而李子柒、滇西小哥、丁真等个人传播主体创造的现象级国际传播奇观,虽然促进了中国优秀传统文化走向世界,一定程度上突破了跨文化传播圈层,但这些文化达人传播的内容主要涉及日常生活、情感文化等低敏感领域,对全球意见市场的影响力甚微,很难从根本上改变海外民众对中国的看法。

国际传播社交媒体转向的背后,依然是权力和科技霸权的逻辑驱动。目前,全球三大海外社交媒体平台均由美国掌控,西方老牌媒体仍是全球社交平台信息分发和共享的主要来源,且在大国舆论博弈和国际斗争中,社交媒体很难避免沦为政治武器为其所属国利益服务。新冠疫情期间,国外社交平台的"双重标准"管理措施已经暴露无遗,推特公司对由美国共和党及右翼势力掌控的攻击中国的社交机器人账号熟视无睹,任凭其散布"新冠病毒是中国制造的生化武器"等谣言污名化中国,却以中国政府雇用水军造势为由,强行关闭了数万个中国官方用来发布疫情信息、对外沟通的账号,即是鲜明的例证。而中国正在走向世界的社交媒体平台,如抖音国际版和微信等中国知名社交媒体及其应用,因触动其他国家的"奶酪"而遭受种种限制和打压。

尽管我国国际传播面临的重重挑战不能忽视,但困难和考验的背后,隐藏着无限发展契机。在全球信息传播秩序不断革新的今天,我国国际传播体系必须顺应信息时代的趋势潮流,抓住当下国际传播技术范式革命[③]的契机,创新引领网络传播技术革新,直面国际传播的各类风险和挑战,才可能化"危"为"机",从根本上改变国际舆论"西强我弱"的局面。

---

① "电子乌托邦"具体见威廉·米切尔所著的《电子乌托邦》一书。

② "信息乌托邦"具体见凯斯·桑斯坦所著的《信息乌托邦:众人如何生产知识》一书。

③ 龙小农.从国际传播技术范式变迁看我国国际话语权提升的战略选择[J].现代传播(中国传媒大学学报),2012(5):47-52.

三、科技运维与话语创新：化挑战为机遇

在第四次科技革命的推动下，媒介技术革新正在重塑全球传播图景。新冠疫情的持续大流行，使全球人际距离和地理空间的隔离成为常态，各国实施的“封锁政策”也一定程度上助力社交平台的用户规模进一步扩张。“见屏如面”的新社交方式使得社交平台中视频化、动态化的叙事话语成为主流，而国际受众不断增长的信息、娱乐需求，又同向为智能科技运维和话语创新提供了动力。这一系列变化为我国应对国际传播新格局、新挑战带来了新思路、新举措。

（一）借助算法优势，推行精细化传播

当前，国际信息传播技术正在经历前所未有的历史变革，算法、人工智能（AI）、大数据、第五代移动通信技术（5G）等国际传播技术全面革新，正在推动国际传播技术范式向高速移动互联网转移，这为我国对外传播创新发展提供了重要机遇。

在社交媒体平台中，基于算法推荐系统的技术驱动已经成为重要选择。与脸书、推特等社交媒体中用户主动选择信息的传播机制不同，抖音国际版的算法推荐技术根据用户的线上行为特点将信息主动推送给用户，并根据已有的用户数据，发掘其潜在喜好，提高用户黏性。实际上，中国互联网公司字节跳动的算法推荐技术已经非常成熟，其大规模跟踪和分析用户数据的核心技术已居于国际领先地位。在海外落地发展过程中，字节跳动通过投资和并购等方式获取海外用户数据，以进一步优化海外算法系统，改进平台功能，这也是其快速占领国际市场的重要原因之一。新冠肺炎疫情期间，中央对外联络部新闻办公室等部门联合制作推出《中国抗疫人物故事》系列短视频，也是借助算法推送实现精准投放。该系列视频以中、英、阿、西、俄等 5 种语言版本向包括 140 多个国家、180 多个政党及相关智库、媒体、社会组织等人士推送，以社交短视频的传播形式，使全球受众在转发、评论中形成社交互动，从而实现不同身份主体的协作式传播，向国际受众传递人类终将战胜疫情的共同信念。[①]

但是目前来看，基于大数据的用户增长与维系模式大多应用在商业领域，较少服务于我国国际传播的整体格局。对外传播机构和新闻工作者仍然较多致力于内容题材、报道形式和渠道的创新，忽略了以大数据分析、5G 等技术为基础，针对不同国家实

① 新华网.中联部向多国政党推出《中国抗疫人物故事》系列短视频[EB/OL].(2020-05-29)[2021-06-07]. http://www.xinhuanet.com/politics/2020-05/29/c_1126050746.htm.

行精准化、国别化的传播策略。在融媒体思维无处不在的传播环境下,身处国际传播一线的新闻工作者们只有充分了解目标受众、提高用户体验感,才可能吸引更多用户,提高用户的留存率,从而构建对外传播可循环的良性生态。

(二)搭建自主平台,架设“高速通道”

在以往新媒体对外传播工作中,中国新闻工作者将主要精力和资源集中在欧美国家掌控的社交媒体平台上,“借台唱戏”是中国对外传播的重点策略之一。然而,这种依赖海外网络平台开展的传播工作现在已遭遇“卡脖子问题”,稍有不慎,便可能被美国政府或平台以各种“政治正确”的理由予以封杀。对此,要想从根本上摆脱西方国家的打压和限制,中国必须鼓励社会资本和民营企业,创办并做强自主经营的对外传播平台,架设一条条对外传播的“高速通道”。

2017 年至今,抖音国际版成功出海后遭遇重创的实践,为中国搭建自主传播平台提供了开阔性的借鉴意义。在世界逆全球化思潮涌动、地缘政治冲突不断的当下,中国社交媒体不仅要及时识别、抓住发展机会,制定全球化发展资源配置等运营策略,打造风靡全球的爆款社交 APP,还要考虑到不可抗拒的内容安全、数据隐私和政策规制等不同层面的风险挑战,掌握可持续发展的必要能力。中国互联网公司应通过积极开拓海外合作、坚持多元文化价值观、提高国际公关危机应对能力等,争夺国际话语权,以应对全球日益高涨的数字民族主义情绪。

显然,在地缘政治关系和社交媒体全球化的矛盾冲突中,中国社交媒体出海之路“道阻且长”。各个国家出于对本土互联网企业和互联网应用的保护和扶持心理,以及对中国政府和企业的恐慌和排斥心态,未来对中国互联网应用的打压力度很可能会更大。抖音国际版作为先行者,是第一个遭遇巨大冲击的中国互联网企业,也绝不会是最后一个。但“青山遮不住,毕竟东流去”,在全球化趋势和融媒体技术迅速发展的今天,中国持续构建国际化的自主社交媒体平台是一条困难重重却应义无反顾的必走之路。

(三)吸纳新生力量,创新叙事话语

社交媒体平台下的话语体系向着“以人为本”的趋势发展。而我国对外传播叙事仍然以较为宏大的政治话语为主,缺乏相对微观的人文叙事视角,可读性、可接受性不强。在日益复杂的国际舆论和外来挑战面前,中国仅仅依靠主流政治话语已无法应对西方媒体对中国的污名化和抹黑化。我国只有以政治话语为顶层设计,不

断创新话语体系和叙述体系，汇集多元传播主体，才能全方位地引导国际涉华议题和舆论。

政治叙事话语要适应社交媒体个性化、社交化的传播属性，改变以往照本宣科式的旧语汇，加强与社会话语的互动，从而不断丰富政治语汇，提高国际传播效能。实际上，对很多海外受众而言，中国只是一个陌生的参照系，我们“想说的”，并非他们“想听的”。只有从传者和受者共同的生命体验、精神世界出发构筑话语认同，将宏大叙事的国际传播降维转化为讲述跨文化故事，才能激发双方情感共鸣，使传播内容真正为受众所接受。2020 年新冠肺炎疫情期间，新华社在推特账号发布了 9 名中国医生赴意大利提供医疗援助的视频。该视频除医疗队抵达的常规画面外，还揉进了当地民众对中国医疗队的看法和态度，将中国医生和意大利百姓紧密相连，让欧洲及世界观众切实感受到中国这个遥远的东方国家和他们实际的联系，成为叙事话语创新的较好实践。

新生代年轻人是社交媒体的主流用户，他们在叙事话语创新中发挥着不可忽视的力量，应充分发挥其在国际传播中的生力军作用。新一代的中国青年生长于移动互联网蓬勃发展的时代，他们爱国、自信、外语能力强、敢于表达、富有青春活力、善于话语创新，是我国新时代对外传播必须吸纳的时代力量。从 2019 年香港“修例风波”中大陆青年制作各具特色的创意表情包出征海外社交媒体，到近期乌合麒麟、范文南等一批新生互联网青年艺术家的画作引爆国际舆论场，我国新青年一代参与国际舆论场建构的意识和能力不断提高，并且能够以更具个性和战斗力的话语体系表达政治观点，创新对外传播语汇，这是我们创新中国话语和中国叙述体系的重要力量。

结语

当前，百年未有之大疫情和百年未有之大变局交叉重叠，国际传播的“三大转向”和纷繁复杂的国际局势相互交错，为我国对外传播带来了前所未有的机遇和挑战。中国作为推动百年未有之大变局的重要力量，实现中华民族伟大复兴中国梦，要善于利用当下国际传播技术范式革新的契机，以 5G 技术为基础，实现新兴媒体与传统媒体融合发展，适应并引领国际传播最新发展态势，从而建构与中国实际相符合的国际合法性和认同性。未来，中国应从传播平台、传播技术、传播内容三个面向出发，持续强化国际话语权和国际传播力建设，加强国际舆论引导，参与全球传播治理。但重构中国国际传播体系、提升国际传播力是一个系统化且长期化的过程,我国只有在实践中不断革新传播理念和话语、创新技术和方法,才能在危机中育先机、于变局中开新局,开创中国国际传播的“新蓝海”。

〔龙小农,中国传媒大学传播研究院教授;阎庆宜,中国传媒大学传播研究院硕士研究生〕

〔特约编辑:涂凌波〕

中国驻外员工的媒介素养对其跨文化适应的促进研究*

Research on the Promotion of Chinese Overseas Employees' Media Literacy to Their Cross-cultural Adaptation

◎ 闻　学　王靖雨　孔志宇

Wen Xue　Wang Jingyu　Kong Zhiyu

摘要：随着中国综合国力和开放程度的不断提高，海外施工项目成为向国际展示中国的重要名片，本研究通过对驻外中国员工进行深度访谈（N＝23）和问卷调查（N＝346），探究驻外中国员工的媒介素养对其跨文化适应的影响。研究发现，驻外中国员工的媒介素养，尤其是"获取信息""评判信息"的能力，能够显著影响其跨文化适应，加强对驻外中国员工的媒介素养训练对拓展其国际视野、加快项目施工进度、推进以海外施工项目为支点的国际传播能力建设尤为重要。

关键词：媒介素养；文化休克；跨文化

Abstract: With the continuous improvement of China's comprehensive national strength and openness, overseas construction projects have become an important business card to show China to the world. This study explores the impact of media literacy of Chinese employees abroad on their cross-cultural adaptation through in-depth interviews (N = 23) and questionnaires (N = 346). The study found that improving the media literacy of Chinese employees abroad, especially their ability to "obtain information" and "judge information", can promote their cross-cultural adaptation. Strengthening the media literacy of Chinese employees abroad is particularly important to expand their international vision, speed up the project construction progress and promote the construction of international communication capacity with overseas construction projects as

* 本文是教育部首批新文科研究与改革实践项目第261项"交通强国背景下新闻传播复合型人才培养的创新与实践"阶段性成果。

the fulcrum.

Keywords：media literacy，cultural shock，cross-cultural

2021 年 5 月 31 日，习近平发表重要讲话，要求“加快构建中国话语和中国叙事体系”“广泛宣介中国主张、中国智慧、中国方案”①。在我国国际话语体系建构中，海外施工项目、参与海外施工的中国员工，均是“宣介中国主张”、提升我国国际形象和国际地位的重要主体。中印尼雅万高铁项目是中国“一带一路”倡议的标志性项目，本文通过对中印尼雅万高铁项目中长期驻扎印尼的中国员工进行媒介素养和跨文化适应调查及数据分析，发现提升驻外中国员工的媒介素养，对于提升其跨文化适应能力具有重要影响。提升中国员工的媒介素养，对于发挥海外施工项目在我国国家形象塑造中的“海外堡垒”作用至关重要。

雅万高铁是我国首次将全系统、全要素和全产业链落地于海外的高铁。该项目由政府主导、两国多家企业共同参与，是中国“一带一路”倡议和印尼海洋支点战略对接的重大项目。雅万高铁的修建对扩大中国高铁的国际影响，稳定我国与东南亚地区的产业链、供应链合作具有重要的示范意义。

中国员工参加雅万高铁修建，需远离母国，长时间于异文化中工作与生活。两国间较大的文化差异，使得中国员工的工作、生活均受到较大的跨文化挑战。

在当下“万物皆媒”的时代，媒体已成为迅速了解他国文化、与当地人沟通交流和融入当地生活的重要渠道之一。因此，从跨文化传播学的视角出发，探究驻外中国员工的媒介素养与其跨文化适应程度间的关系，不仅有助于中方员工正确使用社交网络媒体，还对达成高铁“走出去”的战略目标有着重要意义。

一、媒介素养对跨文化适应影响的研究现状

1992 年在美国阿斯彭召开的“媒介素养领袖会议”将“媒介素养”定义为“获取、分析、评价、创造各种形式的媒介信息的能力”②。2017 年发表的《媒介素养测量量表的编制与科学检验》即在此概念的基础上将媒介素养区分为“获取信息”“评判信息”“网

---

① 加快构建中国话语和中国叙事体系，讲好真实立体全面的中国故事[EB/OL].(2021-06-07)[2021-12-20].http://www.chinanews.com.cn/gn/2021/06-03/9491478.shtml.

② TESSA J, CAROLYN W. The core concepts: fundamental to media literacy yesterday, today and tomorrow [J]. Journal of media literacy education, 2014, 6(2):68-78.

络参与”“网络交流”四个维度。[①]

(一)信息获取和信息评判影响跨文化适应

文化适应分为文化同化和社会化同化两个层次:前者指两个社会群体间的文化适应,涉及社会结构、经济基础及政治组织等方面的变化,后者适用于个体进入新的文化环境中的文化适应。[②]在进入一个新文化环境时,个体往往会出现“由于突然失去了熟悉的社会交往符号和标志所导致的一种精神焦虑”[③],即“文化休克”。因此,个体的跨文化适应过程可被视为“社会化同化”,是“个体逐渐接受其他文化群体的信仰和行为的过程,其价值观念、态度认同及行为方式等方面都会发生改变”[④]。新的文化环境要求个体有意识地去理解在原文化环境中本应无意识处理的事物,大量接收新的文化信息,以促进“社会化同化”,因此,文化适应程度与信息交互相互依存不可分割。

跨文化适应者对于接收的信息如何评判也影响着跨文化适应。1985 年,Pamela J. Shoemaker 发现阅读美国本土报纸的西班牙移民相比于不阅读的移民,文化适应程度更高,媒体中提供的信息帮助移民快速了解美国的文化与社会。[⑤]早期的移民研究均肯定了阅读和教育加速文化适应的作用,并认为阅读和教育不仅传授了语言,还传递了本土的价值观念。大众媒体深刻影响着移民的文化适应,“有适应能力的移民会根据电视中展现的新文化环境中的价值观念和生活习惯去改变自己的行为,加速文化适应”[⑥]。一项针对中国留学生的研究发现,收看收听美国媒体新闻与使用美国社交媒体平台频次更多的中国留学生,文化适应程度更强。[⑦]

如果跨文化适应者将媒介呈现的内容视为间接经验,批判地接收信息,就能够对新的文化环境有更为正确的理解,日常生活中会更为自信。[⑧]但如果跨文化适应者受限于刻板印象等因素的影响,就不能完全准确地接收媒介呈现的信息,或者对媒介呈

---

① 李金诚.媒介素养测量量表的编制与科学检验[J].电化教育研究,2017,38(5):20-27.

② GORDON M M. Human nature, class and ethnicity[M]. New York: Oxford University Press, 1978.

③ OBERG K. Culture shock: adjustments to new cultural environments[J]. Practical anthropology, 1960(4): 177-182.

④ 陆晔.媒介素养的全球视野与中国语境[J].今传媒,2008(2):11-14.

⑤ SHOEMAKER P, REESE S, DANIELSON W. Spanish-language print media use as an indicator of acculturation [J]. Jouralism quarterly ,1985,62(4):734-762.

⑥ ELIAS N, SHOREN-ZELTSER M. Immigrants of the world unite? A virtual community of Russian-speaking immigrants on the web[J]. Journal of international communication, 2006, 12(2): 70-90.

⑦ MELKOTE S R, LIU D J. The role of the internet in forging a pluralistic integration: a study of Chinese intellectuals in the United States[J]. Gazette, 2000,62(6):495-504.

⑧ YOON J. Media literacy with new immigrants[J]. The international encyclopedia of media literacy, 2019: 1-6.

现的信息产生错误的理解。[①]跨文化适应者接收到东道国媒体对其母国文化的负面报道时，其自信心容易受挫并倾向于守护母国的文化和规范，阻碍跨文化适应。[②]

（二）网络参与和网络交流影响跨文化适应

新媒体时代，随着受众话语权的增大，媒介素养的维度从信息获取和评判拓展到了公众参与媒介内容生产和自我表达的方式，以及其与媒介社区健康发展的关系方面。[③]

跨文化适应者通过网络获取信息并生产信息，成为网络内容生产和媒介活动的积极参与者。社交网络媒体对跨文化适应产生着重要的影响。

使用社交网络平台可以使适应者加速融入东道国文化，了解有关东道国的知识并分享和缓解文化适应的压力。[④]刘涛在对在华留学生媒介接触行为的考察中发现，社交网络媒体建构着留学生的价值观念、社会认知、情感体验和行为方式等。[⑤] 社交网络媒体克服了时空对传播的影响，为跨文化适应者"提供了一个便捷和快速了解东道国的态度、情感、信仰和价值观的渠道"[⑥]。此外，社交网络媒体能为跨文化适应者的人际交流提供社会支持，尤其在跨文化适应初期，社交网络媒体能够减少跨文化适应者遭受的文化休克和提高文化适应的自我效能感。

二、研究问题与研究方法

（一）研究问题

综述发现，"获取信息""评判信息""网络参与""网络交流"等媒介素养影响了跨文化适应。但这种影响是否出现在驻外中国员工的跨文化适应过程中还需要验证，因此，本文提出研究问题如下：

---

① ELIAS N, LEMISH D. Media uses in immigrant families: torn between inward and outward paths of integration[J]. International communication gazette, 2008, 70(1):21-40.

② KIM S R Y. Communication and cross-cultural adaptation (book review)[J]. International social science review, 1991, 66(2):75.

③ POTTER W J. Review of literature on media literacy[J]. Sociology compass, 2013, 7(6): 417-435.

④ ADIKARI S, ADU E K. Usage of online social networks in cultural adaptation[C]. PACIS,2015: 7.

⑤ 刘涛.社会化媒体与空间的社会化生产：列斐伏尔和福柯"空间思想"的批判与对话机制研究[J].新闻与传播研究,2015(5):73-92.

⑥ YANAGIHARA H. Relationship between media use and cultural adjustment: a study on international students at Marshall University[D]. Huntington:Marshall University,2017.

1.媒介素养与跨文化适应二者之间的关系是什么?

2.跨文化适应者应如何提升媒介素养,以高效面对跨文化交际挑战?

(二)研究方法

本文将媒介素养置于跨文化适应的语境探讨,研究方法主要为深度访谈法和问卷调查法。其中,深度访谈为探索性研究,用于了解中方员工的跨文化适应情况;在深度访谈分析结果基础上,本研究提出与媒介素养和跨文化适应相关联的研究假设,将媒介素养的四个维度作为自变量,跨文化适应的五个维度作为因变量,通过问卷调查法,以雅万高铁项目建设的中方员工为研究对象,获取数据,进行量化分析验证假设;最后,结合深度访谈和问卷调查的分析结果,本文将为中方海外员工面临的跨文化适应和交际挑战提出建设性解决方案。

三、深度访谈文本分析

(一)访谈对象选取

本研究在对雅万高铁项目建设的中方员工的内部工作结构有一定了解和获取中方员工名单的基础上,构建抽样框,按工作部门分层,采取分层抽样,共抽取 23 位中方员工作为访谈对象。23 位访谈对象中,于印尼工作 0—1 年者 1 人、1—3 年者 12 人、3—5 年者 8 人、5—6 年者 2 人。此外,因工作性质原因,23 位访谈对象中仅有 2 位是女性。访谈对象基本资料如表 1 所示。

表 1　访谈对象基本资料

编号	性别	学历	年龄	英语能力	于印尼工作时长
A	男	博士	43	英语六级	6 年
B	男	硕士	38	英语六级	5 年
C	男	硕士	35	英语六级	4 年半
D	男	本科	50	英语六级	4 年半
E	女	硕士	29	英语六级	4 年
F	女	专科	39	英语四级	4 年
G	男	专科	35	英语四级	5 年
H	男	硕士	34	英语六级	2 年

续表

编号	性别	学历	年龄	英语能力	于印尼工作时长
I	男	本科	36	大学期间：英语六级 工作时：BFT 高级	3 年
J	男	本科	31	英语四级	2 年
K	男	本科	47	大学期间：英语四级 工作时：达到六级水平	5 年
L	男	本科	52	英语四级	1 年
M	男	本科	22	英语六级	2 年多
N	男	大专	32	英语四级	1 年多
O	男	本科	47	英语四级	2 年多
P	男	硕士	34	英语六级	5 个月
Q	男	本科	31	英语四级	4 年
R	男	硕士	36	大学期间：英语六级 工作时：BFT 高级	5 年半
S	男	硕士	37	英语六级	2 年
T	男	本科	35	英语四级	1 年半
U	男	本科	43	英语六级	2 年半
V	男	本科	40	英语六级	2 年
W	男	在职本科	36	英语四级	2 年多

（二）深度访谈材料分析

深度访谈主要围绕被访者在印尼生活、工作情况进行，访谈提纲设计有“被访者基本信息”“中方员工参与雅万高铁建设的实际情况与对印尼态度调查”“中方员工在印尼工作生活中的跨文化交际状况调查”“疫情对于雅万高铁项目及员工跨文化交际的实际影响调查”“中方员工对于雅万高铁和中国高铁‘走出去’战略的认知与态度”五大部分。在实际访谈过程中，调查员引导被访者讲述亲身经历，以降低被访者对于提问的误解，访谈内容经整理后，共计约 24 万字。

1.高频词分析

首先，研究者用 Python 的 jieba 分词，对访谈文本进行分词，再利用 Counter 对分词结果进行计算，取前 30 个高频词（如表 2 所示），结合访谈文本内容，对其进行分析，获取访谈文本的基本内容。

表 2　高频词表

排名	关键词	词频	排名	关键词	词频	排名	关键词	词频
1	印尼	3666	11	中方	758	21	情况	384
2	中国	2176	12	沟通	742	22	东西	380
3	高铁	2132	13	国内	714	23	技术	378
4	工作	1548	14	影响	516	24	媒体	344
5	员工	1224	15	包括	476	25	事情	340
6	疫情	1072	16	建设	464	26	翻译	336
7	项目	892	17	跨文化	458	27	语言	324
8	雅万	826	18	特别	428	28	期间	308
9	国家	808	19	文化	418	29	生活	306
10	交流	770	20	人员	390	30	英语	300

在高频词中，“印尼”“中国”“高铁”“工作”“员工”和“疫情”的词频过千，说明访谈内容主要围绕工作内容以及新冠肺炎疫情的影响展开。此外，从跨文化的角度来看，“交流”“沟通”“翻译”“语言”和“英语”反映出驻外工作员工对语言沟通方面关注较多。

为了更直观地感受到访谈的主题，本文采用镝数绘制词云图（如图 1 所示）。结合访谈内容来看，驻外工作员工在访谈时，主要围绕在印尼修建高铁的工作展开，涉及了“交际”“宗教”“学习”和“文化差异”等方面。

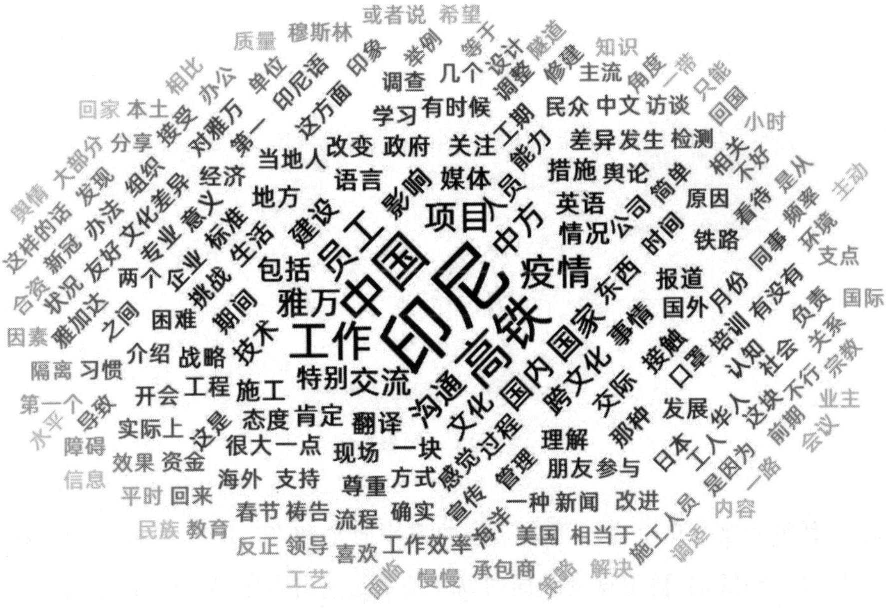

图 1　词云图

2.聚类分析

LDA 是一种无监督的主题建模方法,能够在大量的文本中发现数据中潜在的变量或隐藏的结构。本文在后续分析中,将结合访谈内容和实际访谈经历,完成访谈文本分析。

研究者对访谈文本进行分句,使用 Python 的 genism 对访谈文本进行聚类分析。在聚类分析过程中,研究者不断调整 LDA 模型参数,以使得各个主题间不存在交集时,得到 LDA 最佳分析效果,此时主题数目为 3,接着使用 pyLDAvis 完成 LDA 主题模型聚类的可视化操作(如图 2 所示)。

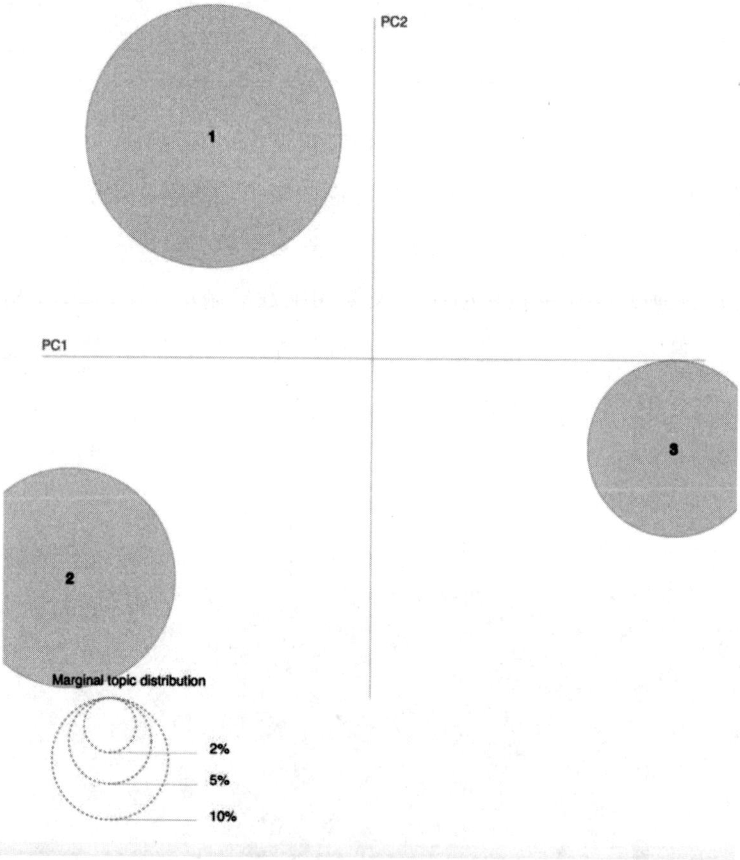

图 2　LDA 主题聚类图

之后,研究者结合单个主题下主题词的概率向量和 TF-IDF,提取各个主题下概率最大的 10 个活跃词,再根据活跃词的词间关系归纳出主题(如表 3 所示)。

表 3　高频词表

主题	关键词
1-交流难题	交流、沟通、表达、接触、困难、翻译、语言、理解、交际、英语
2-自我认同	印尼、中国、国家、企业、管理、疫情、关注、期间、能力、态度
3-思维方式	影响、国内、跨文化、文化、不守信、技术、时间、感觉、差异、意义

(三)分析发现

结合词频、LDA 主题聚类分析和实际访谈经历来看，驻外中国员工跨文化适应现状不容乐观，其中语言沟通障碍、认同感缺失和思维方式差异是主要的跨文化适应问题。被访者坦言，跨文化适应不良让他们时常有焦虑和无奈的情绪，降低了自我的幸福感和工作效率。

1.语言沟通障碍

语言是影响跨文化适应最重要的因素之一，在访谈中，访谈者明确提及“交流”的频次为 324 次。根据主题 1 下的所有主题词来看，“交流”“困难”“翻译”和“不懂”较为活跃，表明被访者在面对“语言障碍”时较为无奈。23 位被访者中仅有 1 人能使用印尼语进行交流，大部分访谈者仅能够使用英语完成日常交流，几乎所有被访者涉及工作和专业时，需要借助翻译软件与求助专业翻译。印尼方工作人员受教育程度普遍偏低，工作中能使用英语完成日常交流的占少数。加之口音影响，中国员工坦言印尼工作人员所述英语“难以听懂”。

在相应语境中，被访者认为是沟通效率低，显著影响了项目的正常推进。被访者与印尼方工作人员面对面讨论时，以 PPT 动画演示和手势为主要沟通方式；书面表达中，即便可求助翻译软件和专业翻译工作者，但依据被访者过往经验，他们发现无论通过翻译软件还是专业翻译工作者，都难以完整地传达本意；日常生活中，被访者只能通过翻译软件反复沟通，交流过程烦琐。

2.认同感缺失

认同感缺失需溯源至前荷兰殖民主义者对印尼实行的“分而治之”政策，殖民时代结束后，印尼本土的民族间隔阂、偏见和互不信任的问题未能得到解决，印尼华裔成为印尼当政者的替罪羊与民族沙文主义的攻击目标。1959 年后，印尼政府多次发布限制和排斥华人经济的法令。[①]自殖民时代结束至今，印尼社会对中国人的包容度并不高。

---

① 郑民.印尼华人与国家认同[J].华侨华人历史研究，1991(1)：50-55.

被访者多次提及印尼社会对中国公司人员包容度不高的事例，例如雅万项目联合体中的印尼员工对中国公司人员的刻意疏远等。新冠肺炎疫情初期（2020 年 2 月—6 月）印尼社会及新闻的言论对中国多有偏见。被访者坦言，在接收到印尼社会对中国人的负面印象后，主动完成文化适应的自我效能感降低，文化适应进程减慢。但随着新冠疫情在中国得到迅速控制，印尼对华舆论环境逐渐变好，印尼员工也开始向中国员工请教中国的抗疫经验，并期望中国研发的疫苗进入印尼。

3.思维方式差异

本尼迪克特提出“文化模式”理论，认为世界不同文化表现出不同的思维方式。在跨文化交流中，来自不同文化模式的个体，也受特定文化影响，表现出思维方式的差异。访谈显示，中国员工与印尼员工分别受中华文化和伊斯兰文化影响，其思维方式差异主要体现为交流方式、工作态度和时间观念上。

交流方式差异实为表达方式不同，印尼员工更为适应直观的表达，而中方员工更为适应抽象的表达。

工作态度差异，主要体现为中国员工相较于印尼员工对待工作更为严谨、积极性更高。聚类分析结果显示，思维方式主题下的主题词“不守信”等较为活跃。访谈中，中方员工普遍认为印尼员工于工作承诺上的守信度较低。

在 LDA 聚类分析思维方式主题下，与“时间”相关的主题词还有“宗教”“穆斯林”等，这是因为被访者所提及的时间观念差异，主要指印尼员工的宗教信仰使其工作时间与节奏与中国员工的时间与节奏产生了较大差异。

四、问卷调查与数据分析

如前所述，本文使用 2017 年发表的《媒介素养测量量表的编制与科学检验》一文中校正的媒介素养量表，将媒介素养区分为“获取信息”（驻外中国员工主动获得并更新信息的技能）、“评判信息”（驻外中国员工通过使用媒介来识别信息的可信度或其产生影响的评估技能）、“网络参与”（驻外中国员工在印尼生活和工作中通过网络分享社会时事新闻、参与投票、网络调查、社会公共事件讨论等的频率）、“网络交流”（驻外中国员工通过网络进行互动交流、自我展示、观点表达等交流技能）四个维度，考察不同维度的素养对跨文化适应的具体作用机制。

在跨文化适应方面，本研究引入 J. Wilson 在 2013 年发表的修正跨文化适应量表

(SCAS-R)[①]，其将跨文化适应共划分为“人际交流”(驻外中国员工参与社会活动、交流与回应的能力等)、“工作表现”(驻外中国员工有效承担工作任务的能力)、“维持个人兴趣与社区参与”(驻外中国员工维持自身兴趣爱好的能力)、“生态适应”(驻外中国员工对于周围环境的适应能力)和“语言能力”(驻外中国员工理解当地语言的能力)五个维度。

(一)问卷数据采集和处理

1.数据来源和样本分布

纳入人群：2021 年 1 月 17 日至 4 月 8 日所有雅万高铁项目中国在职员工，共获得有效问卷 346 份。其中，男性占 85.8%，女性占 14.2%；管理者 38.4%，普通员工 61.6%；在印尼工作时间 1 年内 21.1%，1—2 年 33.5%，2—3 年 24.3%，3—4 年 10.1%，4—5 年 5.8%，5 年及以上 5.3%；年龄 18—25 岁 21.4%，26—33 岁 37.6%，34—41 岁 20.5%，42—49 岁 11.6%，50 岁及以上 9.0%。

2.统计方法

本研究使用 R4.1.0.进行统计分析，$P<0.05$ 被认为是有意义，采用了正态性检验、描述分析和路径分析。

(1)对主要指标的描述

本研究对主要指标的描述如表 4 所示。

表 4　主要指标描述

名称	平均值±标准差	方差	中位数	标准误	均值 95% CI(*LL*)	均值 95% CI(*UL*)	IQR	峰度	偏度	变异系数(CV)
获取信息	3.913±0.592	0.350	4.000	0.032	3.851	3.976	0.500	0.628	−0.207	15.127%
评判信息	3.882±0.588	0.346	4.000	0.032	3.820	3.943	0.400	0.463	−0.180	15.158%
网络参与	2.769±0.987	0.974	2.750	0.053	2.665	2.873	1.750	−1.032	0.068	35.636%
网络交流	3.240±0.860	0.739	3.250	0.046	3.149	3.330	1.250	−0.381	−0.318	26.534%
人际交流	3.809±0.737	0.543	4.000	0.040	3.732	3.887	1.000	0.856	−0.556	19.349%
工作表现	4.052±0.712	0.507	4.000	0.038	3.977	4.127	0.000	3.418	−1.140	17.580%
维持个人兴趣与社区参与	4.017±0.769	0.591	4.000	0.041	3.936	4.098	1.000	0.681	−0.684	19.136%
生态适应	3.942±0.771	0.594	4.000	0.041	3.861	4.023	0.000	0.758	−0.704	19.546%
语言能力	2.957±1.093	1.195	3.000	0.059	2.841	3.072	2.000	−0.830	−0.061	36.976%

① WILSON J, WARD C, FETVADJIEV V H, et al. Measuring cultural competencies: the development and validation of a revised measure of sociocultural adaptation[J].Journal of cross-cultural psychology, 2017(10): 1475-1506.

(2)路径分析

以“获取信息”“评判信息”“网络交流”“网络参与”四个维度的媒介素养为自变量，“人际交流”“工作表现”“维持个人兴趣与社区参与”“生态适应”“语言能力”五个维度的跨文化适应能力为因变量进行路径分析，可得：

获取信息对于语言能力影响，此路径并没有呈现出显著性($z=1.190$，$p=0.234>0.05$)，因而说明获取信息对语言能力并不会产生影响关系。获取信息对于生态适应影响，标准化路径系数值为 0.231>0，并且此路径呈现出 0.01 水平的显著性($z=3.151$，$p=0.002<0.01$)，因而说明获取信息会对生态适应产生显著的正向影响关系。获取信息对于维持个人兴趣与社区参与影响，标准化路径系数值为 0.154>0，并且此路径呈现出 0.05 水平的显著性($z=2.126$，$p=0.034<0.05$)，因而说明获取信息会对维持个人兴趣与社区参与产生显著的正向影响关系。获取信息对于工作表现影响，标准化路径系数值为 0.304>0，并且此路径呈现出 0.01 水平的显著性($z=4.511$，$p=0.000<0.01$)，因而说明获取信息会对工作表现产生显著的正向影响关系。获取信息对于人际交流影响，标准化路径系数值为 0.154>0，并且此路径呈现出 0.05 水平的显著性($z=2.142$，$p=0.032<0.05$)，因而说明获取信息会对人际交流产生显著的正向影响关系。

评判信息对于语言能力影响，此路径并没有呈现出显著性($z=1.224$，$p=0.221>0.05$)，因而说明评判信息对语言能力并不会产生影响关系。评判信息对于生态适应影响，标准化路径系数值为 0.317>0，并且此路径呈现出 0.01 水平的显著性($z=4.286$，$p=0.000<0.01$)，因而说明评判信息会对生态适应产生显著的正向影响关系。评判信息对于工作表现影响，标准化路径系数值为 0.373>0，并且此路径呈现出 0.01 水平的显著性($z=5.483$，$p=0.000<0.01$)，因而说明评判信息会对工作表现产生显著的正向影响关系。评判信息对于维持个人兴趣与社区参与影响，标准化路径系数值为 0.389>0，并且此路径呈现出 0.01 水平的显著性($z=5.313$，$p=0.000<0.01$)，因而说明评判信息会对维持个人兴趣与社区参与产生显著的正向影响关系。评判信息对于人际交流影响，标准化路径系数值为 0.420>0，并且此路径呈现出 0.01 水平的显著性($z=5.767$，$p=0.000<0.01$)，因而说明评判信息会对人际交流产生显著的正向影响关系。

网络参与对于语言能力影响，标准化路径系数值为 0.327>0，并且此路径呈现出 0.01 水平的显著性($z=5.322$，$p=0.000<0.01$)，因而说明网络参与会对语言能力产生显著的正向影响关系。网络参与对于生态适应影响，此路径并没有呈现出显著性(z=

$-1.583, p=0.113>0.05$)，因而说明网络参与对生态适应并不会产生影响关系。网络参与对于维持个人兴趣与社区参与影响，标准化路径系数值为$-0.130<0$，并且此路径呈现出0.05水平的显著性($z=-2.352, p=0.019<0.05$)，因而说明网络参与会对维持个人兴趣与社区参与产生显著的负向影响关系。网络参与对于工作表现影响，标准化路径系数值为$-0.116<0$，并且此路径呈现出0.05水平的显著性($z=-2.260$, $p=0.024<0.05$)，因而说明网络参与会对工作表现产生显著的负向影响关系。网络参与对于人际交流影响，此路径并没有呈现出显著性($z=0.103, p=0.918>0.05$)，因而说明网络参与对人际交流并不会产生影响关系。

网络交流对于语言能力影响，此路径并没有呈现出显著性($z=-1.337, p=0.181>0.05$)，因而说明网络交流对语言能力不会产生影响。网络交流对于生态适应影响，此路径并没有呈现出显著性($z=1.667, p=0.096>0.05$)，因而说明网络交流对生态适应不会产生影响。网络交流对于维持个人兴趣与社区参与影响，标准化路径系数值为$0.145>0$，并且此路径呈现出0.05水平的显著性($z=2.571, p=0.010<0.05$)，因而说明网络交流会对维持个人兴趣与社区参与产生显著的正向影响关系。网络交流对于工作表现影响，此路径并没有呈现出显著性($z=0.528, p=0.597>0.05$)，因而说明网络交流对工作表现并不会产生影响关系。网络交流对于人际交流影响，此路径并没有呈现出显著性($z=0.306, p=0.760>0.05$)，因而说明网络交流对人际交流并不会产生影响关系。

分析结果及模型拟合指标、模型拟合度如下：

表5 模型回归系数汇总表

X	→	Y	非标准化路径系数	*SE*	*z* (CR值)	*p*	标准化路径系数
网络交流	→	语言能力	−0.107	0.080	−1.337	0.181	−0.084
网络参与	→	语言能力	0.362	0.068	5.322	0.000	0.327
评判信息	→	语言能力	0.185	0.151	1.224	0.221	0.100
获取信息	→	语言能力	0.177	0.149	1.190	0.234	0.096
网络交流	→	生态适应	0.085	0.051	1.667	0.096	0.095
网络参与	→	生态适应	−0.069	0.044	−1.583	0.113	−0.088
评判信息	→	生态适应	0.416	0.097	4.286	0.000	0.317
获取信息	→	生态适应	0.300	0.095	3.151	0.002	0.231

续表

X	→	Y	非标准化路径系数	*SE*	*z* (CR 值)	*p*	标准化路径系数
网络交流	→	维持个人兴趣与社区参与	0.130	0.050	2.571	0.010	0.145
网络参与	→	维持个人兴趣与社区参与	−0.101	0.043	−2.352	0.019	−0.130
评判信息	→	维持个人兴趣与社区参与	0.509	0.096	5.313	0.000	0.389
获取信息	→	维持个人兴趣与社区参与	0.200	0.094	2.126	0.034	0.154
网络交流	→	工作表现	0.023	0.043	0.528	0.597	0.028
网络参与	→	工作表现	−0.084	0.037	−2.260	0.024	−0.116
评判信息	→	工作表现	0.452	0.082	5.483	0.000	0.373
获取信息	→	工作表现	0.365	0.081	4.511	0.000	0.304
网络交流	→	人际交流	0.015	0.048	0.306	0.760	0.017
网络参与	→	人际交流	0.004	0.041	0.103	0.918	0.006
评判信息	→	人际交流	0.526	0.091	5.767	0.000	0.420
获取信息	→	人际交流	0.192	0.090	2.142	0.032	0.154

备注:→表示路径影响关系。

表 6 模型拟合指标

常用指标	χ^2	*df*	*p*	卡方自由度比 χ^2/df	GFI	RMSEA	RMR	CFI	NFI	NNFI
判断标准	—	—	>0.05	<3	>0.9	<0.10	<0.05	>0.9	>0.9	>0.9
值	162.496	10	0.000	16.250	0.840	0.210	0.044	0.875	0.871	0.550
其他指标	TLI	AGFI	IFI	PGFI	PNFI	SRMR	RMSEA 90% CI			
判断标准	>0.9	>0.9	>0.9	>0.9	>0.9	<0.1	—			
值	0.550	0.281	0.878	0.187	0.242	0.074	0.182～0.239			

表 7 模型拟合度 R 方值汇总表

项	*R* 方值
语言能力	0.134
生态适应	0.284
维持个人兴趣与社区参与	0.299
工作表现	0.396
人际交流	0.309

(3)路径结构模型图

本研究通过对年龄/在印尼时间/性别和职位与获取信息/评判信息/网络交流/网络参与/人际交流/维持个人兴趣与社区参与/工作表现/生态适应/语言能力进行相关性分析发现,年龄与网络交流能力和跨文化适应能力有相关性,于是,本研究对年龄进行了一个中介作用分析。中介作用分析结果显示:年龄/评判信息/人际交流,年龄/评判信息/工作表现,年龄/评判信息/维持个人兴趣与社区参与,年龄/网络交流/维持个人兴趣与社区参与,年龄/评判信息/生态适应具有完全中介关系。

同时,根据它们的协方差关系,可以看出网络参与与网络交流之间的协方差关系(相关关系)上,标准化路径系数值为 0.487>0,并且此路径呈现出 0.01 水平的显著性($z=9.285$,$p=0.000<0.01$),因而说明网络参与与网络交流之间有着显著的正向协方差相关关系。评判信息与网络交流之间的协方差关系(相关关系)上,标准化路径系数值为 0.149>0,并且此路径呈现出 0.01 水平的显著性($z=5.272$,$p=0.000<0.01$),因而说明评判信息与网络交流之间有着显著的正向协方差相关关系。获取信息与网络交流之间的协方差关系(相关关系)上,标准化路径系数值为 0.136>0,并且此路径呈现出 0.01 水平的显著性($z=4.804$,$p=0.000<0.01$),因而说明获取信息与网络交流之间有着显著的正向协方差相关关系。评判信息与网络参与之间的协方差关系(相关关系)上,标准化路径系数值为 0.135>0,并且此路径呈现出 0.01 水平的显著性($z=4.234$,$p=0.000<0.01$),因而说明评判信息与网络参与之间有着显著的正向协方差相关关系。获取信息与网络参与之间的协方差关系(相关关系)上,标准化路径系数值为 0.109>0,并且此路径呈现出 0.01 水平的显著性($z=3.420$,$p=0.001<0.01$),因而说明获取信息与网络参与之间有着显著的正向协方差相关关系。获取信息与评判信息之间的协方差关系(相关关系)上,标准化路径系数值为 0.272>0,并且此路径呈现出 0.01 水平的显著性($z=11.465$,$p=0.000<0.01$),因而说明获取信息与评判信息之间有着显著的正向协方差相关关系。

表8 中介作用检验结果汇总

项	c 总效应	a	b	a＊b 中介效应值	a＊b (Boot SE)	a＊b (z 值)	a＊b (p 值)	a＊b (95% BootCI)	c' 直接效应	检验结论
年龄⇒获取信息⇒语言能力	0.002	−0.006	0.175	−0.001	0.001	−1.774	0.076	−0.038～0.008	0.003	中介作用不显著
年龄⇒评判信息⇒语言能力	0.002	−0.009＊	0.192	−0.002	0.001	−2.158	0.031	−0.045～0.011	0.003	中介作用不显著
年龄⇒网络参与⇒语言能力	0.002	0	0.357＊＊	0	0.001	0.165	0.869	−0.032～0.034	0.003	中介作用不显著
年龄⇒网络交流⇒语言能力	0.002	−0.017＊＊	−0.097	0.002	0.001	2.079	0.038	−0.012～0.045	0.003	中介作用不显著
年龄⇒获取信息⇒生态适应	−0.007	−0.006	0.300＊＊	−0.002	0.001	−1.952	0.051	−0.066～0.003	0	中介作用不显著
年龄⇒评判信息⇒生态适应	−0.007	−0.009＊	0.416＊＊	−0.004	0.001	−2.822	0.005	−0.092～−0.004	0	完全中介
年龄⇒网络参与⇒生态适应	−0.007	0	−0.069	0	0	−0.099	0.921	−0.012～0.010	0	中介作用不显著
年龄⇒网络交流⇒生态适应	−0.007	−0.017＊＊	0.085	−0.001	0.001	−1.902	0.057	−0.049～0.006	0	中介作用不显著
年龄⇒获取信息⇒维持个人兴趣与社区参与	−0.006	−0.006	0.199＊	−0.001	0.001	−1.623	0.105	−0.052～0.005	0.002	中介作用不显著
年龄⇒评判信息⇒维持个人兴趣与社区参与	−0.006	−0.009＊	0.512＊＊	−0.004	0.001	−3.058	0.002	−0.110～−0.007	0.002	完全中介
年龄⇒网络参与⇒维持个人兴趣与社区参与	−0.006	0	−0.104＊	0	0	−0.107	0.915	−0.017～0.014	0.002	中介作用不显著

续表

项	c 总效应	a	b	a*b 中介效应值	a*b (Boot SE)	a*b (z 值)	a*b (p 值)	a*b (95% BootCI)	c' 直接效应	检验结论
年龄⇒网络交流⇒维持个人兴趣与社区参与	−0.006	−0.017**	0.134*	−0.002	0.001	−2.834	0.005	−0.060～−0.003	0.002	完全中介
年龄⇒获取信息⇒工作表现	−0.009*	−0.006	0.367**	−0.002	0.001	−2.149	0.032	−0.076～0.004	−0.003	中介作用不显著
年龄⇒评判信息⇒工作表现	−0.009*	−0.009*	0.446**	−0.004	0.001	−2.916	0.004	−0.101～−0.007	−0.003	完全中介
年龄⇒网络参与⇒工作表现	−0.009*	0	−0.080*	0	0	−0.097	0.923	−0.015～0.012	−0.003	中介作用不显著
年龄⇒网络交流⇒工作表现	−0.009*	−0.017**	0.016	0	0.001	−0.451	0.652	−0.027～0.018	−0.003	中介作用不显著
年龄⇒获取信息⇒人际交流	−0.006	−0.006	0.193*	−0.001	0.001	−1.761	0.078	−0.048～0.003	0	中介作用不显著
年龄⇒评判信息⇒人际交流	−0.006	−0.009*	0.524**	−0.004	0.001	−3.068	0.002	−0.114～−0.008	0	完全中介
年龄⇒网络参与⇒人际交流	−0.006	0	0.005	0	0	0.012	0.991	−0.008～0.006	0	中介作用不显著
年龄⇒网络交流⇒人际交流	−0.006	−0.017**	0.014	0	0.001	−0.32	0.749	−0.030～0.024	0	中介作用不显著

注：* $p<0.05$ ** $p<0.01$

表 9　协方差表格

X	Y	非标准估计系数(Coef.)	标准误(Std. Error)	z	p	标准估计系数(Std. Estimate)
网络参与	网络交流	0.487	0.052	9.285	0.000	0.576
评判信息	网络交流	0.149	0.028	5.272	0.000	0.296
获取信息	网络交流	0.136	0.028	4.804	0.000	0.267
评判信息	网络参与	0.135	0.032	4.234	0.000	0.234
获取信息	网络参与	0.109	0.032	3.420	0.001	0.187
获取信息	评判信息	0.272	0.024	11.465	0.000	0.783

综合以上关系,得到路径结构模型图如下:

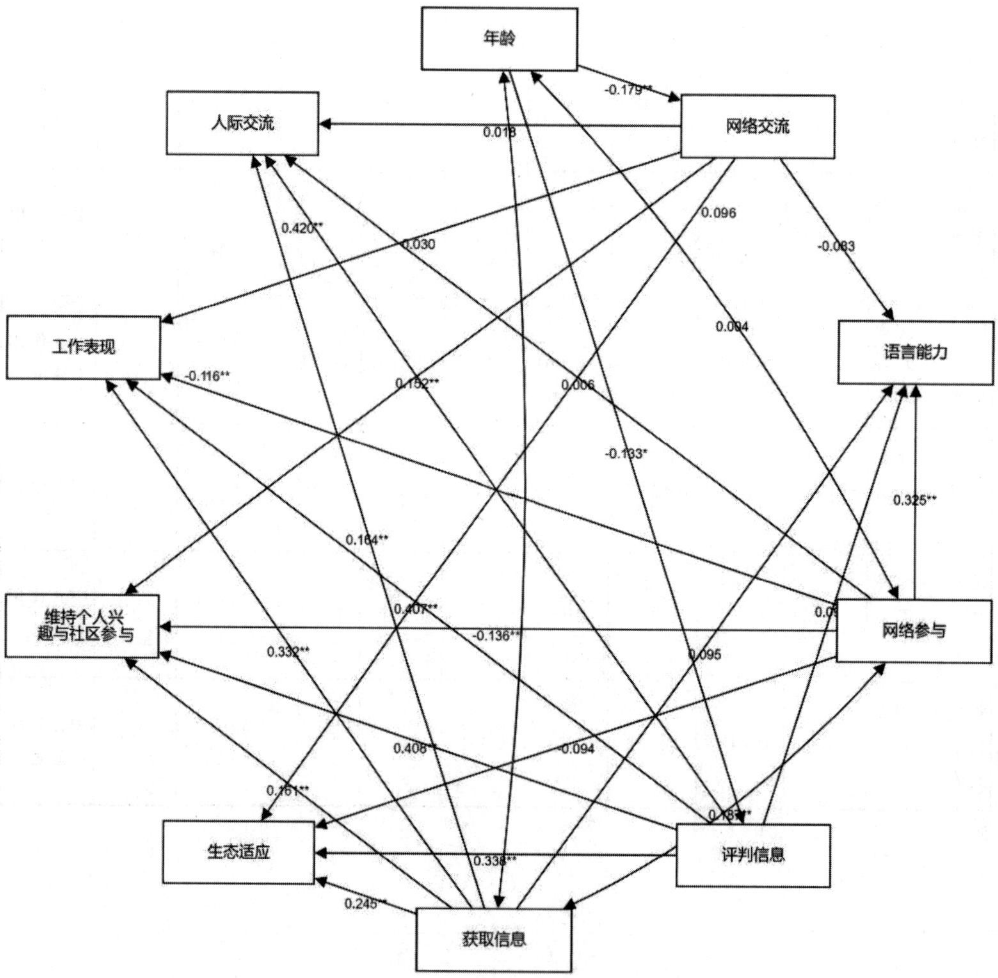

图 3　路径结构模型图

五、研究结论：提升驻外员工的媒介素养可以促进其跨文化适应

麦克卢汉曾言："任何新媒介的出现，其实为社会的连接、社会资源的结构提供了新的方式。"[①]媒介化进程不断推进的今天，媒介素养已然成为智媒时代民众融入社会实现自我发展的基础素养，提升民众的媒介素养，既是满足智能时代的需求，也是提高媒介经济下的社会生产力、增强国家软实力的需要。[②]对于驻外中国员工而言，他们无论是与国内的亲友进行交流，还是与驻扎地当地人员交流以获取知识、学习技能和促进个人发展，都会不可避免地使用媒介。交流过程中的媒介内容不仅仅有具体事件，更囊括了关系表达。

本研究发现，媒介素养对驻外中国员工的跨文化适应存在显著影响，其中媒介素养维度下的"获取信息"与"评判信息"对于"人际交流""工作表现""维持个人兴趣与社区参与"和"生态适应"四项跨文化适应能力均具有显著的正向影响，这说明"获取信息" 与"评判信息"作为一种基础能力，能够对驻外中国员工的跨文化适应产生全面的积极作用。媒介素养中的"网络参与"和"网络交流"分别对驻外员工的"语言能力"和"维持个人兴趣与社区参与"具有显著的正向影响，说明提升驻外中国员工的"网络参与"与"网络交流"能力，可以提升其"语言能力"和"维持个人兴趣与社区参与"等跨文化适应能力。

根据文化适应性(cultural adaptability)理论，来自不同文化的个体在进行交流、交往的过程中，需要在风俗习惯、思维方式等方面相互适应，以求减少由于文化差异造成的文化误读和文化冲突。中国驻外员工通过多渠道获得所在国的各项信息、增加评判信息的能力、积极利用网络并参与网络交流，提升自身的文化适应性，降低跨文化沟通成本，对于推进海外施工项目顺利完成、提升中国的海外形象显然具有重要意义。因此，在增强驻外中国员工跨文化适应能力的过程中，相关单位需要增加媒介素养教育，以便驻外中国员工适应不断变化的媒介环境，在多元文化环境中，形成对信息的理解、分析和批判能力，既增强其对于中国文化和中国道路的自信，又增强其对于驻地文化的了解和包容，从而促进中国驻外施工项目的顺利完成，打造中国国际形象的"海外堡垒"。

当前中国正努力构建中国特色大国外交，源于中华文化"天下大同"理念的"一带

① 莱文森.数字麦克卢汉：信息化新纪元指南［M].何道宽，译.北京：社会科学文献出版社，2001：73.

② 姚姿如，喻国明.试论媒介化时代媒介素养教育新范式及逻辑框架[J].中国出版，2021(3)：26-32.

一路”倡议致力于促进不同国家之间的交流与合作。中国海外施工项目的建设扩大了人员往来,加强了文化交流,为构建全球人类命运共同体培育着深厚的基础。增强驻外员工的媒介素养以促进其跨文化适应,将驻外企业与人员作为公共外交的重要资源,将不断推动中华文化“走出去”,塑造可信、可爱、可敬的中国形象。

〔闻学,北京交通大学语言与传播学院教授;王靖雨,北京交通大学语言与传播学院讲师;孔志宇,北京交通大学语言与传播学院本科生〕

〔特约编辑:曹晚红〕

国际广播机构的多重属性互动:以变动中的德国之声为例

Multiple Interactions among Institutional Properties in International Broadcasting: Reviewing Deutsche Welle in Upheaval

◎ 曹培鑫　王瑶琦　钱鲲鹏

Cao Peixin　Wang Yaoqi　Qian Kunpeng

摘要:在现代大众传播的图谱上,国际广播机构具有独特的传播特征。本文从媒介机构研究的视角,以德国之声为例探讨国际广播机构的多重属性及各种属性间的动态关系。根据访谈和相关史料的研究发现,第一,国际广播机构常具有公共服务广播、公共外交工具、独立新闻机构等多重属性;第二,国际广播机构往往具有独立于其所在国主要媒体体制的"特权",在自身定位、价值取向和新闻理念等方面表现出特殊性;第三,在多元权力关系的作用下,国际广播机构的诸种属性呈现出既有机结合又持续冲突的矛盾状态,这成为广播机构的实际行动纲领。从多重属性的角度看待国际广播,能够更加全面地理解西方国际广播机构的复杂行为,避免陷入制度决定论的分析窠臼。

关键词:媒介机构;属性;德国之声;国际广播

Abstract: On the horizon of modern mass communication, international broadcasting institutions possess unique positions and characteristics. From the perspective of media institution analysis, this paper takes Deutsche Welle as an example to discuss the multiple properties of international broadcasting institutions and the dynamic relationship among various properties. Through the analysis of semi-structured interviews and historical documents, it is found that, firstly, international broadcasters often have multiple properties such as public service broadcasting, public diplomacy tools, independent media organizations, etc; Secondly, international broadcasting institutions often have the "privilege" of independence from the media systems in their countries, and show particularities in their institution-identity, value and professional orientations; Thirdly, under the influence of multiple power relations, various properties of international broadcasting organizations are continuously undergoing conflicts and contradictions, that are transformed into their professional practices. Analyzing international broadcasting from the perspective of multiple properties can provide a comprehensive understanding of the complex behaviors of western international broadcasters and thus avoid the media-system-determinism restrictions.

Keywords: broadcasting institution, property, Deutsche Welle, international broadcasting

一、研究缘起

(一)被忽视的机构属性

以所有制划分，现代媒介机构常被分为政府媒体、公共媒体、私营媒体以及混合所有制媒体等类型。私营、公营和国有等媒体制度，规约了媒体机构的自身定位、价值取向、传播理念、体系与结构、经济来源、运作方式等，使其各自表现出独特性。① 种种特性也直接体现为媒体机构在新闻报道上的显著差异，尤其是在报道国际事务之时。从社会本体论的角度看，各国的媒体体制可以被简约地分为两类——全权主义和自由主义。② 全权主义媒体体制下，媒介机构完全依附于政府，从法理上必须接受政府的管理与领导；自由主义媒体体制下，媒介机构没有代表国家和政府的义务，具有相对大的自主空间。

同时，国际广播机构多具有"政府资助"这一基本特征。因此，国际广播具有较强的官方色彩和维护官方意识形态的功能就不足为怪。据此，我们也可以将其先笼统地划分到政府媒体的范畴中。在全权主义媒体体制的国家，国际广播机构受到体制制约；在自由主义媒体体制中，国际广播机构因其对外宣传的特殊性和与政府的关系，常常需要被剥离于当地的媒体体制单独考察。以德国为例，在双轨广播电视体制下，德

① 洪浚浩.解读美国政府媒体在后冷战时期的新趋势[J].新闻与传播研究，2011，18(2)：4-14，109.

② 李智.国际传播[M].北京：中国人民大学出版社，2013：91.

国媒体被分为公法媒体和私营媒体。德国之声（Deutsche Welle，DW）与德国电视一台（ARD Fernsehen）、德国电视二台（Zweited Deutsches Fernsehen，ZDF）同属于公法媒体，但是它们的经费来源并不相同：德国之声的资金完全来自政府拨款，而德国电视一台、二台等多数公法媒体的资金主要来自德国广播电视用户的使用费。由此，德国之声因其官营外宣属性与后二者在自身定位、价值取向、新闻理念方面也呈现出显著的差异。

在看待西方国际广播机构及其相关的新闻报道时，前述讨论中的制度性割裂常常被国内研究者忽视。究其原因，一方面，国际广播机构诞生于战争宣传历史背景之下，这一背景在非战争状态下很容易被忽视；另一方面，在长达四十多年的冷战时期，国际广播成为政治宣传的主要工具，因此，“宣传机器”“政府喉舌”的本质主义思维成了学界理解国际广播机构的主要框架。这种分析视角刻板化地指认了国际广播机构的身份、属性与功能，因此也难以解释西方国际广播机构中不断出现的一些独特现象。譬如，美国历任总统与美国之音（Voice of America，VOA）主管的关系都相当复杂；再比如，德国之声解雇具有明显反华立场的新闻编辑事件，等等。

本研究从多重机构属性的角度出发，以德国之声为主要个案，拓展研究西方国际广播机构的新视角，以期为我国的国际传播事业提供借鉴。

在当今以和平与发展为主流价值、由经济全球化带来的新型国际关系下，国际广播的主要作用本已向发挥传递客观的时事新闻、宣传本国的国家政策和政治主张、传播本国文化和价值观念、塑造良好的国家形象等多元功能靠近，然而在新冠肺炎疫情的影响下，“新冷战”逆流和中美多领域竞争与博弈的新常态却使得国际广播机构的战时发展背景和政治宣传功能被重提。在此背景下，重新检视西方国际广播机构正当其时。需要指明的是，在当今媒介融合的大背景下，所谓“国际广播”不再是狭义上的以广播媒介为主要内容生产与传播媒介的组织机构。以德国之声为例，其主营业务包括广播、电视和互联网三个方面，建成了一个集传统广播、电视与互联网、移动客户端等多种传播手段于一体的全媒体国际广播机构。①

（二）充满争议的德国之声“中国论战”

2008年，围绕着德国之声中文网的涉华报道发生了所谓的“中国论战”。德国之声时任中文部副主任张丹红的所谓“亲华言论”被《焦点周刊》《柏林报》《科隆城市导

---

① 康秋洁，付丽.德国之声的全媒体战略实践[J].中国广播，2017(11)：45-48.

报》等德国媒体广泛引用,引起了德国社会的舆论纷争。对张丹红和德国之声的批评很快发展成对德国之声中文部全体华人员工的攻击。张丹红的播音权被剥夺,并被要求不能在公开场合露面,也不能对外接受媒体采访。四名就职于德国之声中文部的华人记者因"政治不合格"被德国之声开除,并在后续的维权诉讼中败诉。

对于这场发生在德国之声的"中国论战",西方媒体多出于自己的政治立场加以评述。西方新闻传播学界持有的制度优越感和文化偏见,也令其难以客观地看待这个复杂的新闻事件背后的结构性因素。新闻热度早已褪去,然而德国之声作为国际广播机构与德国政府、德国民众、内部记者之间的互动和对话尚缺乏细致的脉络梳理和客观的学术观察。本文通过这一个案,从媒介机构属性的分析角度重新观察德国之声,分析其作为国际广播机构在冲突性事件中呈现出来的多重机构属性,并进一步探讨德国之声多重机构属性之间复杂的互动关系。

德国之声中文部开除四名华人记者后,其中一名记者黎奇(笔名)在德国出版了围绕这一事件的回忆录,《德国之声的中国梦魇》(*China-Albtraum der Deutsche Welle*),从个人经历出发,详细披露了从 2008 至 2011 年德国之声内部发生的诸多事件。该书的德文版于 2012 年由法兰克福出版集团(Frankfurter Verlagsgruppe)发行,但中文译本并未出版,本研究对该书的引用出自黎奇提供的未发表的中文译本。此外,本文所梳理的史料基于《德国之声的中国梦魇》与其他相关文字材料、事件前后中德媒体的新闻报道,以及本研究团队对事件亲历者——德国之声中文部前记者——进行访谈所获得的一手资料。

二、文献回顾

(一)德国媒体国内研究现状

作为欧洲的主要传媒大国之一,德国有着悠久的新闻传播史和发达的媒体系统,在学界和业界均占有重要位置。陈力丹的《世界新闻传播史》和李彬的《全球新闻传播史》都将德国作为欧洲新闻传播业的重要组成部分加以分析;吴璟薇的《德国新闻传播史》首次对德国新闻传播行业的发展做出系统性的介绍。德国二战后确立的公法广播电视体制和 20 世纪 80 年代以来形成的公法-私营双轨广播电视体制也引起了一些学者的关注,曹晚红的《德国双轨电视制度研究》、路明的《德国广播电视双轨制》、何勇的《德国公共广播电视研究》都曾对此有探讨。此外,多数德国媒体研究将重心放在对其报道内容的实证分析上，以考察德国媒体的涉华叙事策略。

具体到国际广播机构，目前国内对德国之声的考察局限于媒体管理制度和媒介融合改革的角度，如康秋洁、付丽的《德国之声的全媒体战略实践》、高志恒等的《从德国之声中文广播停播看新旧媒体的智慧融合》等。然而，德国之声作为国际广播机构区别于其他媒介机构的特殊性并未在既有研究中体现。因此，本文将立足于这样的出发点：从多重机构属性的角度展开研究，以避免对国际广播机构本质主义的、单一角度的过度阐释，同时观照到国际广播机构在自身定位、价值取向、新闻理念等方面的特殊性。

（二）"媒介机构"与"属性"

利萨·泰勒（Lisa Taylor）和安德鲁·威利斯（Andrew Willis）在《媒介研究：文本、机构与受众》中指出了媒介研究的三个视角——文本、机构与受众。简单来说，媒介机构是媒介内容——即文本——的生产者。媒介机构决定它们所生产文本的内容与形式，同时制定一定的规则，控制文本的生产流程，并将最终生产出的成品传递给受众，以此获取利润，或对受众产生影响。在利萨和安德鲁的观点中，媒介机构被划分为两个维度，一是媒体产业中作为产业、企业或公司的机构，二是作为社会关系的媒介机构。①

学界一般沿袭以这两个维度看待媒介机构：其一，媒介机构是负责生产媒体商品的产业、企业或公司。这种意义上的媒介机构高度产业化，在内容生产上更多地受到经济效益的制约。在此基础上，格雷厄姆·默多克（Graham Murdock）进一步提出"结构与决策"和"行动与权力"两种分析视角②：结构与决策视角将媒介机构的决策过程置于经济和政治的背景之下，行动与权力视角则关注谁控制着媒介机构的问题。

其二，更广义地来看，媒介机构就像社会中其他的组织或是结构，与家庭、宗教、司法制度、政体、教育系统等相互联结，共同管理社会的文化价值与信仰。媒介机构与其他的社会机构相互支持，在具有主导性的社会框架下运作，共同维护主流的社会价值与观念。法兰克福学派认为，大众传媒所生产的媒介文本相对于其他社会机构产品而

---

① 泰勒，威利斯. 媒介研究：文本、机构与受众[M].北京：北京大学出版社，2005.

② MURDOCK G. Large corporations and the control of the communications industries[M]//Culture, society and the media. New York：Methuen，2005：123-156.

言,具有更广泛的传播力,即操纵性。[①] 因此,一定的政治经济体制、高度集中的媒介机构所有权和具有操纵性的媒介文本共同造就了媒介机构自然的意识形态性,而在国际传播实践中,媒介机构与其意识形态特性则更加难以分离。

"属性"(property)概念以往常被用来讨论中国媒体的"双轨制"现象。李良荣和沈莉认为中国的新闻媒体事业具有"上层建筑"和"信息产业"的双重属性[②];郑保卫认为中国的新闻媒体大多属于国有机构,其属性决定了其作为政府的舆论机构维护政府权威的职能[③]。放眼德国研究领域,曹晚红指出,德国也存在公法广播电视和私营商业广播电视并存的双轨制度[④],其媒体具有"文化"和"产业"的双重属性。本文将媒体的"属性"的概念细化为媒介机构的"属性",从不同的分析视角看待媒介机构,媒介机构也将呈现出不同的属性,因而能使研究者更加细致地理解德国之声作为国际广播机构所表现出的多重属性。

三、国际广播的媒介机构属性——以德国之声为例

(一)国际广播机构的一般特征

国际广播机构的发展史是20世纪以来国际传播发展史的缩影。相较于其他媒介机构,国际广播机构在发展之初就带有强烈的政治色彩。早期的国际广播起源于苏联,自1925年起,新兴的苏维埃政权就通过短波广播向德国、法国、英国和荷兰播送社会主义的建设成就。到第二次世界大战期间,国际广播成为各国对外宣传和争夺国际话语权的重要工具。纳粹德国宣传部长戈培尔称国际广播为"威力无比的媒介"。[⑤] 冷战期间,国际广播也发挥了不可替代的作用:1953年民主德国东柏林发生工人罢工游行时,西柏林的美国占领区广播电台(RIAS)就曾播送带有煽动性的负面新闻助推骚乱。[⑥]

随着媒介技术的发展,国际广播机构开始扩大业务范围。以德国之声为例,其于

---

① 邵培仁,李梁.媒介即意识形态:论法兰克福学派的媒介控制思想[J].浙江大学学报(人文社会科学版),2001(1):99-106.

② 李良荣,沈莉.试论当前我国新闻事业的双重性[J].新闻大学,1995(2).

③ 郑保卫.权力·责任·道德·法律:兼论新闻媒体的属性、职能及行为规范[J].国际新闻界,2005(4):43-47.

④ 曹晚红.德国双轨电视制度研究[M]. 北京:中国广播电视出版社, 2009:1-7.

⑤ BROWNE D. International radio broadcasting: the limits of the limitless medium[M]. New York: Praeger, 1982:269.

⑥ 张晓霞.从进攻性的心理战到渐进的文化渗透:评冷战初期美国对苏东宣传政策的演变[J].南京大学学报(哲学·人文科学·社会科学版),2004(5):37-42.

1953 年开办广播节目，1992 年设立德国之声电视台（DW-TV），并于 1994 年开办德国之声网（dw.de），成为集广播、电视、互联网为一体的国际广播融合媒体机构。近年来，德国之声在 iOS、安卓等多平台开发移动客户端，在推特（Twitter）、脸书（Facebook）等社交网络平台上开设多语种账号，并拓展了智能电视和播客业务。同时，传统广播节目在德国之声的业务中的占比也逐渐减少。媒介机构的业务范围在不同的历史时期具有差异性，其背后的机构属性也因而具有多样性。

总的来说，国际广播机构具有三方面的特征：第一，国际广播机构带有强烈的政治目的。这是历史背景、媒介机构所有制等因素共同作用的结果。第二，国际广播机构具有较强的文化特征。其在诞生之初便带有本国、本民族或本宗教的文化特征。对于域外受众而言，国际广播机构是了解该国经济、社会、文化总体概况的有效窗口。第三，国际广播一般提供普遍的新闻服务和公共服务。

需要注意的是，国际广播机构的这些特征并不互相独立，而是相互交叠，相互影响的。[①] 国际广播机构所具有的文化传播功能，会同时成为支持本国文化外交的重要力量，为提升本国的国际形象和国家影响力发挥重要作用；国际广播机构的新闻服务则为海外受众提供了不同的叙事视角和叙事框架，并借此对外传播本国的政治主张和文化倾向。

（二）国际广播机构的三重主要机构属性

媒介的机构属性是多元要素共同作用的结果。对于德国之声而言，其复杂的机构属性在 2008 年的“中国论战”这一冲突性事件上集中显露出来，但是机构属性本身却受到诸多因素的推动与影响，未被关注。这些因素常常包括却不限于经济全球化与公共卫生事件带来的新型国际关系、德国政治经济发展水平及区域发展、德国媒体体制、德国之声所有制、德国之声的自我形象塑造等。基于上述复杂性，本文从媒介机构的分析视角，将德国之声的媒介机构属性总述为以下三个面向。

1.公共服务广播

在德国之声行为准则指导文件《德国之声法案》（*Deutsche Welle Act*）中，德国之声被定义为“非营利性的对外公共广播机构”（Deutsche Welle shall be a non-profit,

---

① 陈雪丽.国际广播的基本功能及其特征[J].对外传播，2018(1)：48-50.

public broadcasting institution for foreign broadcasting.[①])。公共服务广播(public service broadcasting)的早期机构组织原则来源于代表英国公共服务广播的英国广播公司(BBC),其对后来的公共服务广播机构产生了深远的影响。[②] 20 世纪 90 年代的公共服务广播机构的普遍原则可以被概括为六点:作为公共财产形式来运营、处在政府的控制之下、由委员会来运作、作为国家和公众利益的代理人、从接受服务者处收取固定的服务费、其服务信号应覆盖全国所有地区。[③]

德国之声的组织架构与 BBC 模式的公共服务广播机构类似,基本符合上述普遍原则。根据《德国之声法案》,德国之声在组织结构上由三部分组成——广播委员会(the Broadcasting Board)、管理委员会(the Administrative Board)以及台长(the Director-General)。其中广播委员会与管理委员会是德国之声的运作组织,《德国之声法案》要求它们"代表普遍大众的利益"(represent the interests of the general public)。与 BBC 不同的是,德国之声并不向其受众收取服务费,而是每年都从德国联邦议院(the German Bundestag)处获得资助,资助的数额则要基于每年的联邦议院预算法。因此,站在媒介机构所有制的角度,说德国之声"处在政府的控制之下"是完全合理的。至于德国之声是不是"国家利益的代理人",《德国之声法案》是这样要求的:德国之声要"传递德国作为传统意义上的欧洲文明国家以及自由民主的宪政国家形象"(to convey the image of Germany as a cultural state in the European tradition and as a free and democratic constitutional state[④])。由此,人们不难联想到德国之声作为媒介机构的另一重属性,即德国政府的公共外交工具。

2.公共外交工具

公共外交(public diplomacy)的概念起源于 20 世纪 60 年代美国新闻署(United States Information Agency)署长爱德华·默罗(Edward Murrow)所提出的,有别于传统意义外交的对外传播手段。其涉及的不仅是各国政府,还主要由非政府的个人或机构作为主体来开展公共外交行动,旨在通过影响目标国家的公众舆论来保护本国利益。"公共外交"常被认为是"宣传"(propaganda)的委婉说法。[⑤] 国际广播的发展史

---

① Deutsche Welle. Deutsche welle act [EB/OL]. (2004-05) [2021-08-16]. http://www.dw.com/en/the-foundations-for-independent-journalism/a-16532635.

② 泰勒,威利斯. 媒介研究:文本、机构与受众[M].北京:北京大学出版社,2005:100.

③ 泰勒,威利斯. 媒介研究:文本、机构与受众[M].北京:北京大学出版社,2005:100-101.

④ Deutsche Welle. Deutsche welle act [EB/OL]. (2004-05) [2021-08-16]. http://www.dw.com/en/the-foundations-for-independent-journalism/a-16532635.

⑤ LEONARD M, STEAD C, SMEWING C. Public diplomacy[M]. London: The foreign policy centre, 2002: 1-8.

证明，生硬、直接的宣传已不再适应时代。当代的公共外交更关注的是如何建立关系——了解其他国家、文化和民众的需求，传播己方观点，澄清谬误，同时寻找共同利益。公共外交形式多样，除了较为典型的跨国新闻业务以外，以文化名人和体育明星为代表的“民间大使”、招收国际学生、非政府组织活动、旅游业务都可以被视作公共外交的典型形式。①

作为当代各国公共外交的重要组成部分，即“公共外交工具”(instrument of public diplomacy 或 public diplomacy tool)，国际广播通过多种媒介向外国受众传递本国信息和国际事务解读，以此来增强外国受众的信任感和好感②。德国之声被广泛认为是德国的公共外交体系中的重要组成部分。1953 年创立之初，德国之声以传递二战后非纳粹的新德国形象为使命；冷战之后又以传递德国文化和价值观为己任。德国之声大部分的运营资金由德国联邦政府全额资助，在阿富汗和巴尔干地区的一些联合项目则会受到德国外交部的直接资助。③ 在 2004 年颁布的德文版《新德国之声法案》(*Neues Deutsche-Welle-Gesetz*)中，德国之声的节目被要求表达“对于重要话题的德国观点和其他观点”，并“促进不同文化与民族之间的了解与交流”。在 2002 至 2013 年间担任德国之声台长的贝特曼(Erik Bettermann)也曾经表示，德国之声的目标是“……描绘我国积极的一面。(德国之声)不是意识形态色彩化的东西，也不是政府全球公关的廉价替代品，而理所当然地是更加广阔的‘公共外交’概念的一部分”④。同时，作为一家媒介机构，德国之声还开设了教育机构“德国之声学院”(DW Akademie)，为来自世界各国的学员提供媒体相关的硕士学位教育和短期训练项目，以“强化表达自由的人权”。

专项法案、资金来源、教育项目都证明德国之声在德国政府于全球范围内的宣传和公共关系体系中扮演的重要角色。但是以贝特曼为代表的德国之声高层历来不愿意承认德国之声作为德国政府喉舌的实际地位。他们更倾向于认同的是：德国之声对德国外交政策、公共外交举措以及德国的国际发展与援助政策的报道，在客观上传达了德国的社会与政治观点。正如贝特曼在采访中所说：“(德国之声)并不是以德国的公关机构的身份来进行工作的，但是显然(德国之声)间接地帮助了德国的海外企业经营和文化代表们的活动。”⑤事实上，贝特曼的观点也不无道理。根据《德国之声法案》

① 叶皓.公共外交与国际传播[J].现代传播(中国传媒大学学报)，2012，34(6)：11-19.

② YABLOKOV I. Conspiracy theories as a Russian public diplomacy tool: the case of Russia Today (RT)[J]. Politics, 2015, 35(3-4):301-315.

③④⑤ ZÖLLNER O. A quest for dialogue in international broadcasting: Germany's public diplomacy targeting Arab audiences[J]. Global media and communication, 2006, 2(2):160-182.

规定,德国之声拥有在法案框架之内合法的自治权。正是这份法理上的自治权表述使得德国之声可以"以新闻独立的方式"进行报道,德国之声也更愿意标榜自身的这另一层属性:独立的新闻机构。

3."独立"的新闻机构

在国际广播领域,"独立"这一概念本身就显得矛盾重重。若一家广播机构宣称自己是独立的,则其应当不受外在政治经济权力的影响,更不能依附于其他权威。对于媒介机构而言,完全的独立意味着其对媒介文本的生产、发行、放映都有高度的自主权。① 就德国之声而言,尽管《德国之声法案》要求德国之声所制作的节目要"全面、真诚并基于事实",但是同时这些节目也需要在"知晓德国之声的节目会影响到德意志联邦共和国与他国的关系"的前提之下进行制作。由此可见,德国之声意义上的"独立"是由其自定的标准。

进一步分析,德国之声所标榜的独立,基本遵循了"自由主义传媒理论"框架下的西方新闻专业主义范式下的独立意涵②,宣称尊重新闻报道的客观性与真实性,与政治和经济权力保持制度上的独立性。正如德国之声前中文部主任冯海音(Mathias von Hein)在2004年的一次讲话中所说:"(德国之声)是作为一个独立的公共广播电台组织起来的,这一点令我们很自豪,而这也意味着我们并不是德国政府的公关部。我们只受公认的新闻标准的约束,像客观性和真实性。"③除了西方新闻专业主义所要求的客观、真实、独立以外,德国之声也倡导西方新闻专业主义拥护的言论自由观念,在其官方网站上开设了"德国之声自由"(DW Freedom)专栏,并在2015年专门设置了"德国之声言论自由奖"(DW Freedom of Speech Award)用以表彰"为促进人权和表达自由而做出突出贡献的个人和倡议"。

应该注意到,西方的新闻专业主义观念本身已经受到理论与实践的多重挑战。传统的新闻专业主义的内涵可以概括为新闻机构和新闻从业者追求的一种被业界共同认可的职业理想和操作规范理念,在报道新闻时采取真实、客观、公正的态度,以服务公众为目的,独立于政府和财团之外。④ 然而,美国"进步主义"时代的社会史和新闻史告诉我们,新闻专业主义不仅是特定历史条件的产物,甚至是美国式民主凋敝、传统

① 泰勒,威利斯.媒介研究:文本、机构与受众[M].北京:北京大学出版社,2005:120.

② 希伯特,等.传媒的四种理论[M].北京:中国人民大学出版社,2008:30-60.

③ 冯海音.满足未知的受众:德国国际广播电台德国之声及其中文节目[C]//中国传媒大学广播电视研究中心、中国传媒大学播音主持艺术学院,北京人民广播电台.聚焦世界华语播音.北京:中国传媒大学广播电视研究中心,2004:13.

④ 侯迎忠,赵志明.西方新闻专业主义初探[J].当代传播,2003(4):55-57.

共和主义精神衰落和新闻生产性质转变的产物。[①] 专业主义的核心理念也并不是真实、客观、平衡等天然正确的伦理标准，而是行业独立的政治诉求，争取的是媒体和知识精英对于政治权力的自主性，以及新意识形态霸权。[②]

德国之声曾自我介绍："我们的记者检阅并分析每日新闻，但是我们不选边站队。"矛盾的是，德国之声在同一篇文章的段首便声明自己"在媒体界中代表德国"，后续再次声明"在威权主义国家，我们（德国之声）帮助那些为民主、公民自由权和进步而战的人士"。这其中的政治干预和文化推广的意涵不言自明。由此可见，德国之声在报道和运营中"不选边站队"这一声明不能自圆其说。

但是，贝特曼和冯海音等都强调德国之声的独立性，德国之声的官方文本也多次表达将德国之声与德国政府及其所代表的意识形态分隔开的态度。"循因理论"认为，受众在接受传播信息的过程中会倾向于探寻传播者的动机，传播者的传播意图越明显，则传播效果越差；反之，若传播者的传播意图被隐藏得越深或传播目的显得越高尚纯粹，则传播效果会显得越好。[③] 从这一角度看，德国之声对自身"独立的新闻机构"这一属性的强调可以被解释为一种自我形象塑造——通过包装，德国之声力图掩盖其公共外交工具的基本属性，从而达致更好的对外传播效果。有趣的是，这一点与美国之音的自我表述如出一辙。因此，德国之声所奉行的新闻专业主义在其自我表述中就充满矛盾，实际执行过程中也不免流于形式主义。当然，德国之声这种"形式上的客观"完全服务于其作为国际广播机构的对外传播效果。

四、国际广播机构属性的平衡与冲突

德国公法广播的基本法律规定，德国之声是由政府拨款资助的公法媒体，处在广播委员会、管理委员会和台长的"三驾马车"管理模式之下，属于公共服务范畴之内。[④] 同时，德国之声也具有公共外交工具和独立新闻机构的属性。这些属性差异明显，但又是相互联结、有机结合的。公共服务广播的属性使得德国之声必须处于公众的管理和监督之下，践行其公共服务的宗旨。作为政府资助的国际广播机构，德国之声又具有外宣功能——在冷战时期，这种宣传属性是不加掩饰的；在后冷战时期，德国之声被

① 王维佳.追问"新闻专业主义迷思"：一个历史与权力的分析[J].新闻记者，2014(2)：16-22.

② 赵月枝，王芊霓.新闻专业主义的迷思[J].文化纵横，2019(03)：114-121.

③ 李智. 国际传播[M]. 北京：中国人民大学出版社，2013：92.

④ MEIER H E. Independent regulatory bodies and impossible jobs: the failure of German public service broadcasting regulation[J]. Public administration, 2008, 86:133-148.

置于更广泛的公共外交范畴之下,需要“独立”“客观”作为有效传播的掩饰。而出于掩饰其“公共外交工具”属性的目的,德国之声在报道和运作中需要与德国政府及其代表的意识形态保持距离,以“独立的新闻机构”的身份运转,而这种自我标榜的“独立性”客观上提高了德国之声提供公共服务广播的内容质量(见图1)。

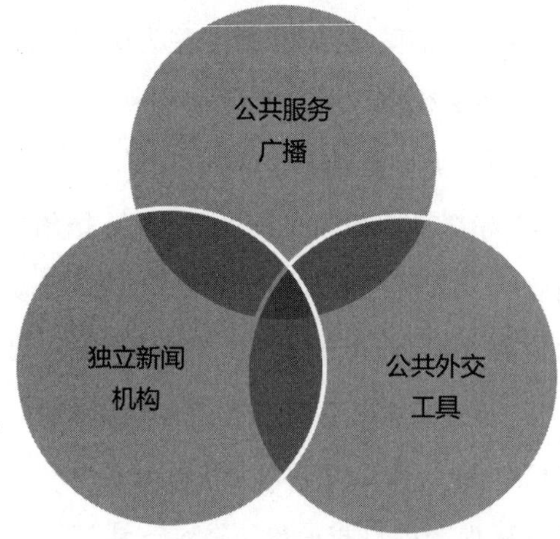

图1　德国之声的多重机构属性

然而,德国之声作为媒介机构的多重属性在一定时期内又是相互矛盾、互有张力的。在2008年“中国论战”的刺激下,最主要的矛盾表现为德国之声的公共外交任务和新闻专业主义规范二者的冲突。前文曾述,媒介机构本身即具有天然的意识形态属性。德国之声作为德国联邦政府资助的媒介机构,其在新闻专业主义要求下所宣称的“独立自主”和“表达自由”是有界限的。在日常运转中,这种矛盾并不明显;在2008年前后,机构属性之间的界限和张力凸显,若缺乏合理疏导,机构属性之间的矛盾很可能激化为冲突,最终造成国际广播机构在进行国际传播中的风险。

德国之声一向公开倡导“表达自由”的价值观,陷入舆论旋涡的发言者理应受到尊重和保护。但事实上,张丹红被剥夺播音权、调离原岗位,并接受了德国之声广播委员会的审查,其他被牵连的华人编辑甚至被迫失业。德国之声时任台长贝特曼也声明,后续中文节目内容的“质量保障要成为日常功课”①。由此可见,德国之声所倡导的“表达自由”是有其边界的,张丹红认同中国共产党的公开发言就越出了这种边界,其实质是越出了德国之声“公共外交工具”属性的边界。于是,受到“冒

① LI Q. China-abtraum der deutsche welle[M].Frankfurt:Frankfurter Verlagsgruppe, 2012. 引自未发表的中文译本.

犯”的“公共外交工具”属性被放大强化，从而压倒独立新闻机构属性的包装，成为2008年前后德国之声主要的行动纲领。作为独立新闻机构所要遵守的新闻专业主义规范实际上并无法与德国之声国际广播的政治性和意识形态属性相对抗。此时，德国之声的新闻编辑原则必须做出妥协。任命监督员和更严格的新闻审查即是妥协的一种表现(见图2)。

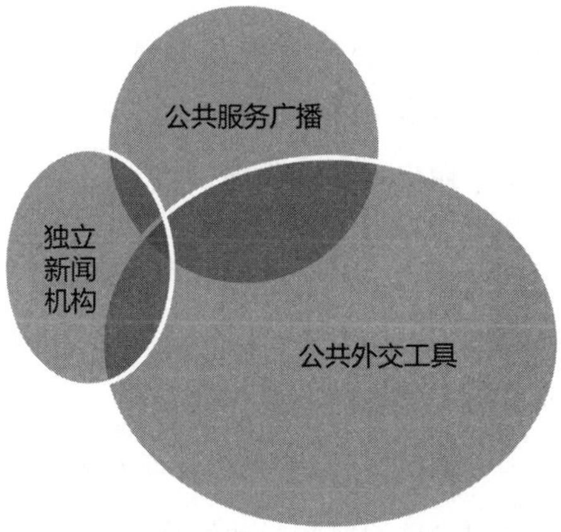

图2　2008年“中国论战”后德国之声多重机构属性之间的互动关系

这种妥协在国际广播的发展史中并不少见。以美国之音为例，它所传达的讯息与美国当时盛行的政治观点是一致的，其节目导向也随着美国政府策略的变化而迅速变化。因此，美国之音自1942年开台以来，其新闻的编辑原则常常必须为了服务美国的政治利益和外交政策而有所妥协。[①]

从后果来看，多重机构属性之间的冲突常常导致媒介机构内部运转混乱、公信力下降，同时也减弱了国际广播机构的传播效果。亚思明(德国之声中文部前记者)认为，“中国论战”令德国之声中文部产生了信任危机：“(事情发生后)有一种人人自危的情绪在部门内部蔓延，大家就觉得如果有一天领导不再信任我们了，说不定就把我们整个给裁掉了。”黎奇则认为，“中国论战”之后，德国之声中文部的公信力显著下降。具体来说，报道选题的选择更加地“意识形态化”，信源也大多来源于对中国政府持负面意见的海外异议人士，这都使得德国之声在受众眼里不再能与英国广播公司等媒体机构相提并论，“我们网站的定位让他们失去了兴趣”[②]。德国之声中文网的点击量也

① 洪浚浩.解读美国政府媒体在后冷战时期的新趋势[J].新闻与传播研究，2011，18(2)：4-14，109.

② LI Q. China-abtraum der deutsche welle[M].Frankfurt：Frankfurter Verlagsgruppe，2012. 引自未发表的中文译本.

一落千丈。

综上所述，国际广播机构的机构属性间存在着多元权力下的互动关系，彼此有机结合又处于矛盾的动态关系之中，这些共同成为国际广播机构的实际行动纲领。这种行动纲领本身处于动态变化之中，因而更适于解释国际广播机构行为的复杂性和前后矛盾之处。当机构属性间的矛盾在媒介事件中被放大时，多元权力的博弈达到最激烈的状态，常随之引发机构多种属性之间的对立冲突。在冲突状态下，国际广播机构的行动纲领亦显得变动不居，使得媒体从业者以及实际工作无所适从，最终带来媒介机构的内容生产、人事变动、组织管理等多方面的混乱。而上述混乱的状态，常常以最弱势的新闻从业者在编辑原则上做出妥协为收场。

结论

德国之声作为德国政府出资运营的国际广播机构，同时具有公共服务广播、公共外交工具和独立新闻机构等多重属性，多重机构属性既相互联结、有机结合，亦互有矛盾、充满张力，并合力成为德国之声的实际行动纲领。在冲突性事件的刺激下，德国之声作为公共外交工具的机构属性成为主要的行动规约，新闻编辑原则必须妥协，直接导致德国之声内部产生混乱，外部公信力下降。

在“中国论战”过去以后，德国之声的多重机构属性又回到了一种动态平衡状态。2014 年德国之声新任台长林伯格（Peter Limbourg）上任之后，中文编辑部明确表达政治倾向的编辑陆续离职，中文编辑部也撤销了监督员制度，在风波中被牵连的德国之声中文部主任冯海音也回到了原岗位。

西方国际广播机构常将“自由主义”标榜为核心价值，并借此抨击中国的媒体体制。而 2008 年发生在德国之声的“中国论战”却打碎了其所宣称的“自由主义”圭臬。在实际的对外传播中，自由主义的理想媒体体制在公共外交的政治属性和长期对华恶感宣传的意识形态挤压下，难有生长空间。

事实上，国际广播机构的属性是媒介机构所有制、媒体体制、媒体自我形象塑造等多元要素共同作用的结果，而不能用是否自由、独立简单概括；同理，也不能用是否亲华这样非黑即白的单一标准来框定。对国际广播机构单一属性的过度阐释容易使研究陷入制度决定论的窠臼，难以解释国际广播机构在传播实践中的复杂行为。因此，借由探讨发生于德国之声的“媒介事件”①，本文力图提出一种分析国际广播的“动态属性框架”，与既有的国际广播制度决定论范式展开对话。

〔曹培鑫，中国传媒大学新闻学院教授；王瑶琦，中国传媒大学电视学院国际新闻学硕士研究生；钱鲲鹏，中国传媒大学电视学院国际新闻学毕业生〕

〔特约编辑：曹晚红〕

① CAO P. Media incidents: power negotiation on mass media in time of China's social transition[D]. Mainz: University of Gutenberg, 2010: 28-31.

视听传播

从"建构"到"认同":以科学传播构建人类共识促进国家媒体形象传播*

From "Construction" to "Identification": Constructing the Consensus of the Humanity through Science Communication and Promoting the International Communication of Chinese Media Image

◎ 张雅欣 林世健 王雪儿 等

ZhangYaxin Lin Shijian Wang Xueer

摘要:自新冠肺炎疫情爆发以来,人类社群开始呈现一种普遍的内部撕裂——不仅仅国家、民族将人类社群加以区隔,因新冠疫情所牵引而出的社会组织方式的、思维认知的、行为取向等等的差异,再度加深了这种内部的撕裂。然而,"科学革命时代"的到来,使得科学传播这个命题得以开始凸显某种现实价值:它不仅能够借助其特殊的传播内容,在国家间的沟通与互动中架起对话的桥梁,同时还能够助力中国国家媒体形象的对外传播,使得中国重新收回构建自身媒体形象的主动权。本文即是基于2020年对俄罗斯、巴西、印度、南非四国青年进行的调研,同时结合在新冠疫情这场全球公共卫生事件当中中国媒体形象的传播,对科学传播重新构建人类共识和促进中国国家媒体形象对外传播的问题进行思考。

关键词:科学传播;国家媒体形象;对外传播

Abstract: Since the outbreak of COVID-19, human community has begun to tear internally. It is not only the borders of countries that separate humans, but the differences in social organization, cognition and behavior deepened the tear. However, the advent of the "Scientific Revolution Era" has highlighted the value of science communication. It can not only rely on its special communication content to transcend ideological barriers between countries to set up the bridge of dialogue, and can also help the international communication of China's national image, allowing China to regain the initiative to build its own

* 本文系国家社科基金2020年度一般项目"科学传播与国家媒体形象创新塑造研究"阶段性成果,项目编号:20BXW069。

media image. This article is based on a survey of Russia, Brazil, India, and South Africa in 2020 combined with the dissemination of Chinese media image in the global public health event of COVID-19, to reflect on the function of rebuilding human consensus and promoting the international communication of China's national image.

Keywords: science communication, media image of China, international communication

一、国际传播变局与中国媒体形象

2020年,新冠疫情在全球爆发,疫情带来的经济衰退、社会撕裂以及再度唤醒的价值摩擦和意识形态偏见,重新扰乱了国际格局。从20世纪冷战年间资本主义与共产主义的二元对立,到后冷战年代中由不战而胜的战胜国对于历史的主导性书写与价值的强势输出,再到中国因崛起而作为一个不可忽视的变量重新加入国际的政治和经济格局中,近几十年间,国家间的隐性的意识形态较量从未停歇。由此,如何在后疫情时代把握住我国媒体形象构建的主动权,正成为现今亟待解决的问题。

(一)"他塑"中的中国媒体形象偏差

美国经济学家博尔丁提出:国家形象的媒介呈现是国家自我认知与他国认知的集合体,国家形象不等同于国家事实,至少是对国家事实的某种演化。[①] 通常而言,媒体塑造国家形象的方式包括"自塑"(本国传媒构建本国的形象)、"他塑"(外国媒体构建别国的形象)和"合塑"(本国媒体和国际媒体共同构建一国形象)。[②] 研究者认为,一国的国家形象会影响他国对其的政策取向,国家形象的失真会导致国家利益受损。[③]

由于美国长期以来的全球文化霸权,其借助媒体对于中国媒介形象的建构和输出左右着国际社会对于中国的认知和想象。由于意识形态的对抗,美国媒体对中国形象的叙述充满了攻击。《华盛顿邮报》记者唐·奥伯多费曾说:"美国在处理对华政策时,

---

① BOULDING K E. National images and international systems[J]. The journal of conflict resolution, 1959,3(2):120-131.

② 刘小燕.关于传媒塑造国家形象的思考[J].国际新闻界,2002(2):61-66.

③ JERVIS R. The logic of images in international relations[M]. Princeton:Princeton University Press,1970:6.

似乎比日趋务实的共产主义国家更加意识形态化，这实在是一个讽刺。”①随着中国再度崛起，“黄祸论”“中国威胁论”“中国新殖民主义论”“中国制造债务陷阱论”“中国救世论”此起彼伏。② 而这种偏见也在间接影响着其他国家对于中国的认知。以南非为例，西方媒体往往刻意渲染“中国威胁论”的恐慌气氛，以暗示中国对非洲各国“大家长”式的态度。③ 这种基于特定的政治和意识形态目的的媒介行为，对我国国家形象在当地的传播起到了极为负面的影响。

不过，随着世界各国对中国的关注度日渐提升，部分与中国具有某种合作关系或对中国持有某种中立态度的国家的主流媒体对于中国媒体形象的塑造已经“能够客观对待中国的复杂性，没有呈现出非黑即白的简单化话语”④。这也就意味着，中国在“他塑”的媒介形象中呈现出相对客观的角色特征，既不存在妖魔化也不存在美化，这也就与以美国为主导的西方话语对中国形象的塑造呈现出巨大的反差。

因此，在了解国际公众对中国形象的认知的基础之上，传播中国的新故事、塑造中国的新形象，成为我国的当务之急，有效利用国家形象的“自塑”和“合塑”，将有助于夺回构建我国媒体形象的主动权，而中国媒体形象的重新构建和传播将最大程度上消弭国际公众对于中国的误解和偏见。

(二)后疫情时代的国际传播困局

新冠疫情的全球肆虐导致了整个人类世界的相互区隔——国际航班锐减，国际间交流活动锐减。虽然数字化媒介在一定程度上突破了空间壁垒，但是，在全球性的公共卫生危机面前，任何国家的任何媒体的媒介行为都面临着被怀疑、被污名化的风险。正如小约瑟夫·奈所述：“在秩序与正义两个基本价值观之间存在巨大的鸿沟。在这样的一个世界里，大多数人总是把国家正义摆在国际正义之前。”⑤在这样的环境之下，国际传播举步维艰，中国国家形象的构建和传播更是雪上加霜。

因此，在后疫情时代，我国国家形象的对外传播从传播的内容、传播的载体和传播

① 谢晓娟.当代美国反共意识形态思想根源剖析：兼论超越意识形态的意识形态战略[J].当代世界与社会主义，2007(6)：100-103.

② 安利利，王晶莹.中国形象的“他者”镜像：《华盛顿邮报》涉华报道分析(2015～2019)[J].国际传播，2020(4)：67-79.

③ 魏斯曼，王曦，申文静，等.作为“金砖伙伴”的南非与中国：媒体视野下的地缘政治转变之探究[J].新闻界，2013(18)：71-77.

④ 严怡宁.想象的共同体身份：金砖国家主流媒体涉华话语分析[J].外交评论(外交学院学报)，2012，29(3)：88-99.

⑤ 奈.理解国际冲突：理论与历史[M].张小明，译.上海：上海人民出版社，2002：5.

的方式上都面临着全新的困局和考验,如何在充分考虑当前动荡不安的国际局势、充分明确国际受众的媒介偏好的基础之上,重新挖掘受众的“最大公约数”,重新寻找最优化的传播方式,是如今我国国家形象对外传播的关键所在。

2020 年 11 月,习近平总书记面对全球陷入新冠疫情的国际情势,提出:“要坚持团结协作,合力克服疫情挑战。要加强国际联防联控,支持世界卫生组织发挥关键领导作用……要以团结取代分歧,以理性消除偏见,凝聚起各国携手抗疫的最大合力。”①可见,以生物技术为代表的科技合作已经成为重新弥合国家间日益扩大的鸿沟的黏合剂。换言之,以科学信息为主要内容的科学传播在重建人类共识方面的作用已日渐凸显。

二、以科学传播构建命运共同体

在科学技术的进步与资本的全球化积累下,各国之间的联系越来越紧密,并呈现出宽领域、多层次和高频次的发展趋势。在全球合作的背景之下,没有任何一个国家可以摆脱他国的影响成为“孤岛”,世界各国正逐渐演化成相互交织、不可分割的共同体。

通常,共同体的形成需具备两个基本条件:一个是客观因素,即人们在交往中形成的物质利益关系;另一个是主观因素,即人们在交往中形成的价值连接,即“集体身份认同”。前者为共同体的集体活动提供物质基础,后者则用强大的精神归属和价值认同将共同体成员紧密联系在一起,其是共同体存续和稳定发展的基础。在此基础之上,我国提出“人类命运共同体”的概念,倡导各国之间谋求共同发展,形成“你中有我,我中有你”的人类世界新格局。而在“命运共同体”的目标之下,中国应率先找准自身的优势。

近年来,中国在科教兴国战略的引导下走上了科技强国的道路,数项科学技术——高铁、航母、探月、5G、医药、大数据、人工智能——的发展取得了举世瞩目的成就。因此,从中国内部角度来说,向世界提供实用性的科学资讯,并利用科学传播构建人类命运共同体的路径之一,甚至“在宇宙演化的时间尺度上思考人类的未来,为人类提出中肯的建议”②,中国已具有了一定的现实优势。同时,从外部角度来说,基于此

① 人民网.习近平出席金砖国家领导人第十二次会晤并发表重要讲话[EB/OL].(2020-11-18)[2021-03-15]. http://cpc.people.com.cn/gb/n1/2020/1118/c64094-31934592.html.

② 谢小军.科学传播的功利性和超功利性[J].科学与社会,2011(4):118-119.

次中国在新冠疫情防控中的迅速、高效反馈，科学类资讯已成为其他国家的公众对于中国的主要关注点和兴趣点所在，这个重要的“市场”信号值得国内的传播机构加以重视。同时，正如约瑟夫・劳斯所指出的：“科学不仅为我们的生活世界创造出更新、更好的表象，它还以深刻的方式改造着世界和我们自身……科学之于文化和政治的不可或缺性，以及政治问题之于科学的核心地位，远远超出了大多数科学家和哲学家所认可的程度”①，因此，科学信息的对外传播也潜在性地、内在性地必然包含着对支撑我国目前取得的科技成就的国家体制等政治、社会因素的传播。

由此，基于科学传播在国际传播格局中的传播潜力和中国自身的优势，科学信息的传播与共享对于以中国为主体重建共识是一条重要的捷径，而如何以受众为中心，进行科学传播的议程设置，则成为另一个重要的问题。

三、基于社会信任设置科学传播议程

随着科学的进步和传播手段的更新，科技呈现出社会化和公共化的趋势，科技信息曝光的过程往往伴随着来自公众的诸多争议。科学传播作为“科学”与公众沟通的渠道，需要获取公众的信任，因此，以科学传播构建共识，势必要以受众为中心进行议程设置。

（一）设置科学传播的主体

通常来讲，科学传播的主体主要分为：科学家/科学共同体、媒介主体、政府主体与社会公众主体四个部分。

1.科学家/科学共同体

由于社会分工和科学传播的专业化要求，科学家/科学共同体仍然是科学传播过程中的主要信源。有学者认为，传统的科学传播研究忽略了信任与价值这一科学认知过程的变量。其主要表现在于当公众接收到一个陌生的科学命题时，是否相信对这一命题的解释取决于其是否相信解释这一命题的科学家。换言之，“科学传播的目的应当是建立公众与科学家之间的相互信任，而不是简单地告诉公众应当信赖的知识”②。因此，“在公民制造内容的时代，科学家被认为应当承担较大的社会责任，并表现较高

① 劳斯.知识与权力：走向科学的政治哲学[M].北京：北京大学出版社，2004：1.

② 许志晋，毛宝铭.风险社会中的科学传播[J].科学学研究，2005(4)：439-443.

的社会良知”①。科学家要从学术论坛下沉到科学传播的公共领域,有策略地向公众传递科学知识。科学家应具备一定的媒介素养,有较强的社交技能知识,在通过各种媒介与公众沟通时充分做到传播的平衡性、开放性和透明化。

2.媒介主体

在大众传媒迅猛发展的时代,人们可以通过各种媒介获取科学知识,并形成相应的观点。通过大众媒体获取的科学信息具有海量化、随机化、低信度和碎片化的特质,公众需要将从媒介接受的科学信息在脑海中重新处理,继而才能获得信息。虽然公众从大众传媒接收到的科学信息数量庞杂,但其信任度却呈现下降的趋势。除了媒介失信这一因素之外,还在于主流媒体擅长报道的科学议题往往与人们的媒介使用习惯相悖,所以,以大众传媒为主体的科学传播在传播效果上有待提升。

3.政府主体

对俄罗斯、巴西、印度、南非四国青年所进行的调研结果显示:俄罗斯、巴西、印度、南非四国的公众最为信任由政府为主体发布的科学信息,这一调查结果将政府主体与公众对科学事实的接受和认定中的关联性凸显了出来。贾鹤鹏指出:“近年来,科学传播学界集中对由于政治意识形态所导致的态度极化进行了研究,这与特朗普就任美国总统以来美国社会在意识形态上两极分化日益严重有关。这种态度极化甚至影响到人们对科学事实的认定……这种根据既定意识形态来选择信息强化自己观点的做法,被学者们称为动机性推理(motivated reasoning)。”②而公众之所以对以政府为主体所传播的科学信息表现出极高的信度,主要是由于公众的某种权力想象:政府作为国家的管理者,其对于信息的收集、统合、判断能力完全超越于个人,且政府作为一种由公众让渡出自身的权利而组织起来的国家机构,其有责任为公众提供权威性的科学信息。这启发我国在以科学传播构建国际共识之时,要与其他国家的政府通力合作,形成互通有无的“科学联盟”,在此基础之上进行科学信息的传播。

不过,需要注意的是,在新冠疫情造成的全球性的信任危机之下,部分国家政府的公信力有所下降,可见,应对公共危机事件时政府的“科学素养”和管理能力也是影响科学传播效果的重要因素之一。

4.社会公众主体

社会公众之所以成为科学传播的主体之一,主要原因在于互联网时代下,公众得

① 杜志刚,孙钰.面向公众的科学传播研究:一个综述[J].中国科技论坛,2014(3):118-123.

② 贾鹤鹏.国际科学传播最新理论发展及其启示[J].科普研究,2020,15(4):5-15.

以借助于新媒体,尤其是社交媒体来进行科学信息的传播。在科学传播的理论研究中,公众的人口学特征,例如性别、年龄、职业、收入、宗教信仰和教育水平等,都可能影响面向公众的科学传播的效果。社会公众的媒介素养和科学素养也是科学传播效果的重要变量。关于社会公众传播所构筑的“价值共同体”的相关内容,笔者将在后文中详细论述。

(二)设置科学传播的渠道

一方面,从俄罗斯、巴西、印度、南非四国的公众获取中国新闻资讯的媒介渠道来看,大多数受访者相当频繁地通过互联网与社交媒体来获取信息,但具体到社交媒体的使用方面,不同国家之间存在差异。总体而言,微信、Instagram 和 Facebook 被使用频率较高。除此之外,少量受访者还常使用 Reddit、Twitter、VK、QQ、YouTube 等社交媒体。如今,随着数字算法的不断升级,社交 APP 可通过大数据测算用户属性,根据不同的用户属性垂直推送内容,这启示媒体机构在进行科学传播的过程中,要深谙软件算法,针对不同“人口学属性”的用户投放不同的内容,使得科学信息的触角伸向最广泛的受众群。

另一方面,在传统媒体中,电视仍是相较于广播和纸媒而言人们最为常用的信息接受渠道,其与互联网和社交媒体并没有互斥性。社交网络成为受众获取媒介信息的主要渠道之时,以电视为代表的传统媒体没有失去其在大众传媒中的主体地位。人们在以科学传播构建国际共识的过程中,要采取互联网/社交媒体和电视媒体“两手抓”的传播策略,构建立体、多元的传播网络。

同时,不同传播渠道应根据用户的不同媒介使用习惯,设置不同的传播内容,从而使得传播效果最优化。例如,在适合于社群传播的微信上投放的内容与适合于大众传播的电视上投放的内容要有所区分。

(三)设置科学传播的内容

1.科学信息的地方性与实践性

科学传播的相关研究发现,通常而言,公众不会抛弃已有的知识和判断去认识新的科学知识,科学知识面向公众的传播和发展需要特定环境下的辅助性知识,即使这些辅助性知识缺乏一定的依据和社会基础。[①] 在日常生活中,公众对科学知识的吸收

---

① WYNNE B. Knowledges in context[J]. Science technology and human values, 1991(19):1-17.

与其他知识存在紧密的关联性。

传统的科学观认为:相较于科学这一"抽象的、普遍的、标准的去情景化(decontextualization)知识",所谓公众知识,"常被看作是一种具体的、特殊的与情景关联的'地方性知识'(local knowledge)"。[①] 但是随着文化研究学派的兴起,这种传统的科学观受到了解构式的挑战。美国科学哲学家约瑟夫·劳斯(Joseph Rouse)否定了对科学"抽象、普遍、去情境化"的认知,认为科学归根结底仍然是一种地方性知识,应当将其放入实践的情境中去理解。

劳斯所谓科学传播的实践性、地方性可被解释为:"科学知识的转移(到实验室之外的其他各种场合)不能理解为只是普遍有效的知识主张的例证化。转移必须被理解为对某一地方性知识的改造,以促成另一种地方性知识;是从一种地方性知识走向另一种地方性知识,而不是从普遍理论走向其特定的例证。"[②]因此,我国在对外进行科学传播的过程中,需要实际考虑不同国家受众的不同特征,以特殊的"地方性知识"包装"科学",从而建立起受众对传播内容的接近性与亲密性,使来自中国的科学知识具体化、实践化,从"一种地方性知识"走向另一种"地方性知识"。

2.以接收动机"塑造"科学讯息

批判继承自"公众理解科学"的"公众参与科学"模型仍然是当今科学传播的主流范式,这一模型强调:针对科学知识的传播,科学家须与公众平等对话;在科学探讨的过程中,尊重来自普通人的非专业性知识的价值;科学共同体有义务促成公众对科学事务的参与。这也就意味着,公众"不同的心理动机提供了按不同的需求设计和编辑相应内容的尺度(并由此导致了一定的挑战)"[③],科学传播需要透视公众参与科学对话的内核,关注公众真正的需求,只有根据不同的尺度调整、规划传播的内容和方式,才能有技巧地建立起与公众的对话模型。

经由调研发现:科学知识的获取是公众参与科学传播的主要动机,其次才是娱乐需求与社交需求。彼得·伯克(Peter Burke)在《知识社会史:从古腾堡到狄德罗》中明确指出了知识与资讯的差异:"资讯是指相对'生的'、特定的、实际的知识,知识是指经过深思熟虑、处理过的系统化的知识,不过二者并非泾渭分明。"[④]也就是说,在科学传播内容的甄选上,要注重满足受众的"知识性需求",即加工所谓的"生的"知识,使其

---

① 许志晋,毛宝铭.风险社会中的科学传播[J].科学学研究,2005(4):439-443.

② 劳斯.知识与权利:走向科学的政治哲学[M].北京:北京大学出版社,2004:77.

③ 罗根,张璟.科学传播与互联网:美国R2委员会调查成果[J].国际新闻界,2001(6):22-29.

④ 伯克.知识社会史:从古腾堡到狄德罗[M].贾仕蘅,译.台北:麦田出版公司,2003:46.

变成可被受众消化的、系统化的知识信息。

有学者认为，当下媒介环境中知识的传播具有“娱乐性和知识性混合”的特征①，而对于公众来讲，“娱乐需求”又是其获取科学知识的第二动机，这也就意味着在当下的媒介环境中，科学传播不仅应满足受众的知识性需求，同时也应将科学信息进行某种趣味化、通俗化的加工。只是，由于科学传播的特殊性，科学知识的加工需要“界限”，并且考虑其可能存在的传播风险。科学知识的“误传”不仅损害传播主体的媒介形象与大众信度，更有可能在“风险社会”中引发难以料想的社会危机。

3.注重时事议题的传播

参考国外媒体涉华报道话语分析中涉及科学议题的相关论文后，笔者发现，“探月、航天、高铁、航母、气候变化、Covid-19”为科学传播中出现频次较高的话题，而因新冠肺炎疫情的影响，国外公众对中国的新冠疫情信息表现出更大的关注度。换言之，科学知识的传播实质上仍然遵循着新闻传播的规律。罗伯特·帕克(R. E. Park)曾指出：“新闻是一种公共商品，同时也是一种知识类型，其介于二者之间，具有链接社群知识和科学知识的双重属性。”②所以，这意味着科学传播仍然要遵循新闻的时效性、准确性、显著性、真实性以及趣味性的原则。

与此同时，中国高铁、气候问题也是较受国外公众关注的话题，只是在具体的对外传播实践当中，相关话题的传播效果往往不尽如人意。有传播学者指出，公众不愿接受科学事实，这并非科学素养不足，而是因为人类的心理认知机制不足以支撑人们去主动关注和学习这类信息，只有当人们具有特定的动机时，他们才会主动关注科技信息。所以，在进行传播内容的布局时，传播机构应根据社会的需求进行信息的选择，建立分层次、有重点的传播内容格局，帮助公众分类处理科技信息。

四、建构科学传播中的价值共同体

广播、电视、报纸等大众传媒曾是将分散的公众连接、凝聚成一个想象的政治共同体的有效手段。然而当人类整体进入数字时代，互联网技术的出现使得其触角得以延伸至国内外社会的每一个角落，其不仅能将全球的公民连接在一起，甚至使得对于想象的共同体的构建开始得以突破国家和民族的边界。

在网络世界中，每个个体都是一个节点，这些节点只要具有共同的信息编码，即共

① 崔迪.媒介知识：传播学视野下的知识研究[M].上海：复旦大学出版社，2019：27.

② 涂凌波，王子薇.空间隔离与知识流动：新冠肺炎疫情时期的线上知识传播研究[J].现代出版，2020(3)：26-33.

同的价值观、立场、偏好或目标,就能实现连通,进而组成网络社会。这种网络社会是一个高度动态、开放的社会系统,正如曼纽尔·卡斯特所说,“以共享的价值和利益为中心将人们聚集起来的社群已经成为一种现实的群体形式”[①]。网络诞生了多元化的传播方式,其中最主要的表现形式便是视觉传播与社群传播,利用这两种方式建立科学传播的网络公共领域,可以重新构建国际社会的共识。

(一)塑造社交网络中的科学认同

如今,信息的传送已从广播式的单向传播走向互联网式的双向传播。受众在数字化的媒介环境中由被动接受转向主动生产,在传者和受者的双重角色中无缝转换。崔迪认为,当下的知识生产具有很强的去中心化、去机构化的特征,“知识的合法性并非来源于任何权威的机构或专家”,而是来自“社交网络和同辈群体的内容生产(peer-based content production)”[②]。这与当前公众主要从社交网络中获取科技信息/知识的基本事实相吻合。与此同时,社交媒体也在潜移默化地改变着人们的媒介使用方式和人际交往方式,形成了从共享信息到共享观点的链条式反应,这使得不同国家和地区的具有相似社交偏好的人集聚在一起。换言之,在社交网络上,信息的传播是以不同个体为中心进行的同心圆扩散,即某一信息在激发个体的认同与兴趣的同时,可以进一步唤起他所在的网络社群的认同和兴趣,从而使传播效果呈几何倍数地扩散。

但是,科学传播的相关研究发现,虽然社交媒体的蓬勃发展带来了科学普及的机遇,但是,作为专业性科学传播主体的科学共同体/科学家却并没有与公众形成互动,他们登录推特、脸书的主要目的仍然是与同行进行交流,或者单向度地向公众传递信息,由此其所能达到的传播效果极为有限。[③] 这就导致了善于与社群进行互动的“网络红人/媒体号”长期把持科学传播的主要信息“讯道”,非专业化的信息传播不断地降低社交平台科学传播的信度,造成科学传播的风险。这样,由普通公众发起的科学传播,不仅无助于社交网络中科学价值共同体的形成,甚至有可能撕裂现有的以其他价值和认同联系的网络社群。

因此,尽管社交媒体可以为科学传播的传、受方提供直接对话的平台,但是,由于种种原因,二者之间并未形成实质性的对话。在社交网络中构建科学传播的价值共同

---

① 卡斯特.网络社会的崛起[M].夏铸九,王志弘,译.北京:社会科学文献出版社,2003:113.

② 崔迪.媒介知识:传播学视野下的知识研究[M].上海:复旦大学出版社,2019:25,27.

③ LEE N S, VANDYKE M S. Set it and forget it: the one-way use of social media by government agencies communicating science[J]. Science communication, 2015, 37(4): 533-541.

体仍旧是一片亟待探索的蓝海。而若要改变科学传播在社交网络上的现状,政治与组织手段必不可少。尤其是在全球疫情的影响之下,面对着由传统媒体发起的"文化对话"受阻的社会现实,我国必须利用社交媒体和带有网络集聚效应的科学专业网站聚集国外的科技迷,激活各国民众自发的跨文化交流行为,以科学为基点,构建网络上的价值共同体。同时,我国的传媒机构应结合线上的民主参与和线下的公众参与科学活动两种方式,构建相对便捷、低成本、覆盖广泛的交流平台,促进科学家和科研机构更加踊跃地投身到科学传播的实践中,努力促进各种科学争议的解决,同时致力于中国科学家"走出去",在国际网络上潜移默化地影响他国公众,建构以中国科学为核心的价值认同。

(二)以科学纪录片的对外传播建构国家认同

科学传播/科学普及的娱乐化是一种趋势。一直以来,科学都是以严肃的形象出现在媒体中,但近些年来,从社交媒体到影视,更多平凡的科学家故事展现在了公众面前,这让科学这一"客观的""冰冷的"形象蒙上了一层暖色,关于科学传播娱乐化、故事化、影视化的研究也逐渐被学界提上日程。其中,科学的影视化传播成为研究的重点。科学纪录片作为科学内容的传播载体,发挥着举足轻重的作用。

学者贾鹤鹏在对国内外科学传播研究现状作总结时曾提到:近年来发表的一批研究成果认为,用故事化手段来讲述科学,会在受众中产生移情(transportation)效果,让他们与故事中的科学家人物同呼吸、共命运(S. J. ElShafie,2018)。用可视化的方式展示科学,让科学炫起来,会吸引更多人的关注(M. Alcibar,2018)。以3D视频展示极地受到的气候变化影响,包括北极熊的命运,也是科学与环境传播实践者在尝试的项目(F. Bouchard, J. Sansoulet, M. Fritz, et al.,2018)。①

种种"科学可视化""科学故事化"的尝试近年来都出现在了科学纪录片当中。由此,科学纪录片可以成为科学传播的样本被用于传播路径及传播效果的研究。

1.科学纪录片与国家形象塑造

源于国家利益与地缘政治的较量、文化的偏见与想象、意识形态的分歧等诸多因素的影响,国家形象的对外传播始终伴随着某种偏差和误读,科学无国界,正是因为科学是关乎全人类福祉的命题,科学纪录片才可以跨越意识形态的藩篱,帮助受众了解相关国家的信息,并成为国家形象对外传播的有效跳板。

---

① 贾鹤鹏.国际科学传播最新理论发展及其启示[J].科普研究,2020,15(4):5-15,105.

同时，科学纪录片的作用不仅仅在于呈现一个趋向客观的中国媒体形象，更在于其能潜移默化地影响他者心中的“中国印象”。观照发达国家科学纪录片的传播，《蓝色星球》（BBC出品）等众多科学纪录片不仅展示了西方国家影像的制作水平，更是将国家的科技发展水平和科学研究水平寓于其中，使观众对“科学纪录片”中促进科学发展的国家印象深刻。可见，科技的发展这一国家硬实力可以通过科学影像的传播平和、理性地转化为国家软实力，成为国家媒介形象的重要支撑之一。

因此，科学传播在某种程度上能够超越国家间意识形态、社会制度的差异和冲突，并为中国媒体形象的构建提供一个可能的路径，而作为科学传播的重要载体之一——科学纪录片，其不仅呼应着视觉时代的大趋势，同时，更能将立场和观点隐于影像之中，含而不露地构建中国形象，传递中国科学声音。

2.中国科学纪录片的传播现状

虽然科学纪录片有助于构建正面的中国形象，但是其在世界范围内的辐射度却并不广阔。几部近年来颇具名气的中国出品的科学纪录片——《超级工程》《创新中国》《手术两百年》《科学的力量》的传播效果欠佳，本文在对用户基础信息与科学纪录片的传播效果进行交叉分析后发现，科学纪录片在中国国内市场仍较为小众，以至于来中国留学的时间达到三年以上的外国留学生都对其知之甚少，可见我国科学纪录片的对外辐射效果有待提升。

以数据观照现实，对外传播相对来讲较为成功的中国科学纪录片案例为《超级工程》。《超级工程》是讲述中国重大工程项目成就的科学纪录片。该片之所以在国际传播中崭露头角，原因是多方面的。第一，其在影片题材的选择上，跳脱出了某种已成为符号化的、而不再具有传播层面的“吸睛”效果的长城和紫禁城等固化的叙事对象，转而另辟蹊径，在以科技为依托的工程项目领域发力。这一叙事题材的转向，不仅在内容层面上给予国际受众以新鲜感，同时也以国际传播中流行的个体化叙事方式将中国的审美趣味、价值观念蕴含于其中，达到故事与观点的双丰收。第二，影片的视听技术同国际制作水准相对接，航空摄影、水下摄影、地面移动摄影等多种方式结合在一起，在形象化的基础上更增添了动感、现代感、震撼力和视觉冲击力。[①] 可以说，纪录片的海外发行必须跨过视听技术的门槛，才能真正打入国际市场。第三，在纪录片《超级工程》的制作过程中，澳洲人皮特作为创作团队的商业顾问，向中方提出了诸多的意见和建议。皮特的加入，是潜在的海外观众视角的加入，使得影片的前期制作即内在而自

① 李健.用实力说话：浅谈《超级工程》中对外传播的叙事创新[J].视听，2018(8)：89-90.

觉地考虑并贴近了国际市场的审美习惯,继而使得影片在进行国际传播时更加具有竞争力。

整体而言,目前我国的科学纪录片的传播虽取得一些成绩,但是仍有对外传播的困境。之所以出现科学纪录片的传播困境,一是由于"科学"这一题材与公众的生活较远,难以形成有效的共鸣;二是由于目前中国所制作的科学纪录片仍是以传统的主流媒体纪录片为主;三是中国并没有享誉全球的科学IP与媒介品牌。

这启示我国的传播机构在进行科学纪录片的制作与传播时,首先要与社交网络相结合,注重科学纪录片的新媒体叙事——娱乐化、故事化;其次,要致力于创建具有国际传播力的媒介品牌,促进科学纪录片的媒体传播。

五、从接收到认同:科学知识积聚科学共同体

学者贾鹤鹏指出:"在日常生活中,人们因为偶然机遇,形成了各种初始的信念,这成为人们的认知框架,并以此来判断接收到的信息。人们不会仔细算计他们遇到的大部分新信息,而只是与既有知识进行比较,以形成自己的判断。"[①]在科学传播中,研究者发现,在一场科学实验中,首先接收到正面信息的受众在后续的随访中,评价关于实验的正确信息为有效内容,而并不认可负面信息,反之亦然。[②] 这意味着,在科学传播的过程中,人们会对某种先入为主的观念产生亲近性与认同度。而科学知识在科学传播中的作用主要表现为促使人们形成对科学问题的初始信念。[③]

所以,以科学传播重建共识,即须建立中国的科技讯息/科学知识在国际公众心里的初始信念,从而使其首先形成某种情感偏向,继而达到认同,并形成科学共同体。

虽然科学共识能对人们的感知发生作用,但是实验表明,当人们察觉到科学家们在与自己世界观立场不一致的议题上达成一致意见后,他们会产生厌恶的情绪。[④] 但是我们仍然可以通过对科学知识的传播在一定程度上弱化该问题。一项长时段研究表明,如果孩子们在12—14岁时对科学表示出高度兴趣,那么他们在30多岁时就更

① 贾鹤鹏.国际科学传播最新理论发展及其启示[J].科普研究,2020,15(4):5-15,105.

② DRUCKMAN J N, BOLSEN T. Framing, motivated reasoning, and opinions about emergent technologies [J]. Journal of communication,2011,61(4):659-688.

③ DE BRUIN W, BOSTROM A. Assessing what to address in science communication[J]. Proceedings of the national academy of sciences,2013,110(Suppl. 3):14062-14068.

④ DIXON G, HUBNER A. Neutralizing the effect of political worldviews by communicating scientific agreement: a thought-listing study[J]. Science communication,2018,40(3):393-415.

容易信赖科学家。[①] 所以,科学传播应渗入更低的年龄层,通过教育和幼儿绘本等方式“长线作战”,以科学知识构建共识。

六、风险与机遇——新冠肺炎疫情背景下的科学传播研究

2020年新冠肺炎疫情爆发后,有学者指出,政府“通过提供科学知识、科学数据等信息,满足公众的科技知情权,提高公众预防潜在风险的能力,遏制谣言的散播与信息异化,从而达到稳定社会秩序的目的”[②],正是在此情境之下,科学传播与政府治理能力被推上了前台。不同国家在科学信息的传播能力和政府治理能力上的差异也曝光在了全球的舞台之上,由此,政府、科学家与媒体间接成为构建国家形象的主体,以科学内容为主的对外传播在这一阶段也影响显著。

将视野放置到国际社会共识的构建上来看,上述事实既构成了一种挑战,也蕴含着某种机遇。从各国政治共同体的治理与合作来看,疫情期间,科学传播有助于构建和谐有序的国际合作环境。中国积极地与各国共享疫情研究成果,将全人类的命运纳入中国科学的回应范围,科学传播成为国际政府、媒体、公众等多个科学传播主体互动的中介。但是,面对疫情所衍生的意识形态和政治性问题,科学传播的不准确、不到位有可能导致更大的国际隔阂和风险,引发信任危机,从而造成共同体的崩裂。

(一)政府和科学家成为科学传播的主要信源

《2020年爱德曼信任度调查报告》[③]的数据显示,政府在此次突发公共卫生事件中扮演了重要角色。2020年春季,全球政府信任度高达61%(自1月以来增加6%),公众期待依靠政府得到自第二次世界大战以后未曾再次出现的保护力,且中国成为最具信任力的政府(90%,自1月以来增加8%)。同时,公众强烈要求从医生(80%)、科学家(79%)和国家卫生官员(71%)——作为值得信赖的信息源头——那里获取必要的信息。

此次新冠疫情的全球性大爆发一方面造成了世界的震荡,另一方面也将科学传播的重要性和紧迫性推到了世界的舞台中央。在面对生命攸关的问题之时,人们不仅再

---

① 贾鹤鹏.国际科学传播最新理论发展及其启示[J].科普研究,2020,15(4):5-15,105.

② 汪自成,周成瑜.突发事件中政府传播科学信息行为的法律分析[J].南京邮电大学学报(社会科学版),2012(3):2.

③ 2020 Edelman trust barometer[EB/OL].(2020-01-19)[2021-01-15].https://www.edelman.com/trust/2020-trust-barometer.

度将目光和期待放回到本国的政府之上，同时也对比性地寻求着世界上更能提供可靠、有效信息的他国政府提供的信息。因此，意识形态的问题、文化壁垒的问题，通通在这种紧急时刻被暂时消解和搁置，能为世界人民提供及时雨式的科学传播信息和问题解决方案的国家，将更为有力地得到世界人民的信任和情感投注，同时，自然不必多言，其国家媒体形象也将得到最大程度的改善和提升。

(二)科学信息的全媒体传播渠道

全球公众对疫情信息的需求使得其对信息来源的信任度较以往有所提升，传统媒体、搜索引擎、自媒体和社交媒体几种信源的信任指数依次上升，自媒体和传统媒体涨幅最大。①

但是，尽管全球公众对信息来源的信任度有所提升，但这种提升背后存有着某些非理性因素。可信且公正的新闻仍是公众的“刚需”，人们对虚假新闻的担忧仍在增加，数据显示，有67%的受访者担心所获取的信息为虚假信息。② 而自媒体(尤其是社交网络)信任度的涨幅某种程度上给官方信息传播带来挑战。

(三)中国媒体的公信力上升

《2020年爱德曼信任度调查报告》的数据显示，中国媒体的公信力位居全球第一，中国民众对国内媒体的疫情报道满意度最高，同时，69%的中国受访者认为中国媒体在报道疫情新闻的方式上“没有受到政治和意识形态偏见的影响”，中国媒体在“原创性调查报道，帮助公众了解大流行背后的故事，以及它对经济和人民生活的潜在持久影响”“纠正有关病毒的错误信息并确保错误信息不会传播”等涉及科学传播的内容方面获得了69%和68%的受访者的认可。可见，在此次疫情的科学传播中，中国媒体的议程设置获得了良好的社会效果，这对类似突发公共卫生事件具有借鉴意义。

针对疫情期间的国际媒体互动与传播效果调研显示，科学传播对国际政治环境及科学共识的架构具有重要的意义：第一，政府作为科学传播的主体，在与科学共同体互动的过程中，赋予科学信息以权威性；第二，媒体在与科学共同体互动的过程中，增加了科学信息的透明性和多样性；第三，公众在与媒体互动的过程中，在获取科学信息的同时对其进行社会建构，由此加深了对科学价值的认同。

---

①② 2020 Edelman trust barometer[EB/OL].(2020-01-19)[2021-01-15]. https://www.edelman.com/trust/2020-trust-barometer.

此次新冠疫情的出现预示了未来社会不确定性和风险性的存在,自然灾害、公共卫生事件已经不再是一国的问题,它关乎全人类的生存与发展。由此,以科学传播重新构建共识,从而抵御未来可能出现的种种问题,至关重要。

结论和启示

在人类发展的进程中,科学技术是我们寻求与大自然和谐共处的工具,它的创新与发展关乎每一个生物体,所以,以中国为主导重建国际社会的科学共识,再度凝聚人类的价值共同体,是一条可能的路径。同时,科学传播有助于中国形象的对外传播,为中国的发展营造更加客观、友善的国际舆论环境。具体来看,可以注意从以下几方面入手。

(一)优化传播主体,推进中外合作

在传播主体上,公众更信任由政府/科研机构和科学工作者发布的信息,并且,作为科学知识、科学方法、科学思想和科学精神的发现者、生产者、创建者,科学家经常被认为是“科学传播的第一发球员”。[①] 在科学传播的过程中,中国科学家应担当叙事角色之一,增进传播内容自身的科学公信力,弥补传统媒体或者新媒体在媒介公信力上的缺失,堵住可能因媒介公信力的缺失而造成的国际传播受阻的缺口。

同时,在科学纪录片/科学知识的生产过程中,无论是以国内官方主流媒体为主导,还是以社会民营机构为主导,二者都可在各自可接受的范围内加速商业化进程,引入国际资本的力量,提高中外合拍的合作力度,这不仅将使得纪录片的生产既具有本土性考量又兼具国际性视野,同时,在后续的传播、发行过程中,纪录片还将收获更好的传播效果。

(二)找准媒介漏洞,形成立体传播渠道

网络新媒体与传统媒体共同构成科学传播的路径。依据前文的分析,传统媒体和互联网/社交媒体之于科学纪录片的传播都有自身的缺陷,或者说,二者的优劣存在互补。因此,在科学纪录片的对外传播中,明确不同媒介形态的特性、优势和局限,最大程度地发挥互联网/社交媒体的“吸睛”效果、造势能力以及传统媒体较之互联网/社交媒体尚有余量的媒介公信力,并同时最大程度地补齐不同媒体各自的短板,才能真正

① 何亭.科学传播下科学家的作用[J].人力资源管理,2015(6):197-198.

形成有效的、立体的传播渠道。

（三）定制海外市场，明确传播动机

研究者们认为，我国以往的国家形象对外传播的失利，很大的原因在于传播内容过多集中在政治体制、意识形态以及晦涩的东方文化等方面，科学传播则正是补足这些短板的最佳路径，它可以从“价值”和“信任”两方面弥补以往国家形象对外传播的问题，使得国家形象的传播更好地落地。

（四）建构“对话模型”，细分观众群体

随着信息接收渠道的多样化，公众开始自主索取科学信息，“这也使得科学传播摆脱传统的‘缺失模型’，转变为双向互动的科学传播，即公众参与科学”①。这一阶段的受众开始变被动为主动，科学共同体得以与公众共同搭建科学传播的公共领域。只有到公众能够主动介入科学内容的传播过程，自觉地选择信息类别时，细分化的、异质性的、多元的公众群体才能够形成。

（五）突发公共卫生事件中的科学传播策略

有学者认为，“科学家与大众传媒必须要在科学知识的真实性与科学传播的时效性之间寻求一种‘必要的张力’”②。因此，考虑到公众对政府和科学家的较高信任度，媒体须以新闻专业主义为第一追求，发布专业权威信息，而不能以付出公信力为代价一味追求时效性。此外，若某些传播行为被公众视为带有机会主义倾向或麻木不仁的态度可能会对传播者的声誉造成严重和持久的损害。面对突发公共卫生事件，传播者要密切关注舆情，将科学知识融入人性关怀之中。

〔张雅欣，中国传媒大学新闻传播学部电视学院教授、博士生导师，法国巴黎二大客座教授，澳门科技大学兼职教授、电影学博士生导师；林世健，中国传媒大学新闻传播学部电视学院广播电视学（纪录片方向）博士研究生；王雪儿，中国传媒大学新闻传播学部电视学院广播电视学硕士研究生〕

〔特约编辑：付晓光〕

---

① 王大鹏，李颖.从科普到公众理解科学及科学传播的转向：以受众特征的变迁为视角[J].新闻记者，2015(9)：79-83.

② 马健.危机事件中的科学传播：基于“SARS”与“禽流感”疫情的研究[J].科学学研究，2008(3)：487-492.

“远处的苦难”与风险的影像化:抗“疫”纪录片的生命故事及其叙事认同建构*

“Distant Suffering” and the Visualization of Risks: the Life Stories of the “Anti-epidemic” Documentaries and the Construction of Narrative Identity

◎ 郭小平　李蔚真

Guo Xiaoping　Li Weizhen

摘要:抗“疫”纪录片将“他人的痛苦”或“远处的苦难”具象化,在共情传播中提高了重症患者、居家隔离人员、医护人员、志愿者、社区工作者等群体的媒体可见性,成为承载历史记忆的“国家相册”。抗“疫”纪录片通过真实影像讲述疫情爆发期间的生命故事,多维度建构故事世界与观众世界的叙事认同,弥合个体与社会的断裂,重建连续性和同一感,具有疗愈创伤、反思生命、重塑信任与建构认同的传播价值。

关键词:远处的苦难;抗“疫”纪录片;生命故事;叙事认同;风险社会

Abstract: The anti-epidemic documentaries embody the “pain of others” or “distant suffering”, and improve the media visibility of critically ill patients, home quarantine personnel, medical staff, volunteers, community workers and other groups in the communication of empathy, becoming a “national photo album” that carries historical memory. The anti-epidemic documentary tells the life story during the outbreak of the epidemic through real images, constructs the narrative identity between the story world and the audience world in multiple dimensions, bridges the gap between the individual and society, rebuilds continuity and a sense of identity, and has the communication value of healing wounds, reflection on life, reshaping trust and constructing identity.

Keywords: distant suffering, anti-epidemic documentary, life story, narrative identity, risk society

---

* 本文系国家社科基金重大项目“提高面对重大突发风险事件的媒介化治理能力研究”(项目编号:21&ZD317)的成果之一。

媒介与苦难成为"苦难中介化"(mediation of suffering) 研究的核心议题。[①] 流行病、战争、灾害、难民等"苦难"被媒介中介化。"远处"不只是具有一种地理意义，更具有一种文化意义。"苦难中介化"既包括西方世界对第三世界发生的灾难与苦难的观看与体验，也包括人们对灾难与苦难中底层民众的凝视。影像将"远处的苦难"(distant suffering)或"陌生人的苦难"带入家庭的亲密空间。[②] 研究者们比较关注的议题是：关于"远处的苦难"的媒介再现能否拉近观众与受难者的距离并激发观众对于苦难的关怀、共情等情感[③]；这种媒介再现是否有助于塑造公众对他人故事的想象力并生产一致性的道德主张，即"将人类的脆弱性景观转换成为对于团结的道德要求"[④]；影像常常因为远距离观看痛苦被批评[⑤]。新冠肺炎疫情的爆发，不仅危及人类生命安全，也带来不确定性和社会断裂的风险并使个体面临自我认同的困境。抗"疫"纪录片，借助影像将疫情风险具体化，在呈现不容忽视的"风险图景"的同时，聚焦个体的生命故事，在共情传播中弥合风险情境中的社会断裂并建构叙事认同。

一、断裂的弥合：风险社会中的生命故事

断裂是现代性的后果，风险是现代社会的特征。面对社会断裂的风险，大众媒介借助影像建构生命故事，以"国家相册"的形式承载集体记忆，具象化不确定、不可见的风险，建构公众的风险认知，成为弥合社会断裂的有效途径。

(一)"远处的苦难"的可见性："风险社会"的媒介叙事

非典、埃博拉、新冠肺炎疫情等重大公共卫生突发事件的爆发，使"世界风险社会"的学术论断变为现实社会的危机展演。正如德国社会学家乌尔里希·贝克(Ulrich Beck)所言："现代社会是一个风险社会，现代的人们正生活在文明的火山口上。"[⑥]面对突发风险事件的"不确定性"和"不可见性"，个体产生诸如恐慌、失控和不确定感的

---

① 李艳红，范英杰."远处苦难"的中介化：范雨素文本的跨阶层传播及其"承认政治"意涵[J].新闻与传播研究，2019，26(11)：57.

② BERLANT L. Compassion：the culture and politics of an emotion[M]. New York：Routledge，2014：4.

③ JOYE S. Research on mediated suffering within social sciences：expert views on identifying a disciplinary home and research agenda[J].Interdisciplinary science reviews，2013，38(2)：106-121.

④ CHOULIARAKI L. The spectatorship of suffering[M].London：Sage，2006：112.

⑤ 郭小平，李晓.风险的凝视：儿童受难图、可见性生产及其视觉政治[J].黄冈师范学院学报，2020，40(4)：31-38.

⑥ 贝克.风险社会[M].何博文，译.南京：译林出版社，2004：3.

应激反应。个体和社会心理系统原有的稳定与平衡被打破，这造成社会秩序的混乱和社会结构的断裂。新型冠状病毒肺炎引发心理创伤、自我认同断裂、价值坍塌和社会撕裂等社会风险后果。

媒体报道作为风险调节机制，在再现风险的同时，也直接或间接建构了风险。视觉文化时代，图像媒介承载与提供了更多、更稳定的信息。纪录片借助具有冲击力和感染力的影像，以及“揭露、强调、浓缩与具象化”[①]等视觉修辞和叙事手段，对风险进行“锚定”，从而提高了风险的“可见性”。丹尼尔·戴扬(Daniel Dayan)在可见性社会学(sociology of visibility)框架下探讨与媒介伦理相关的议题。“可见性”主要探讨个体能否被他人看见以及能否获得他人规模性的注意力，包括被人看到的权利、被人以自己的方式看到的权利和给予他人曝光度的权利。[②] 纪录片赋予“远处的苦难”以及风险情境中的人以可见的权利。

在斯蒂恩·乔伊(Stijn Joye)看来，对于今天西方社会的人们而言，苦难的经验很大程度上是一种被中介化的经验。[③] 对苦难的报道可能会催生公共行动或朝向公共行动的道德倾向，如同情、怜悯或反讽等。[④] 传媒在促使公众理解苦难、政治回应“远处的苦难”方面扮演着重要角色。[⑤] 苏珊·桑塔格(Susan Sontag)写道：“成为发生在另一个国家灾难的旁观者，是一种典型的现代经验。”[⑥]影像自身并不能防范和化解现代风险，但纪录片对风险的关切与再现，令观众意识到自己与他人共享的世界正在承受现代风险的苦难后果。作为一种“风险相册”，负责任的记录本身就是一种善。在丹尼尔·戴扬看来，“可见性”供给主体不只有大众传媒，还有社会个体。换言之，新媒体赋予公众“可见性”，同样，公众也可以以自己的方式定义自己和他人的可见性，成为可见性的组织者和给予者。借助新媒体平台，一批民间纪录片拍摄者或 Vlog 记录者记录、传播抗“疫”的“风险图景”，弥补了主流媒体风险报道的不足，不仅以自己的方式定义自己的可见性，还是“远处的苦难”可见性的组织者和给予者。

在一个“媒介化”的信息社会，信息过载降低了真实信息的可见性和人们对风险的

---

① 郭小平.风险社会的媒体传播研究：社会建构论的视角[M].北京：学习出版社，2013：83.

② DAYAN D. Conquering visibility, conferring visibility: visibility seekers and media performance [J]. International journal of comumunication, 2013(7): 139.

③ JOYE S. Research on mediated suffering within social sciences: expert views on identifying a disciplinary home and research agenda[J]. Interdisciplinary science reviews, 2013, 38(2): 106-121.

④ CHOULIARAKI L. Mediating vulnerability: cosmopolitanism and the public sphere[J]. Media, culture & society, 2003, 35(1): 105-112.

⑤ COTTLE S. Rethinking media and disasters in a global age[J]. Media, war & conflict, 2014, 7(1): 3-22.

⑥ 桑塔格.关于他人的痛苦[M].黄灿然，译.上海：上海译文出版社，2006：12.

认知度。纪录片的影像用“眼见为实”的优势对抗不实信息和风险的不可见性。大量不实信息在新冠疫情中滋生，在社交媒介中广泛传播并引发不良情绪的扩散。“信息疫情”作为新的风险“撕裂全球抗‘疫’共识”[①]。当互联网和社交媒体等发生不受控的传播时，大量关于危机、争议和特殊事件的资讯在未加证实的情况下扩散，从而加剧公众的猜测和焦虑，这种现象被称为“信息疫情”。[②] 受到疫情风险的刺激，个体产生焦虑、恐慌的应激反应。于是，公众在社交媒体上通过自我叙事以释放情绪并尝试与他人互动，以期获得“风险确认和心理补偿”[③]。与新闻报道类似，纪录片在公共领域呈现了真实的风险处境，以真实记录的方式提升了风险“可见性”，为“信息疫情”治理，尤其是虚假、错误或不实信息的治理做出应有的贡献，促进危机中社会信任的建构与社会共识的形成。

纪录片的影像呈现所建构的风险图景，成为承载历史记忆和集体记忆的“国家相册”。人们对于风险的社会认知，同前置因素（历史事件、集体记忆和社会想象）与媒体建构息息相关。当类似风险事件再次发生时，人们会表现出某种“原始化回归”，倾向于在历史中寻找当前风险事件的对应物[④]，于是，公众的文化记忆作为风险感知的前置因素被唤醒。受众或网民对新冠疫情的风险认知，就同2003年非典疫情的“原始化回归”相勾连。纪录片《非典十年祭》(2013)在新冠疫情爆发期再次被推上纪录片的热搜，而观众在还原非典历史记忆的过程中进行深刻的当下反思。因此，纪录片《非典十年祭》被网民称为“新冠启示录”。此外，描绘埃博拉病毒肆虐的美国影片《极度恐慌》(*Outbreak*，1995)，HBO呈现史上最严重的核电事故的迷你电视剧《切尔诺贝利》(*Chernobyl*，2019)均被网友重新发现。影像媒介留存的风险景观与历史、记忆相勾连，建构出人们对风险的认知与想象，有助于削减人们对风险感知的不确定性。

(二)抗“疫”纪录片讲述生命故事

以影像书写个体的生命故事，以“国家相册”的形式承载集体记忆的流变与延续，将风险具体化和经验化，是纪录片在社会断裂中寻求弥合、重建社会连续性的重要途

① 徐剑，钱烨夫.“信息疫情”的定义、传播及治理[J].上海交通大学学报(哲学社会科学版)，2020，28(5)：122.

② Oxford English Dictionary. Infodemic[EB/OL].(2021-09-12)[2021-10-21]. https://oed.com/view/Entry/88407009.

③ 周莉，喻发胜.个体性回归：社交媒体时代恐慌性传播的表征形态及涌现效应[J].现代传播(中国传媒大学学报)，2021，43(3)：77.

④ 周莉，喻发胜.个体性回归：社交媒体时代恐慌性传播的表征形态及涌现效应[J].现代传播(中国传媒大学学报)，2021，43(3)：78.

径。据统计,2020年全年我国共上线播出44部新冠肺炎疫情防控题材网络纪录片,涵盖各阶段的抗“疫”故事(见表1)①。其中,大众参与生产的纪录片有5部,分别为《中国面孔》《武汉日记2020》《疫战》《非常手记》和《手机里的武汉新年》。其中前4部均拍摄于抗“疫”第一阶段。新媒介技术令参与式纪录片拍摄成为可能。“众筹”纪录片发挥了强时效性的优势,也提高了疫情第一线民众的社会能见度。“众筹”纪录片的叙事主体既是疫情的见证者,也是抗“疫”的参与者。作为疫情的见证者,“武汉日记记录者”林文华在做志愿司机的同时,用影像记录身边的抗“疫”故事;作为方舱医院中的被隔离者,“火神山女孩”用镜头讲述武汉方舱的生命故事。社会个体以影像力量参与生命故事的建构,及时、便利、细腻,作品具有较强的现场感和史料价值,对主流媒介的记忆建构进行有效补充。

表1 2020年上线播出的部分疫情防控类纪录片列表

抗“疫”阶段	片名	播出平台	上线时间
第一阶段(疫情爆发初期)	中国面孔	优酷	2020年1月27日
	武汉日记2020	优酷	2020年1月29日
	正月里的坚持	腾讯	2020年2月26日
	在武汉	哔哩哔哩	2020年2月26日
	冬去春归·2020疫情里的中国	优酷	2020年3月8日
第二阶段(疫情防控取得阶段性胜利)	英雄之城	芒果TV、爱奇艺、腾讯、优酷、哔哩哔哩、好看	2020年3月26日
	中国战疫录	腾讯、优酷、西瓜	2020年3月30日
	生死金银潭	爱奇艺、腾讯、优酷、哔哩哔哩、好看	2020年3月31日
	手机里的武汉新年	芒果TV、爱奇艺、腾讯、优酷、哔哩哔哩、西瓜	2020年4月2日
	中国抗“疫”志	芒果TV、爱奇艺、腾讯、优酷、哔哩哔哩	2020年4月6日
	今日龙抬头	爱奇艺、哔哩哔哩	2020年4月8日
	中国医生战疫版	爱奇艺	2020年5月13日
第三阶段(疫情平息后)	好久不见,武汉	爱奇艺、腾讯、优酷、哔哩哔哩、西瓜	2020年6月26日
	被遗忘的春天	爱奇艺、腾讯、西瓜、好看	2020年7月6日
	冬去春归2·原地生长	优酷	2020年8月10日
	任生重启	爱奇艺	2020年9月14日

① 国家广播电视总局监管中心.2020网络原创节目发展分析报告[M].北京:中国广播影视出版社,2020:235.

抗“疫”纪录片书写疫情期间的生命故事。“人类的生命故事”是叙事心理学的研究对象。生命故事(life story)是一种内化的、不断展开的自我叙事,人们由此整合过去、现在和未来,为生命赋予某种统一感、目的感和意义感①,构建个体的自我认同。

在纪录片《人间世·抗“疫”特别节目》中,援鄂医生彭代辉以往回武汉是因为返乡探亲,如今则是回乡抗“疫”,未来的目标是平安团聚。哲学家德鲁·莱德(Drew Leder,1990)认为,人在患病衰弱时经历“不正常的出现”状态,即“脱离”状态:人会产生一种个人失调的自我意识倾向,其主要特点为离开、分开或破碎。② 患者与观众借助叙事“为自己的生活创造意义”③并为理解个体生命的连续性和一致性提供故事的视角④。纪录片《一级响应》在叙事过程中,用暂时性的叙事断点讲述新冠重症患者钱珞珈的经历:在经历42天的抢救后苏醒,他对未来满怀期许。疫情给他的人生按下暂停键,而他在叙事中以重生的鹰进行自我隐喻,赋予生命新的目标和意义,实现创伤记忆和生命断裂性的弥合,达成自我同一性的整合。

二、抗“疫”纪录片叙事认同的构建

McAdams 首次从“生命故事和自我叙事对人格的建构作用”维度,阐释了叙事认同(narrative identity)的概念。叙事认同指个体通过叙事来整合、内化他们的生活经历,从而形成自我身份认同、发展自我的故事并提供个人的统一感和生活目标。⑤ 风险社会的不确定性使个体面临自我认同的困境,叙事认同将“叙事、认同与行动联系起来”⑥,抵抗自我价值认同的流失,这对于个体的自我建构、民族认同、国家认同及社会秩序的建构皆具有重要作用。

叙事认同形成叙事身份,即“凡人皆有的通过叙事的中介功能而获得的那种身份”⑦,“因此叙事认同是沟通故事世界与读者世界的主要方式,从而通过故事世界中

---

① 麦克亚当斯.心理传记学家应该向人格心理学学习什么[M]//舒尔茨.心理传记学手册.郑剑虹,等译.广州:暨南大学出版社,2005:83-105.

② 盖斯特-马丁,伯林,沙夫.健康传播:个人、文化与政治的综合视角[M].龚文库,李利群,译.北京:北京大学出版社,2006:40.

③ 盖斯特-马丁,伯林,沙夫.健康传播:个人、文化与政治的综合视角[M].龚文库,李利群,译.北京:北京大学出版社,2006:46.

④ 何承林,郑剑虹.叙事认同研究进展[J].中国临床心理学杂志,2016,24(2):376.

⑤ MCADAMS D P. The psychology of life stories[J]. Review of general psychology, 2001, 5(2): 100-122.

⑥ 孔小惠,戴高云.台湾民众“国家认同”变迁及其成因分析:基于叙事认同理论的视角[J].台海研究,2020(4):42.

⑦ RICOEUR P. Narrative identity [C]//DAVID W. On Paul Ricoeur: narrative and interpretation. London: Routledge, 1991:188.

的叙事身份建构起读者世界的叙事身份"①。抗"疫"纪录片的叙事认同分为两部分,一是在故事世界中的人物角色的叙事认同建构,二是在叙事接收者世界中的观看者的叙事认同建构。

(一)故事世界:抗"疫"纪录片中人物叙事认同的构建

人类语言学家林德指出,个人叙事认同的构建有三个维度:首先,叙事的顺序体现出自我经历的连续性,是建立稳定而持久的个人认同的基础;其次,叙事体现了自我和他者的区分与关联,继而个体产生群体认同与归属;最后,叙事的反身性使个体对自己做出评价,将个人的生活经历作为一个有意义和价值的整体来呈现。② 作为故事世界的抗"疫"纪录片,片中人物的叙事认同从三个维度被构建:自我连续性的建立被嵌于纪录片的渐进式叙事结构;自我与他者的联系通过内聚焦叙事视角被呈现;自我的整体意义由叙事主题连贯性所实现。

1.建立自我的连续性:抗"疫"纪录片的渐进叙事结构

自我的时间连续性是建立在叙事结构中的。③ 自我的连续性即个体在过去、现在与未来本质上的一致性,即使生活环境和社会角色发生改变,个体对自我的认知仍具有统一感和整体感。抗"疫"纪录片往往通过渐进式叙事结构讲述身处疫情中的个体的生命故事,按照事件发展的顺序呈现,以保证叙事的连贯性以及构建自我的连续性。渐进式叙事结构是线性的叙事结构,分为单线和多线两种。单线叙事结构以一条线索层层递进,贯穿始终。在线性叙事中,混乱失序的生活状态被梳理得井井有条,编织出连续性的自我隐喻。在 Vlog 纪录片《武汉:我的战疫日记》中,楚天音乐广播主持人李小雷以视频日记形式,记录自己封城后依然日复一日坚守岗位的日常状态,晃动的镜头强化叙事沉浸感。尽管疫情改变了往常的生活环境,带来焦虑与不确定性,但规律有序的日常叙事和职业身份有助于遏制自我价值的迷失并维持自我的同一性。

纪录片的渐进式叙事结构也贯穿于城市从"暂停"到"重启"的过程,并弥合个体与社会的断裂。战"疫"全景纪录片《英雄之城》以时间串联主线,以字幕频繁出现日期作为提示,以"离汉暂停"作为开端,以冬去春归、江城重启收束,依次组织故事讲述。一方面,疫情的亲历者作为叙事主体,在纪录片的拍摄过程中依照事件发展顺序,回顾自

① 王正中.主体建构的叙事时间化:基于弗洛伊德精神分析理论的阐释[J].中南大学学报(社会科学版),2017,23(1):150.

② LINDE C. Life stories: the creation of coherence [M].Oxford: OUP, 1993.

③ LINDE C. Life stories: the creation of coherence [M].Oxford: OUP, 1993:106.

身经历得以建构自我连续性，找寻身份认同；另一方面，疫情事件的见证者，如纪录片导演和后期剪辑，用单线渐进的叙事结构梳理混乱状态，拼接破碎的记忆素材，将记录对象的连续性的“自我隐喻”嵌入生命故事的历程。

2.呈现自我与他者的联系：抗“疫”纪录片的内聚焦叙事视角

叙事认同的构建还体现为叙事可以将自我与他者区分和关联，并为自我创造群体认同。第一人称的抗“疫”纪录片使用内聚焦视角，即叙述者与当事人、观众共同亲历事件。内聚焦视角又分为创作者内视角和人物内视角。

创作者内视角是创作者或采访者从幕后走到台前，现身于纪录片中调查、访问、跟踪、揭秘，向观众展示真实的生活记录。[①]《武汉日记2020》的创作者“蜘蛛猴面包”作为封城期间的武汉疫情“见证者”，承担了送药、接送医务人员的志愿者工作，同时也扮演了类似新闻记者的采访角色。他在车内架起固定镜头，进行长时间的沉浸式记录，真实记录和乘客的对话，营造在场感。《好久不见，武汉》聚焦疫情平息后的武汉，日本纪录片导演竹内亮（たけうち りょう）兼具主持人身份。他不以生硬的提问连贯叙事，而是采取对话式采访，与被摄者积极地交流互动。他和采访者像老朋友一样边“过早”边聊天，在轻松的氛围中观察并发问，力图呈现客观真实的参与式观察纪录片。

在人物内视角下，叙事者以“参与者”的身份在场，感知自我与他者在同一场战“疫”中的联系，强化抗“疫”共同体的共识，并从空间维度建构地方依赖、地方依恋和地方认同。

首先，抗“疫”纪录片内聚焦叙事视角建构群体和国族认同。通过互联网平台征集网民拍摄的视频素材，在危机情境下成为抗“疫”纪录片生产的必然选择和内容生产创新模式。这种“内容众筹”模式提供了抗“疫”纪录片的创作新思路，并在抗“疫”纪录片中被大量使用，成为内视角叙事的重要工具。纪录片《一级响应·二月》使用的“众筹”素材来自一位女生。她以“自我表述”式的自拍视角进行自主的叙述与对话：“听到这个歌，我就觉得要泪崩了，我爱武汉，我爱我的祖国，给你们看一看武汉人。”伴随超市播放的“这是我的家，我们守护她”的同期声歌词的，是浸润其中的武汉人的群体认同与国族认同。

其次，抗“疫”纪录片内聚焦叙事视角建构抗“疫”共同体的共识。《我的白大褂·抗“疫”日记》第十三集以男护士孙睿的视角，讲述支援ICU的医护人员在并肩奋战中如何从陌生到熟悉的过程。影像呈现诸多的日常细节，如画着笑脸的手套“气球”、穿

---

① 钟大年，雷建军.纪录片：影像意义系统[M].北京：北京师范大学出版社，2006：40，223.

戴防护服时的插科打诨等。片中大量使用特写、近景镜头,配以旁白自述,以纪实语态塑造"要守护全世界的90后"的群体认同以及抗"疫"命运共同体的共识。

最后,抗"疫"纪录片内聚焦叙事视角建构了地方认同。哔哩哔哩UP主"林晨同学"用手机实拍疫情期间武汉的街头。该纪录片较少使用对白,大量使用跟镜头和同期声,展现了普通市民真实的封城生活和所见、所闻、所感。他用直接而自由的表达建构与武汉的情感联结。抗"疫"纪录片中第一视角的叙事主体从内聚焦视角进行生活流叙事,以"我"的口吻讲述自我见闻和身边的他者,不仅强化了主体意识及与他者的区分,也在与他者的观察和互动中确认自我,找寻身份的群体归属。

3.实现自我的整体意义:抗"疫"纪录片叙事主题的连贯性

个体生命被叙事赋予主题同一感与整体价值感也是叙事认同的重要特征。哈贝马斯和布卢克定义叙事中有四种类型的连贯性:时间连贯性、因果连贯性、主题连贯性和传记的文化观。其中,主题连贯性通过参考自我的中心隐喻,在生活的各个元素间建立主题的相似性来实现。[①] 在纪录片《一级响应》中,金银潭医院院长张定宇身患渐冻症却依然奋斗在抗"疫"一线。镜头时常特写他蹒跚却坚定的背影和步伐,画面中总会照进明亮的阳光。纪录片的视觉符号同他个人的言行一起,隐喻着张院长积极抗争的生活主题。

拥有明确而一致的主题能体现个体的独特性,才可能被认为是"好的或真实的生命叙事"[②]。《好久不见,武汉》中的护士龚胜男在参与抗"疫"后打消了辞职的念头,因为在疫情中她找到了职业的意义和人生的方向。因此,主题连贯性是实现自我整体意义的重要因素。音乐在纪录片中起到缝合叙事、连贯画面和烘托主题的作用。在纪录片《一级响应》中,阿念的外婆不幸去世,成为火神山医院第一个主动捐献遗体的新冠肺炎患者。黑白画面和"家家(外婆)累了,背不动了"民谣唱词的交织呈现,表达阿念对外婆的怀念。音乐与记者去阿念家悼念与采访的情节融汇,渲染"逝者已矣,生者如斯"的主题。声音、画面和文案互相支持、互为条件,共同建构完整的叙事主题。

(二)观众世界:抗"疫"纪录片观看者叙事认同的构建

叙事认同不仅由抗"疫"纪录片内的角色所构建,也在纪录片的观看者中发生。叙

① HABERMAS T, BLUCK S. Getting a life: the emergence of the life story in adolescence[J]. Psychological bulletin, 2000, 126(5):751.

② HABERMAS T, BLUCK S. Getting a life: the emergence of the life story in adolescence[J]. Psychological bulletin, 2000, 126(5):750.

事认同也被解释为“叙事接受者为叙事中某一人物所吸引，使自身成为该人物的过程”①。叙事认同成为桥接故事世界和现实世界的方式，包括人物认同、情节认同和主题认同，能够带来认知、情感、行为层面的认同效果。

1.人物—情节—主题：观众世界的叙事认同

抗“疫”纪录片叙述形形色色的生命故事，其中身份各异的人物以自身经历和特质吸引观看者形成人物认同。“所有故事，都会创造出一种群体感，把存有共同世界观的人编织到统一社会网络内。”②故事传递出来的同伴共性，如相似的疾痛经历、生存境况、心理状态等③，是产生同理心的基础。观众对纪录片中人物的认同源自两个方面：一是基于相似身份的认同建构；二是基于共同的情感体验的认同建构。弹幕发射与回复跟帖，集中体现了观众基于相似身份、共同情感体验的认同建构。同为患者、医务工作者、志愿者、居家隔离的普通市民等“相似身份”是观众与影片互动时提及最多的内容，如“疫情期间一直在一线，感触很深！”（@昕有灵溪），“兄弟，咱们同为志愿者，有福同享，有难同当。”（@velo2017），“疫情期间一直在家躺尸看直播”（@聖光 SaviorST）。此外，共同的情感体验也容易激发观众对角色特质的认同。观众在感受他者生命故事的过程中，会被片中人物与疫情抗争的经历，以及他们展现出的珍贵特质和人格魅力所吸引，形成对纪录片中角色的人物认同。

抗“疫”纪录片的情节赋予生命故事意义。情节的基础是冲突，在观看过程中，“通过叙事情节编织的各种形式，我们的生命……获得了意义”④。在纪录片《金银潭实拍80天》中，记者敖慕麟的父亲因陪伴儿子外出采访而感染新冠。在用 ECMO 抢救的过程中，医生发现他体内消化道出血，需要止血药。可同时存在的血栓又需要使用抗凝药，二者产生矛盾，生命危在旦夕。具有悬念和矛盾感的情节引发弹幕的共鸣。“好难啊”“这太矛盾了”“看得难受”等弹幕评论充满了观看者对两难境地的慨叹和对生命的惋惜。

主题认同是观看者对抗“疫”纪录片的思想内核，对生命故事目的、意义达成认同的过程。由《金银潭实拍 80 天》的 591 条哔哩哔哩评论文本所生成的词云图可看出，“致敬”“真实”与“英雄”是出现频率最高的三个词（见图 1）。“真实”是观众对镜头忠

① 王正中.主体建构的叙事时间化：基于弗洛伊德精神分析理论的阐释[J].中南大学学报（社会科学版），2017，23(1)：150.

② 邓巴.人类的演化[M].余彬，译.上海：上海文艺出版社，2016：274.

③ 邱鸿峰，周倩颖.同伴支持与恐惧控制：乳腺癌虚拟社区互动的平行机制[J].国际新闻界，2021，43(6)：104.

④ KERBY A P. Narrative and the self [M]. Bloomington: Indiana University Press, 1991:4.

实还原战“疫”时期情形的肯定；“英雄”凝练出顽强勇敢与病毒抗争的生命符号；“致敬”则囊括了观众对无私奉献、坚强无畏生命主题的深深认同。

图 1 《金银潭实拍 80 天》哔哩哔哩评论词云图

2.认知—情感—行为：生命叙事的认同效果

媒介传播活动会对受传者产生认知、情感和行为三个层面的效果。区别于与情感和行动相剥离的“信息叙事”，抗“疫”纪录片作为一种“故事叙事”，以分享故事世界中个体的生命经验和引发情感共振为特点，与观众世界个体的经验和记忆相勾连。“存储、集中自己的能量，即使在漫长的时间以后，还可以释放出来。”[①]生命叙事是叙事主体借助生命故事来表达自己对生命的体验和感悟，传递生命信念，促使自我和倾听对象更好地理解生命意义和价值的一种重要方式。[②] 武汉女孩阿念用手机记录下方舱医院的广场舞，留下了得以流传的珍贵的视频资料。“疫情后只要在街头看到跳广场舞的景象都感到幸福”，情感观念和生命体验的融入为叙事蓄力，激发故事世界和观众世界个体的共振，帮助建构个体的自我价值认同，影片因而不论在当下还是若干年后都依然鲜活。

央视纪录片频道的微纪录片《武汉：我的战“疫”日记》在哔哩哔哩弹幕视频网播出，共 33 集，在该平台评分为 9.8 分，播放量为 272.3 万次，在豆瓣的评分也达到 7.6 分。2021 年 8 月 8 日，研究者使用 Python 软件抓取了《武汉：我的战“疫”日记》在哔哩哔哩平台的全部 284 条评论文本，以及豆瓣平台的评论共 203 条，以此建立语料库

① 本雅明.写作与救赎[M].李茂增，苏仲乐，译.上海：东方出版中心，2009：86.

② 梅萍，吴芍炎.后疫情时代生命叙事在生命教育中的价值及应用[J].思想政治教育研究，2020，36(6)：17.

进行分词和提取高频特征词，分析生命叙事的认同效果（见表 2）。

表 2 《武汉：我的战“疫”日记》哔哩哔哩、豆瓣评论文本主题词频数分析

频数排名	哔哩哔哩评论文本主题词分析		豆瓣评论文本主题词分析	
1	加油	283	加油	39
2	武汉	172	武汉	37
3	中国	78	疫情	29
4	一线	13	中国	23
5	疫情	13	我们	22
6	我们	12	感动	21
7	他们	12	真实	21
8	你们	11	纪录片	19
9	希望	11	平凡	16
10	致敬	9	普通人	14

图 2 《武汉：我的战“疫”日记》豆瓣评论词云图

认知层面是基础，是受众接触信息的初始反应。受众在观看抗“疫”纪录片时会产生对叙事主体身份的认知。身份认知主要涉及医护人员、普通人两类。分析显示，在两个平台的评论中累计出现了超 30 次“医护人员”“白衣天使”“医生”等群体代词。“致敬伟大的医护人员”“感谢武汉以及各地医院的医生们”等评论，不仅展现观众对抗“疫”主体的认知，也意味着医护群体成为观众情感表达的基础。另外，评论文本中“平凡”“普通人”的出现频数也超 30 次。纪录片聚焦不同身份、不同岗位的平凡人与疫情的抗争。常人叙事以及平民化和生活流表达为观看者提供心理接近性，观看者还能在其中找到与之相似的身份归属。

情感态度层面是更深层次的效果，既反映认知也引发行为。统计结果表明，抗“疫”纪录片激发观众对生命和国家的热爱与尊重，建构出个体的国家认同以及生命与爱的价值认同(见图 3)。“加油”“武汉”“中国”是《武汉：我的战“疫”日记》纪录片在哔哩哔哩平台出现频率最高的三个主题词。武汉抗“疫”牵动全国人民的心。不论身处何地，人们都表达了对武汉这座城市和武汉人民的美好祝愿，充满战胜疫情的信心。同时，“中国”一词更是抗“疫”命运共同体和民族、国家认同的集中表现，反映出全国人民面对疫情的高度凝聚力和向心力。此外，“希望”“致敬”均是高频主题词，表达的是纪录片观众对疫情尽快被战胜的期冀和对医护人员的感激与致敬，蕴含着对生命价值的尊重与关切。

图 3 《武汉：我的战“疫”日记》哔哩哔哩评论词云图

行为是传播效果的最终体现。经过认知和情感的逐步累积，最终引发积极的抗“疫”行为。这是纪录片叙事认同效果扩散和程度加深的过程。截至 2021 年 8 月 8 日，《武汉：我的战“疫”日记》在哔哩哔哩平台的投币数是 1.4 万，收藏量为 228，分享量为 7087。数据反映了观看者积极的观看与互动行为。观众被视频的内容、态度、情绪感染后，通过评论进行情感表达，继而激起更多相互鼓励的表达，如哔哩哔哩与豆瓣平台的评论中分别有 283 次、39 次“加油”的表达。受众会选择性地将自己深有感触的内容进行转发分享甚至打赏，借助社交媒体释放情感与传导情绪，如“真实反映疫情期间,武汉医护人员和普通民众的生活状态,值得推荐!"(@什么乱七八糟的-);"建议大家转发,因为群里朋友圈里太多各种各样的消息了,不如多看看这些"(@端州 boy)。生命叙事引发的认同行为,在由风险带来的不确定和混乱中对社会起到正向积极的建构作用。

三、抗"疫"纪录片的生命叙事意义

抗"疫"纪录片的生命叙事,既建构故事世界和观众世界个体的叙事认同,也作为社会性叙事,具有建构群体、国家认同的意义。此外,抗"疫"纪录片的生命叙事对创伤的疗愈、生命观的反思以及自然生态关怀的价值也不容忽视。

(一)抗"疫"纪录片生命叙事的创伤疗愈意义

在叙事心理学的层面,抗"疫"纪录片以视觉性的生命叙事作为一种心理治疗方法——叙事疗法,在创作和观看的过程中对被摄者和观看者的创伤记忆进行双向疗愈。纪录片是一定时间长度内生活事件的串联,原本就具有"心理情绪的叙事能力"① 和"疗愈的叙事表达功能"②。抗"疫"纪录片的生命叙事是治愈个体和群体因疫情导致的心理创伤的途径。对纪录片中的人物而言,每一次拍摄过程是为自己的生命故事加入新的叙事线索。③ 个体透过对疫情的叙事将内在情感外化为可被感知的符号文本,从而缓解个体的内心冲突,找寻个体的身份认同。个体也在被"围观"和与拍摄者的互动中,寻求情感共鸣和心理的抚慰与理解。④ 对观众而言,每一次观看纪录片的过程也是一次心理疗愈,经由移情达到情感互通和效果共享。

正如纪录片《一级响应》中的旁白所言:"当疫情的洪峰褪去,千疮百孔的礁石浮出水面,不论是痛失亲人的家属还是目睹了死亡的医护,都需要包扎伤口重建心灵。"经历疫情的患者、家属、医护易"陷入生活失序、社会孤立与人生虚无感"⑤。有些被摄对象愿意在拍摄过程中直面创伤记忆,在创伤叙事中将创伤经验纳入生命故事,重寻"偏

---

① 刘洁.纪录片内外:一种治愈的发生[J].当代电影,2020(3):122.

② 王子涵,赵鑫.抗"疫"语境下疗愈机制在 Vlog 纪录片创作中的运用[J].影视制作,2020,26(10):86.

③ 宋素丽.自我的裂变:叙事心理学视野中的中国纪录片研究(1978—2008)[M].北京:中国传媒大学出版社,2009:4.

④ 陈刚.作为竞争与疗法的叙事:疫情传播中个体叙事的生命书写、情感外化与叙事建构[J].南京社会科学,2020(7):101.

⑤ 邱鸿峰,周倩颖.同伴支持与恐惧控制:乳腺癌虚拟社区互动的平行机制[J].国际新闻界,2021,43(6):105.

差的自我”①。他们在疫情带来的不确定性和危机感中通过疾痛叙事重新肯定自我、重塑自我,并疗愈同样身处困境中的人②。然而,有些创伤无法恢复如初,疫情亲历者只能进行探索叙事甚至混乱叙事。因此,他们需要社会和媒介的关怀,需要被温柔对待。当然,纪录片也应以哀而不伤的基调,适度表达情感,避免受访者和观看者在情感上再度受到刺激。一方面,可以像《一级响应》一样,运用互文性短视频,在表达对生命的不舍中拼贴适当的喜剧色彩和风趣幽默的细节,以调整叙事节奏和情感基调;另一方面,纪录片还可以借助音乐的韵律与唱词延续故事世界的情节与情感,实现“叙述”“补白”和“再现”的互文叙事③。

(二)抗“疫”纪录片生命叙事的文化意义

抗“疫”纪录片铭刻下鲜活的生命故事,组建成一部疫情期间的生命档案;作为一面“生命之镜”,折射出生命的不同底色和关于爱的恒久主题:新冠肺炎疫情面前,生命是坚强的也是脆弱的,是渺小的也是伟大的,是短暂的也是恒久的,生命是值得敬畏与尊重的。《一级响应》中,熊阿姨病得快站不住时,依然坚定、用力地推开要上前搀扶的女儿,担心把病毒传给家人。这下意识的反应是爱的体现,是人性的光芒,是生命恒久、生生不息的升华。

结语

抗“疫”纪录片将“他人的痛苦”或“远处的苦难”具象化,在生命叙事与共情传播中提高了重症患者、居家隔离人员、医护人员、志愿者、社区工作者等群体的媒体可见性,多维度建构故事世界与观众世界的叙事认同,对于承载记忆、疗愈创伤、反思生命、重塑信任与建构认同具有重要的传播价值。

〔郭小平,华中科技大学新闻与信息传播学院副院长,教授、博士生导师;李蔚真,华中科技大学新闻与信息传播学院 2020 级广播电视与数字媒体专业硕士研究生〕

〔特约编辑:付晓光〕

① 周莉,喻发胜.个体性回归:社交媒体时代恐慌性传播的表征形态及涌现效应[J].现代传播(中国传媒大学学报),2021,43(3):78.

② 邱鸿峰,周倩颖.同伴支持与恐惧控制:乳腺癌虚拟社区互动的平行机制[J].国际新闻界,2021,43(6):100.

③ 孔令顺,范晶菁.经典传唱:电视剧音乐的互文性传播[J].中国电视,2019(11):58.

突破与局限:综艺节目女性媒介形象塑造分析*

Breakthrough and Limitation: Analysis of Female Media Image Shaping in Variety Shows

◎马 梅 梁 伟

Ma Mei Liang Wei

摘要:媒介形象的建构,影响着社会对于现实形象的认知。综艺节目中呈现的女性媒介形象,潜移默化中影响着社会对于女性的印象。2020年以来几档女性逆龄综艺节目尝试打破年龄限制,展示女性的多元美与独立价值,歌颂女性的奋斗拼搏,试图构建出更加多元的丰富的女性媒介形象。这种突破由多重因素助推,包含社会发展带来的男女平权、女性力量的崛起、社会压力增加与性别审美多样化等。但是其仍然存在着审美的男性凝视与资本支撑、商业利益的绑架、价值观引导缺失等问题。

关键词:综艺节目;审美;媒介形象;女性力量;男女平等

Abstract: The construction of media image affects the social cognition of realistic image. The female media image presented in the variety shows imperceptibly affects the social impression of women. Since 2020, several female anti age variety shows have tried to break the age limit, show women's diversified beauty and independent value, praise women's struggle, and try to build a more diversified and rich female media image. This breakthrough may be brought about by multiple factors, such as the possibility of equal rights between men and women given by social development, the rise of women's power, the increase of social pressure and the dual boost of gender aesthetic diversity. However, there are still some problems, such as aesthetic male gaze and capital

* 本文系国家社科基金项目“基于乡村振兴战略的主流媒体涉农传播研究”(项目编号:18BXW001)的阶段性成果。

support, kidnapping of commercial interests, lack of value guidance and so on.
Keywords: variety shows, aesthetic, media image, female power, gender equality

一、问题的提出

媒介形象方面的研究,学界已经有很多。其核心和关键在于"现实""媒介"和"认知结果"三者及其关系。① 简单来说,其作用模型应为,媒介通过反映现实构建拟态现实,再将这个媒介现实传播给受众,影响受众的认知结果,从而进一步影响现实。媒介形象,本质上则属于拟态现实中的一部分。

有学者指出,媒介形象有两个维度,一个是媒介组织建构的形象;另一个是受众认知的媒介形象,二者共同决定媒介形象的社会体征。② 本文所研究的主要对象为,媒介组织建构的媒介形象,研究的主要内容为传播者试图传播并且建构的形象,而非受众所接收和感知到的媒介形象。因此本文所研究的综艺节目中的女性媒介形象,主要指女性这一群体在综艺节目中所呈现出的形象、由媒介所建构形成的虚拟的形象。

现实中,长期以来,中国综艺节目备受观众瞩目,电视时代的《CCTV 青年歌手大奖赛》《超级女声》火遍大江南北,进入互联网时代,综艺节目并未因电视媒体的没落而消失,以《奇葩说》《脱口秀大会》《创造 101》《创造营 2020》《青春有你》等为代表的网络综艺节目,2014 年以来在网络视频平台掀起了收视热潮,引起社会热议,拥有大量青少年拥趸。在众多综艺节目中,女性综艺具有极高的热度,女性的媒介形象也在被逐步建构。2020 年以来,以《乘风破浪的姐姐》(简称《姐姐》)、《听姐说》、《妈妈,你真好看》为代表的女性逆龄综艺节目相继走红,实现了传统电视媒体和网络平台的跨平台播出、跨圈层传播。当前各平台各类女性综艺节目的热播,俨然传递了一种认知:虽然年轻女性仍是综艺节目的宠儿,但"逆龄"——"逆"长期以来的 20 岁左右"低龄"的"大龄""高龄"——女性也开始在综艺节目中展现风采。那么,我国的综艺节目,尤其是女性逆龄综艺节目,到底建构了何种女性媒介形象,是否实现了某些突破,又有哪些局限,这一切背后的原因又是怎样的?

---

① 王朋进."媒介形象"研究的理论背景、历史脉络和发展趋势[J].国际新闻界,2010,32(6):123-128.

② 栾轶玫.媒介形象的研究现状及重新定义[J].今传媒,2006(9):16-19.

二、综艺节目中“形象多元”的女性媒介形象

综艺节目，尤其是女性综艺的参演者基本都集中在20—30岁这一群体，似乎显示了社会对于女性的年龄“歧视”。但是2020年以来的《姐姐》，2021年出现的《听姐说》《妈妈，你真好看》将目光投向了30岁、50岁甚至更高年龄女性，这些节目一定程度回答了女性是否需要被年龄定义等问题，尝试打破社会对于女性的年龄、身材、外貌、性格、职业、社会价值、家庭角色等方面的单一认知与桎梏，其努力构建的“形象多元”的女性媒介形象值得深思。

（一）女性物化审美的突围

在女性综艺节目中，从社会关系的角度来说，能被公众共同指称的女性称谓，主要是姐姐、妹妹、妈妈：从同辈的角度来说，在年龄的区分上有姐姐、妹妹——嫂子是一种家庭婚姻关系中的特定称谓，不具有公众视野中的共同性，除非是一种敬称的对于军人和警察的妻子的称呼；从晚辈的角度则主要是妈妈，拟态亲属关系中朋友的妈妈，其他人都可以尊其为妈妈。女儿、妻子等指称，是只能用于特定人员视角的称谓。

在这种公众视角的称谓里面，姐姐一词可以拓展出勤劳、朴实、柔弱、顺从、谦让、缄默、照顾、牺牲等多种意涵。① 在我国，姐姐所隐含的种种品质，使得很多人（包括男性）都希望可以拥有一个照顾关怀自己的姐姐；同样，在中国的传统中，姐姐的这些品质同样适用于妈妈，当然妈妈可能更多了“慈爱”，在勤劳、照顾、牺牲等方面的程度可能更重。姐姐和妈妈的这些品质，是值得尊敬的，这是她们身上体现的伦理之光，但是长久以来人们习惯了姐姐和妈妈的付出，而没有想到用“美”来审视她们，似乎自身的美和价值追求已经与姐姐、妈妈无关。而妹妹们，更多地展现出青春、可人、善良、感恩、温顺、细腻、勤快、廉价、依赖、易于被控制等品质，更容易激起人们的保护欲。妹妹的品质与资本的需求是相契合的，也因此，资本不遗余力地挖掘、强化、突出、自造和再生产着这些特质。② 资本，尤其是娱乐资本，将更多的精力和资源，都投到了妹妹们的身上。

在潜移默化中，人们下意识地总是认为，妙龄的女生是十几岁或者是二十几岁的年龄，有词语为“妙龄少女”，而三四十岁在传统意义上已经不属于女性的妙龄。而对

---

①② 卫小将，何芸.从“姐姐”到“妹妹”：打工妹跨境遇形塑问题研究[J].福建论坛（人文社会科学版），2016(2)：160-166.

于50岁以上的妈妈辈,广为人知的称呼是“老太太”,投诸她们的是尊敬而不是审美了。这一切影响到社会的女性审美,必然就是一种对年轻貌美的女性的追逐和对青春容颜不再的女性的贬斥。事实上,长期以来,人们对女性的审美较多地停留在了物化的层面,即年龄与身体,尤其是对女明星而言。大量的女性为了追求容颜与身材的美,进行整容手术、身材管理,甚至出现了病态的整容与消瘦。这种审美无疑是狭隘甚至错误的。美的存在形态,可以分为自然美、社会美、艺术美、科学美、技术美。对于人的审美,属于社会美的范畴之中。而社会美,又可以分为形象美、内在美、生产劳动美、社会变革美。[①] 乔治·桑坦耶纳提出,性格作为一种审美形式。当一个现实人物的品行,能在我们心中留下明确简单的形象,我们就觉得他有性格。[②] 这些论述揭示:《姐姐》《听姐说》《妈妈,你真好看》通过对姐姐、妈妈这些“逆龄”女性的歌舞才艺、脱口秀才能、模特技能及其日常生活的真人秀展示,给受众传递了姐姐们、妈妈们的性格特征和内在品质,她们也是美的。

古人说,三十而立,四十不惑,五十而知天命……但是这些都是基于男性的讨论,而非女性。借用这句话,《姐姐》节目组相继提出了“三十而励”“三十而骊”“三十而毅”“三十而熠”“三十而弈”等主题与口号,仿佛是在向全世界说,不要认为只有男人的30岁才是有价值、有意义的,女人的30岁同样充满了精彩。《听姐说》中58岁的“姐姐”张凯丽做了名为“成为一个美女,以不变应万变”的脱口秀,帮助人们打破女性的容貌和年龄焦虑,强调内心、品质和美德,进而慧中而秀外。这些姐姐个性、脸型、身材、肤色、身高、年龄有差异,但都爱憎分明,自信、勇敢、坚韧,敢于突破,各有自己的擅长领域和优秀作品。

《妈妈,你真好看》推出了50、60岁以上年龄女性组成的妈妈团,其比拼的是模特才艺,宣传语是“妈妈,勇敢做自己”。这些妈妈们都是“高龄”女性,但都勇敢地尝试,努力在镜头和公众面前展示才艺,不怕暴露自己的缺点,其性格中的自信与否、家庭地位的强弱与否,都一一呈现。事实证明,高龄女性同样有着自己的优雅与从容,每一道皱纹都是一个故事,年龄从来就不能定义一个女性的全部。可以说,姐姐们、妈妈们通过展现内在美和性格美,得到了网友们的青睐,这在一定程度上打破了社会对女性的物化审美。

(二)彰显创新突破的发展观

《姐姐》节目主要展示的是参演者的歌唱和舞蹈技能,在《姐姐》第一季的30位姐

---

① 董学文.美学概论[M].北京:北京大学出版社,2003:92-119.

② 桑坦耶纳.美感:美学大纲[M].缪灵珠,译.北京:中国社会科学出版社,1982:119-121.

姐中，有 13 位姐姐的第一职业是演员，11 位姐姐的第一职业是歌手，同时兼任歌手和演员的姐姐有 4 位，还有 2 位是主持人。从职业构成来看，她们虽然都是娱乐圈的明星，具备一定的功底，但更多属于跨界参加。其中，仅有 2 位选手曾经有过女团经历。

根据对节目内容的观察总结，笔者发现，30 位姐姐中，共有 8 位姐姐在舞蹈方面存在困难，有 3 位姐姐在唱歌方面存在困难，有 11 位姐姐在唱跳方面都存在困难，仅有 8 位姐姐相对而言称得上是唱跳俱佳。因此，来参加这个节目，意味着她们跳出了自己的舒适区，迎接一个又一个挑战。乘风破浪，本身也有勇敢向前、无畏困难之意。

在第一季最后一期成团夜当晚，解说词中写道："在整个 2020 年的故事里，有复杂的万象、重建的世界和遥远的心。每一个曾经登船的人，一定都有着灿烂如火的眺望，人们在这里握手、致意，为了远行。此后，不祝一帆风顺，但祝乘风破浪。"这似乎劝勉人们：人生，没有什么一帆风顺，更多人的人生将会充满困难与挑战，而我们每个人要做的，就是乘风破浪，一往无前，战胜一个又一个困难。

姐姐们接受采访时的回答，一样可以令人产生很多思考，同时也显示出了姐姐们的智慧、思考与自信。张含韵说："30 岁之前，我们的青春，我们的美好，是天生的，是父母给的。但是 30 岁之后，是我一手创造的。"王丽坤说："我觉得，不管是你找到了那一半也好，或者怎么样也好，都不能太过于去完全依附一个人。"万茜说："每个年龄的女性，都有她自己的魅力，我为什么要否定自己呢？我现在已经到了我的黄金时期。"金莎说："我仍然想过一种不凡的人生，哪怕别人很有争议。"

《听姐说》比赛的是脱口秀才能，18 位姐姐都是第一次说脱口秀，有的性格相对高冷，有的甚至有社交恐惧，对于脱口秀这种需要话语张力、即时冲击力的表演形式，有些人甚至曾有恐惧，但是都坚持了下来。《妈妈，你真好看》里很多妈妈原来的职业和文艺娱乐毫不沾边，她们有的是医生、办公室文员，有的还从事卡车司机、摆地摊等相对艰苦的工作，但都敢于突破自己，敢于挑战。她们不仅走到了公众面前接受亿万人的审视，还敢于接受节目考验，比如挑战 20 岁女性的穿搭——千禧风、叠搭风、撞色风等，在挑战中发现了自己深藏的优势与价值。

（三）高扬女性自主独立意识

节目中的姐姐大多是已婚，有不少有离异经历，有不少单亲妈妈。在娱乐圈，女明星结婚生育后，相当一部分人会选择就此隐退，结束自己的事业，开始相夫教子的家庭主妇生活。离异过后，无论是女明星还是其他行业的女人，总会在某些时刻受到人们的另眼相看。有的姐姐甚至曾经因为绯闻、情伤等事件,一度遇到了事业的低谷,如今毅然再次站到了舞台上,为了事业而奋斗拼搏,无畏世俗的眼光和舆论的压力。在已婚的姐姐中,很多人已经是知名度很高的艺人,她们选择来到这个节目,也许是出于经济因素的考虑,但是她们在选择的同时,也就证明了她们无畏世俗的刻板眼光,同时放弃了相对安逸的生活。也有些姐姐是未婚,她们有的渴望爱情和婚姻,但不会为了爱情和婚姻而放弃自我;有的是未婚但有孩子,同样勇敢地做自己。

在《姐姐》中,李宇春为节目专门制作了歌曲《无价之姐》。在采访中,面对镜头,李宇春表示:“我认为每一个女生,都是有自己的不同的价值的。每个女性,每个个体,她都是自己的一个无价之宝。”并且,这首歌并不仅仅是为了这个节目、这30位姐姐所作的。不仅是女明星,一个卖菜的阿姨,一个跳广场舞的阿姨,一名普通的女性工人,都有着自己的魅力和价值,只不过展示的层次不同。这首歌不是对女性的美丽的歌颂,也不是对女性母爱的赞扬,这是一首呐喊的歌,更多的是唤醒,唤醒这个社会重新认知女性的形象。歌词中,对于“千人一面”“万人一腔”的“少女感”和“标准形象”等观念隐晦的批评显而易见。此外,人们普遍对瓜子脸的女生有好感,认为瓜子脸是美丽的代表。而长着方脸的李宇春,更是在歌词中直接唱出“管你的脸方不方”。整首歌曲节奏轻快,加入了说唱环节和电音,李宇春本人的形象特征和过往经历,让这首歌曲的深层含义更加凸显。无独有偶,在《听姐说》中,徐冬冬也说,脸大、脸小、脸方都是一种美,“变美是一种权利,不是一种义务”。

《妈妈,你真好看》里面的妈妈们职业不同、经历不同,有几位因为丧偶、离异是独自抚养女儿长大的,她们在艰辛的环境下努力给女儿创造学习成长的环境;有的妈妈性格坚强,总是教导女儿要自律自强,不要妄想依靠他人,不要因为一点挫折就哭泣。这些都是高扬女性的独立自主。

三、综艺节目中女性媒介形象建构的手法创新

为了实现多元女性媒介形象的建构,上述各节目进行了制作手法的创新,例如主角的明确与突出、真实的记录与还原,外加内容设计上与主题的多重呼应等等。

(一)明确主角,突出选手

在本文所分析的这些女性逆龄综艺节目中,首先在选手的选取上,其做法不同于以往的推荐制、海选制,选取参赛选手为邀请制,且节目组邀请的均为年龄在30岁以

上的女性。并且,这些选手在参赛前早已在各自的领域取得了一些过往的成绩和荣誉。《姐姐》节目明确传达的是:节目将打造一支30+的逆龄女团组合,并且团员已经是成名已久或小有名气的圈内人。不同于以往丑小鸭变白天鹅的灰姑娘式叙事,《姐姐》更像是成熟女王的进阶修炼之路。《听姐说》邀请18位姐姐以女性视角切入社会热点话题,以脱口秀形式传达女性态度,是一档"强观点表达"节目。

不同于很多综艺节目所采用的导师制,这几档节目不设导师、评委、专业主持人,姐姐们、妈妈们是绝对的主角。以往的节目往往会邀请圈内极具影响力的明星来担任评委等角色,从而冲淡了观众对选手的聚焦。《姐姐》的出镜人员中,除了选手外,仅剩女团经纪人、舞台总监、音乐总监、成团见证人四人,这四人中,除了成团见证人黄晓明外,其余三人,均不是观众熟知的明星,不会分散观众对姐姐们的聚焦。《听姐说》除了竞演的姐姐们,仅有王自健作为"开麦姐说员"全程见证姐姐们的脱口秀,以及由来自社会各界但不是公众人物的优秀女性组成的"懂姐团",而观众仅仅是投票者,"懂姐团"和部分观众、节目主创者的少量点评不影响评分。《妈妈,你真好看》除了竞演的妈妈们,就是仅仅作为助理和见证者的女儿们,以及一男一女两位专业但不具有话题性的超模"班主任"。

(二)真实记录,还原本初

《姐姐》第一期的姐姐SOLO秀(单独表演),采取的是全开麦的演唱形式,并且所有的节目都由各位姐姐自己准备,节目组不加干涉,以此来真实地还原每一位选手的SOLO节目,展示每位姐姐的真实唱跳能力。节目一经播出,就迅速引起了大量的讨论。在首期节目中,张雨绮演唱了《粉红色的回忆》,她在表演中,舞蹈同手同脚且唱歌跑调,闹出一系列"笑话"。在人们印象中,明星的表演总是经过设计安排好的,在呈现给观众的版本中,往往舞蹈失误、唱歌跑调等问题,都会被后期的剪辑、调音规避,以展示一个相对完美的明星形象。《姐姐》则试图于展示一个更加真实、完整的人的形象,也许不够完美,但是足够真实,是一个有血有肉,有优点有缺点的人的形象。

在日常的记录中,由于嘉宾本身就已经是具有一定知名度的女星,对于观众来说,具有很大的吸引力。选手日常生活中的表现,同样影响着观众对其的认识和判断,从而间接影响选手的观众支持度。甚至在节目中,还播放出了导演提醒"您这句话可能会引起一些舆论的波动"等片段,以及出现了"以上观点仅代表××女士的个人观点,与节目组无关"等字幕。节目组通过真实地记录、呈现,展示给观众一个尽可能真实的节目、一群鲜活的姐姐形象和姐姐们的历练之路。

《听姐说》《妈妈,你真好看》在播放中也保留了姐姐们的忘词、流泪等真实反应,保留了妈妈们初次走上舞台的种种害羞、手足无措,甚至不够自信、用力过猛等。这些原生态的真实内容,让观众很容易产生代入感,产生心理接近性。

(三)深化主题,多重呼应

《姐姐》的文案,被网友们誉为"百万文案"。首先,"乘风破浪"来自李白的诗句"乘风破浪会有时,直挂云帆济沧海",被引用到节目名中。其次,节目的解说词多处运用排比以及四字词语,外加优美的类鸡汤文的体裁,情感与思考并存。在解说主题上,有专业解说词的几期分别强调"女性的价值""成功与失败""勇敢开始""乡村振兴中的'她'力量""女性的多元与勇敢"等,总结来看,从多个维度明确这是一档正能量的、强调女性价值的节目。最后,文案的设计简洁而有节奏感,配音师对于音乐的情感氛围与抑扬顿挫精准把握。

《姐姐》除了精心设计的文案与配音,还有李宇春为节目打造的单曲《无价之姐》,通过李宇春这一极具代表性的女性形象以及其带来的个性化作品,再次点题,每位女性都是自己的"无价之宝"。而且,第一季的每期节目并没有一个明确的主题,第二季则进行了改良,每一期节目的开始都会确立一个主题,由四字词语组成,更见整饬华丽之美、文化之美、精神之美(见表1)。

表1 《姐姐》第二季1—12期节目主题

期号	主题
1	三十而奕,落子无悔,乘风破浪,爱无反顾。
2	先行后手,输赢未定。
3	红白对峙,风雨同舟。
4	迎来送往,万象更新。
5	同心并立,相倚为强。
6	道险而阻,心坚而韧。
7	局逢对手,举棋若定。
8	棋布错峙,负重致远。
9	三强鼎立,傲睨狂澜。
10	载乐盛放,终盘落定。
11	荣光闪耀,同征顶峰。
12	奕然真我,闪耀航程。

节目组还邀请姐姐们投身到公益事业中，例如参与到农产品的直播带货当中去，帮助农民销售产品。第二季第九期节目还邀请了贵州省黎平县盖宝村的“侗家七仙女”来到节目中，与姐姐们一同演出。“侗家七仙女”通过短视频节目带货，帮助当地销售特色农产品，并且进行旅游宣传，是乡村振兴中“她”力量的代表人物。

在部分节目的片尾，节目组会播放公益视频，第一季公益视频的主题为“乘风破浪的 2020”，第二季公益视频的主题为“2021，守护天使，乘风破浪”，中国女排、中国女子田径队、保护文物的“石头御医”陈卉丽、坚持教育改变命运的燃灯校长张桂梅、守岛英雄王仕花等女性代表先后出现在了节目片尾。在第一季最后的成团夜晚，节目组分别邀请了参与过抗击新冠肺炎疫情工作的护目镜女孩朱海秀、扎根基层的“90 后”扶贫新力量邹玖霖、川航英雄乘务长毕楠等女性代表来到节目现场，向她们致敬。《姐姐》的两季节目通过各种形式，来展示正能量导向，以及其对女性的关爱与歌颂。《听姐说》则请来了社会各界的优秀女性组成“懂姐团”，她们有的是女科学家，有的是海军陆战队女队员等，既展示女性风采，又契合节目的女性独立自信的观点表达，传播女性正能量。

四、综艺节目中多元女性媒介形象建构的底层逻辑

以上内容分析了中国女性逆龄综艺节目中的女性媒介形象的建构，认为其有一定的积极意义与突破，那么这种突破何以成为可能？

（一）社会发展给予的男女平权可能

大约 1 万多年前，人类社会进入新石器时代，人类社会形态逐渐由母系社会演化为父系社会，自此开始，男性便成为这个社会的绝对主导，在性别层级中，女性成为底层的存在。在封建时代，社会对女性的压迫、封锁、歧视不言而喻。《后汉书·梁鸿传》中，举案齐眉的佳话千百年来广为流传，妻子单方面尊重丈夫的行为，被引申为了夫妻之间相互尊重的代名词，现在看来是值得人们深思的。

新中国成立后，出现了“妇女能顶半边天”这一口号。其中“半边天”的含义也逐步发生变化，由最初的劳动、生产的半边天，延伸至经济、政治、文化、社会等各个方面和领域。当今社会，人们表面上对于男女平等这一话题基本达成了共识，即男性与女性在各个领域与方面平等参与，不应以性别差异造成不公平。但这并不意味着，男女平等真正实现了。

中华全国妇女联合会的职责,变为代表、捍卫妇女权益,促进男女平等。妇联在我国现有的政治体系之中,仍然扮演着重要的桥梁纽带作用。为什么所谓的"男联"或是"男性联合会"却从未被提起?究其原因,根本原因是在追求男女平等的道路上妇联仍然有很多工作需要做。在现阶段,女性相对于男性,在某种程度上仍然属于弱势群体,需要包括政策在内的外界的扶持。但是从终极意义上来说,追求男女平等的最终形态应为不以性别为参照,不给予任何一方优惠与阻碍,给双方同样的机会。(女性)解放不能靠行政力量扶持,而是给双方同样的机会,"上不封顶,下不保底"。[①]

虽然男女平等目前并未完全实现,社会上仍然存在着许多隐性的歧视,但是我们通过对历史的观察不难发现,新中国成立以来,社会不断地发展,为男女平等提供了更多的可能。因此,独立、多元女性的媒介形象建构,变得尤为重要。选秀综艺中的女性媒介形象建构,属于女性媒介形象建构的一部分,打破传统的刻板印象,展示30岁、40岁甚至更大年龄的女性的风采,有益于建构独立、奋斗、勇敢、自信的女性媒介形象,推进追求男女平等的进程。

(二)女性力量在经济领域的崛起

2020年以来,无论是以《姐姐》为代表的综艺节目或影视作品的热播,还是新冠肺炎疫情防控中被网友反复夸赞的李兰娟院士、陈薇院士为代表的女性科研工作者和医护人员,抑或是以张桂梅校长为代表的一系列时代女性楷模形象的塑造与传播,都是"她文化"的外显,映射着女性自我价值的实现和自我意识的觉醒。

马克思主义经济政治学认为,生产力决定生产关系,经济基础决定上层建筑。女性想要追求真正的自由平等,不仅需要"她文化",更必须在经济上独立。著名经济学家史清琪提出"她经济"的概念[②],但目前较多的研究将"她经济"的关注点落在了消费方面,更多关注的是女性消费能力提高带来的经济效益,而忽视了"她经济"中包含的女性的创造能力与生产能力。

新中国成立初期,男女同工而并不同酬。当时,受封建传统思想的影响,女性往往不愿外出。全国劳动模范、全国优秀共产党员、第一至第十三届全国人民代表大会代表、"改革先锋"称号获得者、"共和国勋章"获得者、"最美奋斗者"、1951年开始任山西省平顺县西沟村初级农业生产合作社副社长的申纪兰,成功动员社里22个妇女下田参加集体生产劳动,她带领妇女在太行山上和男人展开劳动竞赛,并争取到了"男女干

---

① 郑也夫.男女平等的社会学思考[J].社会学研究,1994(2):108-113.

② 宋英华,裴蓉."她经济"消费趋势下的营销思考[J].商业时代,2006(16):29.

一样的活，应记一样的工分”的待遇。1954 年，申纪兰提出的《男女同工同酬》倡议，被写进了中华人民共和国的第一部《宪法》。[①]

从生产的角度看，当前，上至申纪兰这样的女性模范，下至普通员工，各行各业、各个层级都可以看到女性的身影。虽然在最新的世界富豪排行榜中，仍以男性居多，且高顺位多为男性，但是这并不能否认女性创造与生产的能力。并且，随着科学技术的不断发展，男性在传统体力劳动生产中的优势将愈发减小甚至消失。只要能够掌握相应的技术手段，女性完全可以实现与男性同等的劳动效率。

从消费的角度来看，由于收入水平的提高，女性消费能力也随之提升，尤其是城市熟女、“高龄”女性因为拥有工作、摆脱家庭负担，消费自由已基本实现，她们追求自身的价值和生活质量，带动了一系列的“她经济”。京东、天猫等电商平台的双十一数据表明，女性消费者在双十一中，相比男性，占据了更高的份额。越来越多的厂商，也开始从女性的角度出发，设计更具有女性偏好的产品，例如更加注重自拍、外观、色彩以及针对女性设计的轻薄尺寸和手感的女性手机。

(三)社会压力增加与性别审美多元化的双重助推

社会的发展进步，给予了女性更多的自由和平等，而客观上社会压力的加大也赋予了不同性别更多的要求。由于我国计划生育政策的实施，从 20 世纪 80 年代开始，一直到 21 世纪初，独生子女家庭越来越多。独生子女成家立业后，面临着夫妻二人要赡养四位甚至更多的老人，还要抚养自己的子女的局面。同时伴随着房价、物价等消费成本的上涨，年轻人被迫背负着巨大的压力。

社会压力的增大，使得无论是男性还是女性，都被迫进行了一定程度的转型。绝大多数的现代女性，无法像古代女性那样，仅仅是在家中相夫教子就可以。她们需要去求职赚钱，抚养孩子和赡养老人，需要做和男人一样的事，这就使得女人同样需要坚强，需要独立，需要独当一面，无论“姐姐”还是“妈妈”都需要努力打拼。由于巨大的压力来临，男人也更容易出现脆弱的一面，男人也会哭泣，也会忧郁，著名歌手刘德华的作品《男人哭吧不是罪》也侧面反映出当代社会的压力之大，毕竟在中国传统社会中，男儿有泪不轻弹。同时，由于“姐姐”形象在潜意识中带给人的温暖与关怀，使得无论是男人女人，在受伤时、哭泣时，都希望得到姐姐的安抚，即压力的增大使得人们心中对付出型的、独立勇敢的姐姐的渴望、尊重、认同也更加深刻。同理，独立、自主、健康、

---

① 张琰.申纪兰，中国民主政治发展的亲历者[EB/OL].(2020-06-28)[2021-10-18].https://baijiahao.baidu.com/s? id=1670729100980685367&wfr=spider&for=pc.

自信、勇敢的高龄妈妈,不仅不会给年轻子女以压力,反而可能给孩子带来启示与支持,人们也更认同她们。

除此之外,人们的审美愈发自由与多元。充满力量的女性与纤细的、肤白貌美的男性,都拥有了一定的受众市场。某段时间,曾有许多人讨论,我国现在的很多男明星缺乏男子气概,会对青少年产生不良的导向。虽然这引发了大量的争论,但是人们审美的多元化趋势已经越来越明显。性别的平等,不仅仅是女性要追求,男性同样需要追求。无论是男人还是女人,都可以温柔、勇敢、浪漫、沉稳、坚强,也都可以哭泣,性别不是边界线,偏见才是。当然,追求性别平等不意味着忽视男性和女性的差异,先天性的性别差异是自然的选择,如身体构造等生理因素。与其说是追求性别的平等,不如说是在尊重差异的前提下,追求每个个体自由而全面的发展。

五、综艺节目中女性媒介形象建构的局限

可以看到,我国的社会主义制度实践,从政治、经济、文化、教育、科技、卫生等各方面给予了女性发展的多重保障,从 20 世纪 80 年代至今,我国综艺节目中女性媒介形象产生了众多变化,每一次新的浪潮与舆论热度的高涨,都是对受众刻板认知的一次冲击与重构。但是父权制的意识形态遗存、近代以来资本主义的商业与消费影响,使得社会对女性的认知与媒介形象建构仍然存在着许多"顽疾"。即便是本文所论述的几档逆龄综艺节目尝试在参演选手年龄上作出改变,并且在节目中大力传播积极向上的正能量,仍然未能彻底打破女明星外形上依旧白、瘦的传统以及商业套路,某些艺人不当的言辞行为在节目内外时有出现。

(一)审美的男性凝视与资本支撑

由于外在特征的易观察性,以及内在特征的隐蔽性,往往人们更容易捕捉到一个人的外在形象特征,而非内在品质。人们对于明星偶像的认同,往往起源于外在形象。并且,普通粉丝与明星等公众人物之间存在的种种阻隔,使普通人与明星无法获得较多接触,这就导致粉丝只能通过镜头、手机屏幕、新闻报道等手段间接了解一个明星。如此,对于一个明星的内在品质,人们往往无法真正地了解,在选秀综艺中,受众对于艺人、明星的关注,更多局限在了以身材、颜值、皮肤等为代表的外在美上,此外,娱乐圈中固有的娱乐性、综艺性,导致了选秀综艺节目中所呈现的内容形式以轻松、娱乐为主,营养与深度存在不足。

就审美而言，无论是外在美还是内在美，都是美的一种形式。但是在女性综艺节目中，却存在着过多关注外在美，忽视内在美的问题。并且观众对外在美的关注中，喜瘦不喜胖，喜白不喜黑等偏见，依然存在，以至于女明星们需要通过各种手段维持身材，保持纤细、苗条，为了保持皮肤美白殚精竭虑。虽然《姐姐》邀请的均为30岁以上的女明星，这些人在年轻度上可能不及20岁的女明星，但是作为女明星，其更加注重保养，因此部分高人气姐姐虽迈入30岁，但是在荧屏上呈现的容貌基本与二十多岁无异，仍然是相对偏瘦、肤白貌美大长腿的形象。《听姐说》《妈妈，你真好看》的姐姐、妈妈们呈现在荧屏上的形象，也是经过化妆术和光影手段精心打造的。因此可以说，这些节目作为宣扬独立女性、女性美丽的多元性的节目，主要只是从年龄一个层面进行突破，而并未从外貌以及选拔的方式上进行更多的创新。而且，这种实际年龄已然“大龄”却极力呈现外表年轻，其实本质上可能恰恰进一步加剧女性观众的年龄焦虑，助长了对女性的男性物化“凝视”、年龄歧视；这种年轻态的呈现，需要大量金钱和时间的支持，也不是普通女性所能支付得了的，因而可能又进一步造成女性审美与发展机会的资本鸿沟。

（二）商业利益的绑架

综艺节目，尤其是女性逆龄综艺节目，在一开始往往标榜打破传统的女性认知，提倡多元审美、独立、平等，但是渐渐地，节目生存压力背后的商业利益准则就发挥了作用。同质节目层出不穷，节目批量化生产，甚至部分参演选手曾连续参加多档综艺节目，“批量化”产出的偶像容易带来视觉和审美的疲劳。长期以来存在的打投机制也令观众诟病已久，部分节目甚至需要购买相关产品才能投票，选手赢得足够多的票数才能出道。例如《青春有你3》选秀节目策划的为偶像助力的打投，粉丝需要购买赞助商的牛奶，扫瓶盖内二维码为偶像助力，粉丝购买的越多，可以投的票也越多。由于只需要瓶盖上的二维码，不少粉丝买了牛奶后喝不完只能雇人倒进下水道。

在表演过程中，艺人的假唱等不良现象层出不穷。例如《姐姐》《创造101》，在公演中明显加入了后期的修音，采取半开麦。众所周知，即便是专业歌手，在演唱时也可能出现失误，可能会采取假唱的手段。当今的娱乐圈，当一个歌手选择全开麦真唱时，甚至会受到表扬，可见当下娱乐圈演唱的风气之差。演员假唱或者非全开麦地演唱，无非是希望观众能够有一个相对良好的听感，即便这样会失去真实。

在节目的竞演内容上，《姐姐》第一季的演唱选曲绝大多数仍然是传统的青春女团演绎过的节目，节奏快，舞蹈强度大，可以称之为劲歌热曲。这虽然在一定程度上刻画出了姐姐们的拼搏和挑战精神,但是并不能完美诠释出姐姐们优雅、从容、无畏的气质。

在参演的目的上,参赛的姐姐虽然都已小有名气,但是大红大紫的很少,极少有人在原行业中取得了较高的江湖地位。很大一部分的姐姐来参加节目,就是为了节目的热度,希望再次翻红,或者说,增加知名度。最终的成团夜,宁静、万茜、孟佳、李斯丹妮、张雨绮、郁可唯、黄龄作为 X-SISTER 组合成员成团,但是成团后,该女团并未继续为观众带来表演。起初强调的团魂,仿佛成为营销的噱头。当女团成立,节目结束,各位选手就回归到了自己原本的领域和事业,人们几乎未能发现女团的整体节目和表演。当观众还沉浸在对《姐姐》第一季组成的女团的期待之中时,2021 年 2 月 21 日,间隔不到半年,第二季《姐姐》匆匆而来,第一季的女团就此消失于江湖。

(三)价值观引领的偏差

综艺节目在满足受众娱乐性需求的同时,同样需要进行正确的价值观引导。但是不少节目为了迎合市场需求,实现商业利益的最大化,刻意在剪辑中制造矛盾,跟风炒作,从而误导受众,使节目脱离了自身的定位,成为资本圈钱的工具。

具体而言,部分节目通过恶意剪辑,制造出女性勾心斗角的假象,通过展示女性之间的"互撕""diss""上位"行为,刻意污名化女性形象。部分选秀节目依靠着营造参与者贫苦出身的背景,树立人设,让演员夸张煽情地表演,贩卖梦想。以上的种种行为,刺激了受众的观看欲望,尤其是迎合了青年网民的非理性需求。甚至有许多的参演选手出道成名后,又被爆出众多负面消息,甚至是丑闻。对于身为公众人物的明星而言,他们不应仅仅以法律为最低要求来规范自己,而应该不断追求更高的道德境界。这说明在综艺节目举办的同时,节目组没有对参演选手进行充分的了解,准入门槛过低,选手素质参差不齐。

另外,在众多的女性综艺节目中,实力逐渐让位于情感营销、流量营销,许多参演选手通过自身的努力,展示出了强大的实力,但是最终却无法出道。而部分选手唱跳实力欠佳,但是由于粉丝缘、性格、外貌等其他因素,最终获得高票出道。例如《创造101》中的杨超越,唱跳能力并不出众,但是凭借着超高的观众喜爱度和粉丝支持,一路挺进决赛,并且最后以高顺位排名第三成团出道。例如《姐姐》中的张雨绮,虽然其唱跳能力均比较一般,但是最终凭借着直爽的性格成功出道。实力让位于流量与情感,让许多人不禁反问,既然如此,努力还有什么用?如此的节目规则,无疑是对受众价值观的一种错误引导。

结语

因为新冠肺炎疫情影响，2020年东京奥运会推迟到2021年夏季举办。东京奥运会期间，#奥运会狠狠修正了我的审美#话题登上微博热搜榜，从运动员身上，人们看到的美不再是模板式的单调审美，而是更健康、更多样的风采。这也进一步启示人们，对于综艺节目而言，它所呈现的女性美，不应过分局限于外在美，在外在审美中也不应存在过分的偏见。

无论是成熟、自信、独立的姐姐，还是可爱、活泼、青春的妹妹，抑或高龄然而勇敢、健康、自信的妈妈，都是女性的形象之一。综艺节目也好，其他媒介中的女性形象也好，都不应过分地偏向某一类形象，更不应因为对某一年龄或类型女性形象的偏好而否定另一类型。对于女性，我们要认识到其不同角度、不同类型的美，年龄、职业、收入、婚姻、生育，无论是何种因素，都不应成为束缚女性乘风破浪的枷锁，也不应成为令人们对一个女人另眼相看的因素。

当然，女性可以勇敢、独立、追求个性，但是这不等于说要否定温柔、贤惠、持家的女性。我们不能基于性别对一个人作出苛刻要求，也不应要求所有人都打破美好的传统。只有这样，才有可能实现真正的男女平等，实现每个人的全面发展，实现终极意义上的和而不同、美美与共，建构一个和谐的人类社会。在此意义上，对于潜移默化影响人们认知的视听产品，社会大众要用好自己的表达权进行全民监督，国家主管部门要运用各种政策"杠杆"进行节目治理。综艺节目则应该担负起自己的社会责任，在节目主旨和内容设置方面做好把关，在节目流程和艺术传达等各方面提升水准，在参赛选手、表演嘉宾选用和培养上注重德行标准，在节目与社会的关系上尽可能做到正能量的不断扩散，实现节目与节目群的绿色、可持续、高质量发展。

〔马梅，安徽师范大学新闻与传播学院副院长、教授、博士生导师；梁伟，天津大学教育学院2021级硕士研究生〕

〔特约编辑：曹晚红〕

融合场景视域下旅游文创的传播机制与价值流动研究

Research on the Communication Mechanism and Value Flow of Tourism Culture and Creation from the Perspective of Converged Scenes

◎ 白晓晴　李尽沙

Bai Xiaoqing　Li Jinsha

摘要:移动互联网的迅速发展拓维了旅游文化的传播场景。线上线下的双重场景建制,为旅游文创产品的传播提供了新的理论框,其中传播学的场景理论提供了在符号传播过程中用户数据、体验美学、社交氛围和空间链接等四方面参照标准,文化社会学的场景理论提供了在旅游景区建设上真实性、戏剧性和合法性三方面的方向指引。通过融合双重场景,文旅从业者能够有效提升文创产品的文化附加值,并促进产品的文化创意在媒介场景和空间场景中实现价值流动。融合场景的建制策略包括引导个性审美体验,创造真实性环境;强化互动社交体验,策划戏剧性活动;印证日常生活体验,寻求合法性认同。符号、载体、渠道、身份四重要素的融合能够促进文化意义的传播与抵达,并促进其文化价值向经济价值转化。

关键词:文创产品;文旅融合;场景;文化符号

Abstract: The rapid development of the mobile Internet has expanded the variety of cultural tourism communication. The dual scene system provides a new theoretical framework for the promotion and exchange of creative products in tourism. Among them, the context theory of communication provides four references in symbolic communication, including user data, experience aesthetics, social context and spatial connection. The scenescapes theory in cultural sociology provides directional guidance of authenticity, theatricality and legitimacy in the construction of tourist attractions. Through the integration of dual scenarios, cultural tourism practitioners can effectively enhance the cultural added value of creative products, and promote the cultural creativity of products to afford various value flow. The establishment strategy of integrating the dual scene includes guiding individual aesthetic experience, strengthening interactive social experience and mirroring the life experience. The integration of the four elements of symbol, carrier, channel, and identity can promote the communication of cultural meaning and transform the cultural value into economic value.

Keywords: cultural creative product, cultural tourism, context, cultural symbol

传统意义上的旅游文创产品指的是依托当地文化进行设计生产的商品，主要发挥旅游纪念品的作用。而在媒体融合的发展趋势下，旅游文创产品不仅可为旅游业创造营收，更能够通过互联网内容生态，发挥文化传播和旅游营销的作用。国家统计局2020年全国文化及相关产业企业营收数据显示，新闻信息服务行业营业收入0.94万亿元，比上年增长18.0%；创意设计服务行业营业收入1.56万亿元，增长11.1%，"互联网+文化"新业态保持快速增长，[①]文创产业也不断涌现创新发展模式。故宫博物院、国家博物馆等国内顶级文博单位纷纷在电商平台开设网店，并开展各类新媒体营销活动，为文创产品的传播提供创新路径。与文博单位相比，旅游业虽开始着力开发文创产品，但很多景区缺乏新媒体传播意识，没有基于当地文化资源建成一套富有特色的视觉符号系统，网络传播策略局限，消费者对旅游文创产品也缺乏价值认同与付费意愿。在移动互联网快速发展的时代，如何将文创产品作为文化传播载体融入网络传播场景，构建地域性和时代性相呼应的旅游文创IP，助力旅游营销和文化传播，成为旅游景区文创产品开发的当务之急。在社会学和传播学领域，"场景"理论聚焦于环境对人们认知和行为的影响，在当代文化传播生态的研究中具有重要意义。从"场景"理论出发，旅游地可被看作为文创产品的展示提供了"空间场景"，而这种"空间场景"又构成了区域化的媒介形象和意义符号，通过"媒介场景"的传播，为文创产品建构了双重场景化的文化语境与意义空间，有助于提升消费者对其文化价值的认同，拓展旅游地文化使其突破物理空间的局限性，在网络空间实现价值的流动与转化。

一、双重场景的内涵与特征

在文化传播领域，媒介融合趋势不断深化，文创产品以实用物为载体，将文化意义

① 国家统计局. 2020年全国规模以上文化及相关产业企业营收报告[EB/OL]. (2021-01-31) [2021-05-22]. http://www.stats.gov.cn/tjsj/zxfb/202101/t20210129_1812934.html.

进行创意呈现，其所呈现的文化符号体系可流动于多元媒体平台，通过传播与接收，发挥文化传播与价值转化的作用。文化价值的衡量具有主观性的特点，且难以通过量化的方式实现，消费者的文化背景差异使其感知的文化价值也千差万别。场景的意义就在于强化消费者所感知到的文化价值，通过图像美感、视听刺激、故事讲述等形式，强化文化体验，以提升消费者对文化价值的感知力和接受力，推动更多文化符号超脱实物载体，在空间和媒介场景中实现广泛的传播与认同。

场景理论在传播学和社会学双重领域对应着不同的理论脉络。在传播学中，罗伯特·斯考伯和谢尔·伊斯雷尔提出的场景概念译于"context"一词，主要指移动互联网时代信息内容与媒介技术所创造的语境或氛围；而在文化社会学中，特里·克拉克和丹尼尔·西尔提出了"Scenescapes"这一概念，同样被翻译成场景，用以强调实体空间对于社会发展的影响。为区分这两个学术概念和学科差异，我们可分别称之为媒介场景理论和空间场景理论。尽管不同场景理论有其自身逻辑脉络，但在互联网时代媒介融合发展的趋势中，它们都可以在文创产品的意义传受与价值流通过程中发挥重要作用。

(一)基于传播符号的媒介场景

罗伯特·斯考伯和谢尔·伊斯雷尔在《即将到来的场景时代》一书中提出，移动设备、社交媒体、大数据、传感器以及定位系统五种技术力量带来了场景时代[①]，这些技术在虚拟空间中实现了信息的智能匹配、搭建了沉浸式环境，使得消费者在网络空间可以获得丰富的生活体验。移动传播的本质是基于场景的服务，即对场景(情境)的感知及信息(服务)的适配。在移动互联网的内容、关系和服务领域，场景成为新的核心要素。[②] 如果说空间场景理论偏重客观存在的实体场景，那么媒介场景理论就更加强调主观体验的虚拟场景。传播学界研究者基于若干次移动媒体用户的调研问卷提出，空间与环境、用户实时状态、用户生活惯性和社交氛围是场景的四个基本要素。[③] 吴声根据丰富的业界案例，重点考察了移动互联网时代的营销逻辑和商业模式，更加关注产品的审美价值和体验价值，在《场景革命：重构人与商业的连接》一书中界定了四种支撑场景的核心要素，即体验美学、空间链接、社群和数据。[④] 结合当前传播学界对场景的基本界定，本文认为可总结以下四项要素，作

① 斯考伯，伊斯雷尔.即将到来的场景时代[M].赵乾坤，周宝曜，译. 北京：北京联合出版公司，2014:20-27.
②③ 彭兰. 场景：移动时代媒体的新要素[J]. 新闻记者，2015(3)：20-27.
④ 吴声.场景革命：重构人与商业的连接[M]. 北京：机械工业出版社，2019：66-67.

为考察文创产品媒介场景的主要参照系。

体验美学。随着时代消费精神的变化,场景不再是传统的流量入口,而是基于体验美学的一种经济范式,文创产品的展示场景和交互场景为用户创造超越期待的审美体验,并建立产品与消费者的情感连接。用户的体验分享能够为品牌价值做出贡献,每一个传播节点都可以为文创产品的价值提供增量。

空间链接。空间一方面指消费者所处的社会文化语境,影响着用户对于文化创意的认知与解释;另一方面也指消费者所处的虚拟应用场景。将文创产品置于空间链接中,能够将简单的创意符号拓展到特定的网络文化类型和垂直内容类别,融入网络空间的内容框架体系。

社交氛围。社交氛围是指用户的社交行为对其消费产生的显著影响。文化创意在社交互动的过程中能够生发出情感和认同。社群在商业模式中能够发挥让消费者通过情感关系认同商品价值的作用,能够用于维系品牌与用户更加持久和稳定的关系。

用户数据。网络平台应用的智能算法能够捕捉到消费者对于文化创意或旅游行为的消费偏好与兴趣点,追踪其实时状态,以显现行为路径,并分析用户的行为路径与当前消费需求的相关性。数据的流动性越强,生成的结构系统和社会关系就越多,也就越能够建立更多的价值链条。

(二)基于旅游区域的空间场景

在芝加哥学派的文化社会学研究中,特里·克拉克和丹尼尔·西尔通过《场景:空间品质如何塑造社会生活》一书介绍了场景(Scenescapes)理论,认为由美学知觉和由欲望转化而来的活动和舒适物,能够转化成文化与价值观的外化符号,形成具有鲜明特征的场景,这些场景能够被人们识别、区分,并对人们的行为产生影响。[①] 场景理论认为城市具有一种空间美学意义,其中的要素包含景观、体验、消费、符号和价值观等。

---

① 西尔,克拉克.场景:空间品质如何塑造社会生活[M].祁述裕,吴军,刘柯瑾,等译.北京:社会科学文献出版社,2019:1-3,6.

近年来,文化街区①、文化遗产②、博物馆③、创意街区④等旅游空间的场景建设引起了学者的广泛关注。已有研究多强调场景是一个空间概念,具有特定功能性,能够传递相应的文化与价值观,同时还具备刺激文化消费的功能。

在文化旅游业的发展中,文化创意产品已经成为文旅场景不可或缺的重要组成部分。同时,场景也形成了新的品类创造方法,通过创造个性、情感连接、创造需求、激活社群等形式,形成了一套以建立连接为核心的场景造物逻辑。⑤ 尽管文化创意产品往往指向具体的微观产品,但是在空间建构中却能够发挥独特的作用——旅游文创产品是物质载体和艺术文化的创意结合,脱胎于旅游空间中最具代表性的文化元素,是对于文化旅游空间特征的提炼与再现。劳伦斯认为,场景理论的舒适物蕴含了社会生活的实际功能、相关城市或社区的文化与传统、社群的价值观,并在传播过程中逐渐形成特色,这些舒适物会在生活中形成抽象的文化符号,从而影响个体行为。⑥ 在旅游空间的建设中,旅游文创产品正是这种抽象文化符号的凝结,亦即一种理想的舒适物——在提供特定功能的同时带有鲜明的文化特征,能够进而反哺场景的独特性。

芝加哥学派的场景理论所提出的真实性、戏剧性与合法性三个维度,也为旅游文创产品的场景建设提供了方向指引。第一,真实性。对于旅游场景,真实性就是其所在的独一无二的地域文化。真实性指向人们的民族认同感,旅游场景空间的开发,必须选择消费者所熟悉、认同的文化符号,并时刻强化这种认同归属感。⑦ 第二,戏剧性。旅游场景应当设计在空间中真实发生并需要消费者参与的活动,从而深化他们对于旅游空间的文化内涵理解,使他们更好地感知场景并产生对文创产品的购买意愿。物理陈设和体验活动都能够作为空间符号系统,赋予文创产品特定的美学意味。第三,合法性。旅游场景要用合适的手段去说服消费者,让他们相信在旅游空间中所感受到的文化特征是得到历史传统和现实社会承认、支持的。旅游者在场景体验的过程

① 李林,李舒薇,燕宜芳.场景理论视阈下城市历史文化街区的保护与更新[J].上海城市管理,2019,28(1):7-13.

② 金元浦.场景理论与文化艺术遗产的传承与创新:金元浦对话劳伦斯教授[J].北京联合大学学报(人文社会科学版),2020,18(1):25-29.

③ 黄鸿宇,祝忠杰.基于场景理论的衍生品研发与博物馆展览互构关系研究[J].艺术品鉴,2020(18):126-127.

④ 陈波,吴云梦汝.场景理论视角下的城市创意社区发展研究[J].深圳大学学报(人文社会科学版),2017,34(6):40-46.

⑤ 吴声.场景革命:重构人与商业的连接[M].北京:机械工业出版社,2019:8-16.

⑥ 金元浦.场景理论与文化艺术遗产的传承与创新:金元浦对话劳伦斯教授[J].北京联合大学学报(人文社会科学版),2020,18(1):25-29.

⑦ JONES D, SMITH K. Middle-earth meets New Zealand: authenticity and location in the making of "the lord of the rings"[J]. Journal of management studies, 2005, 42(5):923-945.

中，通过对历史见证的了解和与当地社群的交流沟通，能够在合法性层面形成认同。三重属性层层递进，为旅游文创产品的空间场景搭建提供了内部关联和度量标准。

二、融合场景的建制与特征

移动互联网的普及促进了空间与媒介场景的虚实融合，数字技术使旅游空间和媒介影像合二为一，旅游已经形成了融合实体空间和虚拟空间的双重体验，旅游文创产品的符号意义也开始嵌入数字媒介中，旅游文创产品的价值呈现出了动态化、延续性的属性。自拍、Vlog、直播等媒介行为使旅游文创产品及其空间场景被投射于互联网内容平台，移动互联网通过将空间场景转化为媒介场景，拓展了旅游文创产品的价值维度。跨媒介的传播内容使得互联网构造场景的能力逐渐增强，媒介形象也在对现实空间进行重构。媒介传播通过激活视觉、听觉、触觉等，可以激发消费者的复合认知，影像符码与日常生活交融渗透，为旅游者创造了多维、流动、混合的体验。

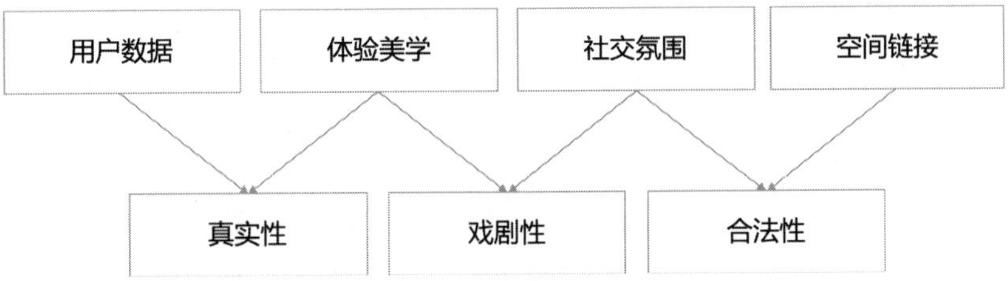

图 1　文创传播的场景融合机制

在媒介融合与文旅融合的发展趋势下，旅游产业从业者的文化传播意识已经觉醒，新媒体开始被广泛运用于文创产品的展示和销售环节。文化旅游地在线下实体空间的建设往往会受到物理环境、经费支持等多方面的限制，而媒介场景可以在网络赋权和技术赋能下，突破这些限制因素，创造实时更新的“无限场景”。因此，以融合场景建构的思路考察文创产品的价值拓展问题，就能够创新出更为多元的展示方案和营销策略。结合真实性、戏剧性、合法性三项空间场景要素，以及用户数据、体验美学、社交氛围和空间链接四项媒介场景要素，可以将网络文创传播的场景特征概括为以下三方面。

(一)引导个性审美体验，创造真实性环境

文创产品的融合场景需要以用户的感官体验作为支撑，实现真实性环境的塑造。

人们总是习惯于通过感官经验来获取对于外在世界的认知。康德认为,人是在“经验”中理解真实世界的,人对世界的认知局限于现象界,也就是人类感性直观形式可以把握到的、五官所经验的世界。[①] 交互式、体验式的空间环境设计,总是能够最大限度地调动用户感官、创造文化意境、凸显文化价值。在新冠肺炎疫情期间创建的美国圣巴巴拉的感官和运动博物馆,展示的艺术品多为远距离互动设计,可通过热能技术和投影技术描绘游客的形象或声音。如游客的语音能被可视化为霓虹灯的色彩样式;其身体轮廓可以被条纹化显示在屏幕上,并可通过建立双人影像的连接流动,打造社交体验。通过感官的还原,人造的空间场景也能够为体验者带来具有原真性的体验形式,真实性能够促进旅游者对场景中的符号产生认同,进一步提升旅游者对衍生产品的留存与购买欲望。因此,文创产品的空间场景也可以通过搭建交互装置、运用屏幕媒介,通过游戏化的机制设置,提高游客在游览中的感觉代入和情感融入,从而使游客获得更为立体多元的体验。

大数据来源于对内容产品和用户偏好进行真实的记录和分析,创造了客观的真实性环境,即感官难以把握的那一部分世界。短视频平台所创造的媒介场景,包含基于大数据和深度学习技术所实现的精准内容推送,也包含着内容平台中大量的购买数据、播放数据、评论数据以及排行榜数据等。在互联网平台中,文创产品的展示一方面需要算法的识别和推送,另一方面也依托于客观的销量、好评量等,带给用户真实的数据冲击,并进一步带动销量。淘宝、天猫等平台的文创商店常常需要在建立初期“刷销量”,以奠定钻石店铺或皇冠店铺的基础,并阶段性配合平台购物节开展促销活动,这都是顺应平台规则、打造数据场景的体现。文创产品虽具备更多的隐形文化价值,但是在“从众”化心理蔓延的互联网空间中,同样需要依靠数据群组打造理性的媒介场景,以引发用户对于产品客观价值的肯定,进而促成消费行为。

(二)强化互动社交体验,策划戏剧性活动

戏剧性通常指假定情境中人物情感、心理活动的外在呈现。戏剧性活动的目标是让消费者获得超越日常生活的体验——通过设施和活动的组合,产生特定的文化意义,并创造出相应的美学趣味。空间场景的互动活动应提供更多的奇观性,为消费者的感官带来新奇的体验,并激发用户的传播欲。湖北省博物馆推出在线 VR 试穿汉服活动,用高清画面和沉浸式互动让观众 360 度领略到汉服的真实风貌,使其置身于戏

---

① 康德.康德著作全集:纯粹理性批判[M].李秋零,译.北京:中国人民大学出版社,2004:26-28.

剧性的交互游戏之中,获得了感官上更深入的体验。曾侯乙编钟被中外专家称之为“稀世珍宝”,不可触碰,但湖北省博物馆推出了 VR 敲击曾侯乙编钟活动,可以让观众在虚拟呈现的场景中观察其高超的铸造技术、感受其良好的音乐性能,体验古代中国艺术的魅力。互动性的戏剧性活动能够在文物与消费者之间建立体验桥梁,将消费者从旁观者转化为参与者,生成独特的个人化体验,更在附加体验价值的同时增加传播动机,有利于空间场景的媒介传播。通过体验感官还原的戏剧活动,旅游者可以沉浸在实验式、定制式的空间场景中,而媒介的双重映象又会强化体验记忆,提高旅游者对场景的消费、留念、收藏意愿。

通过社交氛围的打造,文旅场景的戏剧化属性进一步增强,强化其对用户的影响作用。拟剧理论将社交行为与戏剧活动相连接,认为人们在社会生活中以不同的角色进行不同场次的表演。在短视频和直播等平台,个体通过“台前”表演和观看、点赞,来赚取自身的“社交货币”,强化与表现对“自我”的认知并塑造自身的形象定位。2020年开始,故宫与明星化妆师毛戈平联手推出故宫彩妆,借势名人的话题性和“国货之光”的营销热点,各类网红博主和素人用户推出美妆视频,在粉丝社群中引发热议。在网络社区的戏剧表达、情感认同过程中,文创品牌彰显了故宫文创新的价值指向,即传统文化的亲民活化与高标准的品质重铸。戏剧性的媒介场景建制能够叠加产品的文化娱乐价值,对大众产生难以抵御的吸引力。文创产品媒介场景的营造,可充分利用互联网的社交氛围,为用户提供更多的感性动机,满足其娱乐和审美诉求。戏剧性的交互体验强化了旅游文化的观赏性、参与性和吸引力,对于建立人们对旅游地的憧憬具有重要意义。

(三)印证日常生活体验,寻求合法性认同

空间环境的链接重塑,能够提高用户对于文创产品的合法性认同。在旅游景区,文创产品如果能够贴合旅游景区的文化风貌,那么就能轻而易举地获得合法性认同。而对于零售商店的文创展示空间,店面装饰就要呈现出特定的文化特性或地域风貌,使产品调性、空间风格与当地文化形成互文互动。河南博物院打造“考古盲盒”,模拟考古的未知性,青铜器、元宝、铜佛、铜鉴、银牌等“微缩文物”被藏进土中,消费者拿起道具挖去土壤、扫去浮尘,才能看到文创产品的全貌。使用“洛阳铲”进行探查,用户能够确定“文物”的埋藏位置与对应年代,进而进行仔细挖掘。借助“盲盒”属性与考古空间场景的打造,文创产品的历史合法性得到了强化,这也将考古场景进行了活化,层层叠加了文创产品的经典性、故事性与体验性。盲盒设计被打造成了一次历史探索或文

化探秘,将历史空间与现实空间相连,能够使消费者高度认可产品的文化价值,也拉近了文化遗产与日常生活的距离。在这个过程中,消费者购买的是整套文化体验,而非独立存在的文创产品,空间链接形成了更加丰富的价值层次。

社交氛围也能够提高用户对于合法性的认同。互联网内容平台中的社交分享、网红认证等,也有利于消费者快速接纳文创品牌信息,并做出购买决策。在传统电商平台,用户的评价反馈能够让消费者感受到文创产品在社会中获得的认可程度,这种文本社区是媒介场景的扁平化缩影。随着直播带货模式的兴起,网红作为社群意见领袖,常常能够发挥为品牌背书的作用,提高品牌影响力。社会科学文献出版社打造了"文献君"IP,联动社内甲骨文、索恩等图书品牌,在淘宝平台开展"文献君的每周新书"直播活动,在2020年9月一场历时3.5小时的直播中,其销售额超过10万元。文旅品牌可借鉴这一模式,通过利用直播等对话推荐方式,促进消费者与产品的信息交互,唤醒消费者的情绪感知,弥补传统电商相对平面的消费展现形式。直播等视听交互形态形成了社群连接,能够将多元主体和商业渠道有效汇聚,拉近了旅游场景与日常生活的距离,提升旅游文化的认同范围和价值转化效率。

三、融合机制:双重场景的价值流动

数字技术的发展加速了空间场景与媒介场景的融合,融合场景时代的到来,使媒介不再是"真实的再现"或"中立的工具",而是能够组建现实,成为现实的一部分。媒介联结了线上与线下的双重场景,媒介场景是信息流、关系流和服务流的新入口,文创产品的价值也具备了贯穿时空的流动能力,通过融合不同维度的要素属性,更大程度上实现价值存量的激活和价值增量的拓展。

(一)符号融合

旅游文化符号在旅游空间场景中发挥着装饰空间、营造氛围、显现文化内涵等作用,在旅游空间,文创产品是构成空间场景物理元素的一部分,是旅游文化符号抽象化、艺术化的载体。通过短视频、图文的媒介转化,文创产品的图像和影像成为被繁衍的符号系统,其传播力和影响力也获得了大幅拓展。2021年5月,三星堆博物馆青铜面具文创雪糕走红,雪糕将三星堆青铜面具的文物形象转化成为创意符号,而网络中的图片多以雪糕和博物馆景观共同拍摄上传,实现了符号融合,以点带面,极其微观的文创产品带动了三星堆博物馆的知名度和客流量。人总是通过符号传播来了解自我[①]，超越日常生活经验的符号总是能够吸引人的注意力，调动人们对世界进行感知与思考。旅游业从业者要充分发挥特殊文化创意符号的场景贯通作用，开发文创产品不仅是为了经济创收，更是为了推动旅游景区品牌的塑造或转型，通过互联网的场景传播力，建设空间符号—文化价值—媒介符号—经济价值的价值转化链条，以文创产品升级旅游地品牌形象，拓展旅游文化的传播域和消费域。

(二)载体融合

在数字化技术的推动下，互联网正在向万物互联的阶段发展，新媒体内容与技术相互驱动、融合，传播场景的终端形态日益丰富、传播模式更加多样。[②] 在此背景下，文创产品的衍生性被消解，文创产品成为文化创意的一种高效传播载体，实现了一种以图像为主、形态为辅，兼容视觉、听觉、触觉、味觉等接收渠道的媒介传播形态。中国传媒大学电视学院策划开展的"数字文化西安"时尚风韵手机壳设计项目，采用"有里有面"的创意方案，以手机壳外侧为载体，将西安的历史文化资源进行创意化的视觉设计，同时将对文化元素的文字阐述置于手机壳的内侧，充分发挥产品对传统文化的阐释和传播功能。手机壳作为日常生活中的伴随式用品，能够在生活场景中成为装饰点缀和社交话题，"有里有面"手机壳还匹配了短视频、图文推文等跨媒介产品的传播，能够创造传播场景，匹配媒介形象，实现用户的沉浸式体验。旅游文创产品应充分发挥其作为文化创意元素的媒介功能，成为实用功能、旅游文化和传播媒介的多重载体。

(三)渠道融合

文创产品具有创意和功能双重属性，也为营销渠道提供了更丰富的素材和灵感。渠道融合包含传统的零售渠道和新兴的互联网营销渠道，如电商平台、直播带货、网络公关活动等。传统零售渠道主要依托旅游地的空间场景，要求文创产品销售从地理位置、合理定价、销售服务等方面发挥渠道优势，而互联网渠道可以依托于大数据与智能算法的精准推送功能，为消费者量身打造推荐页面的商品组合。文创产品的标签包含文化元素、功能类型和消费群体等，智能算法通过小样本学习，提取文创产品和消费者

---

① PEIRCE C S. The essential peirce: selected philosophical writings (Vol. 1)[M]. Bloomington and Indianapolis: Indiana University Press, 1992.

② 彭波. 互联网下半场新媒体演进趋势分析[J]. 现代出版，2019(6)：9-14.

的特征标签，对文创产品进行精准推送。在抖音、小红书等渠道形态中，带动旅游文创产品销售的影响力来源于视频创意、直播氛围和平台推送等，这种综合影响力是媒介场景的主要特征。在互联网中，消费者购买的不是文创产品本身，而是一种量身定做的融合场景，场景力为消费者提供了更为多维的消费动机。因此，文创产品营销要创造更多的渠道融合，打造"旅游文创＋短视频""旅游文创＋直播""实体销售＋电商销售"等线上线下混合式场景，建立更为定制化的关联性渠道，让旅游文创产品贴近消费者的日常生活，提高文创产品的价值拓展能力。

(四)身份融合

消费者对符号的主动阐释是符号意义生成的必要条件，也是文创产品营销的重要力量之一。场景通过重建社会关系，开启新型赋权模式①，在互联网扁平化的传播格局中，用户生成内容(UGC)具备了营销软文、用户评价、创意素材等多元化的功能，交互程序、短视频和直播带货的盛行，使双重场景叠加的效果更加鲜明。在电商平台上，用户消费数据和评价文本发挥营销作用；在美妆直播中，博主选择旅游文创口红作为推介商品；在网红地打卡的短视频中，旅游者的自拍影像和体验经历，影响着潜在旅游者的行程意向；在定制化的文创交互程序中，文创产品的纹饰花样可由用户进行定制式选择和下单生产。在"互联网＋"时代，场景化是物、人和数据之间的交互传递，主体、他者、身份和经验等围绕人的语境要素取代了物质的单一价值，人的生命力被注入了物的机理。旅游者、体验者、生产者、营销者和消费者可以聚集在同一个人身上，身份融合成为线上线下场景融合中的重要属性。因此，旅游传播从业者应发挥平台的聚合与联动效应，从受众接受的层面努力构建传播的扩容力，激发受众的参与感和关注度②，进而将受众短暂的注意力转化为品牌长久的影响力。

空间场景和媒介场景的融合发展为旅游文创产品的开发提供了值得参考的新路径，通过充分利用大数据和现代数字手段，产品能够更好地适应用户需求、获得用户认可。但是，旅游文创的价值创造不能一味跟从消费者的趣味和认知，而是需要立足于文化资源的本真面貌去进行创新解读。在满足用户个性审美体验、互动社交体验、日常生活体验的过程中，文创生产者要牢记自己的文化使命，既满足已有期望，又引导观念转变。移动互联网时代为旅游文创提出了新的契机与挑战，融合

---

① 喻国明，梁爽.移动互联时代：场景的凸显及其价值分析[J].当代传播，2017(1)：10-13，56.

② 陈燕侠，王萌萌.中国故事"数字意味"的创意表达与全景叙事[J].中国编辑，2019(10)：76-80.

场景的建构是为了适应时代趋势，更是为了实现现代文化消费趣味与经典文化价值观念的融合，从而促成文化价值的不断循环再造，为社会经济和文化的共同发展贡献不竭动力。

〔白晓晴，中国传媒大学电视学院讲师；李尽沙，北京大学艺术学院博士研究生〕

〔特约编辑：涂凌波〕

人才培养

智媒人才能力结构与人才培养现状探析*

——基于对媒体智能人才需求的调研

Analysis of the Current Capacity Structure and Talent Cultivation for Artificial Intelligence Media talents

—Based on Research on the Demand for Artificial Intelligence Media Talents

◎ 曹晚红　余子奕　余思梦

Cao Wanhong　Yu Ziyi　Yu Simeng

摘要：人工智能技术推动了智能传播的兴起和传媒行业生态格局的重构，促使媒体内部加速了生产模式的全面转型、经营理念和组织架构的相应调整，也更新了对媒体从业者的工作要求和职业定位。本研究通过向全国范围内媒体从业者发放问卷，调查当前媒体从业者对媒体智能化的认知状况、智能媒体对从业者传统新闻实务能力和新兴媒介前沿技术能力的要求以及制约媒体智能化发展的因素。研究发现，当前媒体从业者对媒体智能化发展的态度积极，认知和培训有限，理念滞后于媒体的智能化发展；智媒时代，媒体从业者对媒体智能化发展持积极态度，但对智媒的整体认知和技术能力有限；智媒人才培养体系亟须完善，“技术＋人文”复合型人才紧缺；从业者参加过的媒介前沿技能培训集中于新媒体运营方向，对其他前沿技术的掌握极度缺乏；此外，媒体从业者普遍认为，媒体的体制机制是制约智能化发展的最大因素。

关键词：智能媒体；媒体从业者；能力结构；人才培养

Abstract: Artificial intelligence technology has promoted the rise of intelligent communication and reconstruction of the pattern of the media industry, accelerating the overall transformation of media production mode, management ideas and organization structure, and also updated requirements and career orientation of media employees. In this study, a nationwide questionnaire was issued to media employees to study their current perceptions of Artificial

* 本文系国家社科基金重大项目“我国新闻传播业人工智能应用现状与发展趋向研究”（项目编号：19ZDA327）阶段性成果。

Intelligence media (AI media), capacities for traditional news practices and cutting-edge media-related technology, and constraints on AI media development. The study found that current media employees keep a positive attitude towards the prospect of AI media development but with limited related training and understanding lagging behind the development of AI media. In an era of AI media, the overall attitude towards it remain positive, but related capabilities and trainings are not sufficient. Training system for AI media talents urgently needs to be improved to foster integrated talents in "Technology + Humanities". Previous trainings focus on new media operations, while training related to cutting-edge technologies extremely lacks. In addition, media employees generally believe that the mechanism of media industry is the biggest factor restricting the development of AI media.

Keywords: AI media, media employees, capacity structure, talent cultivation

一、引言

自党的十八大以来,以人工智能为代表的技术创新逐渐成为我国国家发展战略的重要支撑。2020 年,国家科技部、工业和信息化部、网信办、广电总局等各大部委先后出台了推动人工智能发展的相关政策,加速了人工智能技术和传媒、教育培训、文化旅游等行业的融合。

随着人工智能技术在传媒行业产生积极效用,我国已正式进入智媒时代①,智能媒体发展迅速,前景广阔。当前,不论传统媒体是主动选择还是被动接受,从信息采集到内容生产,从分发反馈到渠道更新,人工智能技术已对传媒行业带来了全面而深刻的影响。人工智能推动了智能传播的兴起和媒体行业内部生态格局的重构,促使媒体内部加速了生产模式的全面转型和经营理念、组织架构的相应调整,也更新了对媒体从业者的工作要求和职业定位。

在传媒行业,人工智能正在取代一系列重复性强、创造性弱的工作岗位;同时,人工智能的应用给新闻传播业带来了新分工、新职业、新岗位。从目前的基础技术层面

① 皇甫博媛."2020 中国智能媒体使用研究报告"发布[EB/OL].(2020-07-01)[2021-02-12].http://media.people.com.cn/n1/2020/0701/c40606-31766836.html.

来看，全球仍处于“弱人工智能”和“窄人工智能”阶段，“人”在技术使用中发挥着至关重要的作用。① 人才和人工智能构成对立统一关系：人工智能给新闻传播业的人才队伍和人才素养带来挑战，而人才队伍建设决定了人工智能在新闻传播业的长效发展。

2020 年 6 月 30 日，中共中央审议通过《关于加快推进媒体深度融合发展的指导意见》，强调推动媒体融合向纵深发展，要深化体制机制改革，加大全媒体人才培养力度，建立以内容建设为根本、先进技术为支撑、创新管理为保障的全媒体传播体系。《意见》强调了人才队伍在建设全媒体传播体系中的重要性，强调要加大全媒体人才培养的力度。②

推动人工智能技术与媒体行业的融合，让人工智能赋能媒体深度融合已是媒体未来发展的方向。智能媒体的发展使媒体从业者对智能化和智媒人才的认知也发生了相应改变。智媒时代，媒体从业者如何认识自身能力结构变化和时代发展对智媒人才的需求，并在此基础上发挥其主动性和能动性，积极投身于推动媒体智能化发展的进程？传媒行业需要怎样的智媒人才？对以上问题的关注成为本研究的出发点，本研究通过向国内媒体从业者发放问卷，调查了解智能媒体的人才能力结构和当前媒体机构的人才需求现状，为智媒时代的新闻传播人才需求提供数据支撑，为新闻传播业界与学界联合培养人才、相关教育决策部门和高校进一步优化新闻传播人才培养模式提供参考与建议。

二、文献综述

随着媒介技术的迅猛发展和媒体融合向纵深推进，主流媒体的智能化发展持续引发关注，智能传播、智能媒体的发展现状逐渐成为当前新闻传播研究领域的重要课题。智能媒体的相关研究主要集中于智媒内部内容与技术的融合发展现状③、算法伦理与算法机制监管，以及学界人才培养等方面。

就智媒的人才培养而言，刘蒙之、刘战伟认为，未来传媒业需要能力与经验兼具的从业者，特别强调新兴技术岗位要求媒体从业者拥有“从数据碎片中还原和挖掘内容的能力”和“软件技术能力”等大数据、云计算能力。④ 而李明德等人指出，人工智能时代，媒体从业者需要在价值观念和专业素养两方面加以提升，价值观念是从业者与智

---

① 程思琪，喻国明.人工智能技术路线的洞察与人机传播新范式的构建[J].全球传媒学刊，2021，8(1)：19-34.

② 中共中央办公厅，国务院办公厅.关于加快推进媒体深度融合发展的指导意见[EB/OL].(2020-09-26)[2021-05-01].http://www.gov.cn/zhengce/2020-09/26/content_5547310.htm.

③ 喻国明，兰美娜，李玮.智能化：未来传播模式创新的核心逻辑——兼论“人工智能＋媒体”的基本运作范式[J].新闻与写作，2017(3)：41-45.

④ 刘蒙之，刘战伟.2018 传媒业需要什么样的人才？[J].记者观察，2018(2)：6-9.

能机器之间最显著的区别,从业者的价值判断能力是在人机协同内容生态中保证人工智能生产质量的关键,对复杂情境的认知和对事实的整合以及产出有深度的观点内容是机器写作和算法推荐机制目前无法达到的。基于以上研究,李明德等人提出了智媒时代人才需求的金字塔模型,认为智媒时代对媒体从业人员最基本的要求是社会责任能力,不论技术嬗变引发了媒介生态的何种变化,对信息价值的判断、传播伦理的把控仍然是媒体从业者的基本素养;"事实核查+数据技术"被认为是智媒时代媒体从业人员的核心业务能力;情感内涵的认知能力处于金字塔模型的顶端,意味着媒体从业人员独到的洞察力与前瞻思维力将在智媒时代发挥更加重要的作用。①

此外,媒体从业者的人文素养、人文主义关怀是智媒时代媒体优质内容生产能力得以提升的核心与关键。潘晓婷提出,媒体从业人员除应具备相应的计算机技术与人机协作的能力外,还应形成"社会学家的想象力与洞察力""新闻传播的审美力与创造力"和"新闻伦理判断力与人文观照"。② 近年来,人工智能的广泛运用也导致了一系列问题,如隐私泄露、信息茧房、假新闻滋生等,"人"作为主体的统筹能力与把关能力进一步放大,"人"的中心地位在处理媒介伦理、人机协同等失范、失序问题中不断突出。关于媒体人在智媒时代的主体地位,喻国明提到,"专业媒体的角色要从传播领域的生产者、控制者转型到社会传播生态的共建者"③,强调媒体从业人员对媒体生态的协调力与组织能力。

基于以上研究,杨文提出,在人工智能的冲击和融合浪潮下,智媒时代从业者的未来发展方向应是努力成为"专家型全能型新闻人才",既能掌握各种媒介技术和报道形态,又对某一特定领域有深入系统研究的知识储备。④ 基于新闻学界与业界的紧密联动,高校内部新闻传播人才的培养已然做出一系列调整,李晓静通过采集分析中国传媒大学、中国人民大学、复旦大学、清华大学、上海交通大学五所高校的新闻传播学专业硕士人才培养方案,归纳出智媒时代硕士人才培养的定位。其中,"熟练应用新技术进行媒体内容生产、传播、运营、市场营销等业务实践能力"是智媒时代媒介人才的第一素养;"社会责任感与职业精神,拥有正确的新闻价值观"紧随其后,专业素养仍然是新闻人才重要的素养要求。⑤

---

① 李明德,王含阳,张敏,等.智媒时代新闻传播人才能力培养的目标、困境与出路[J].西安交通大学学报(社会科学版),2020,40(2):123-130.

② 潘晓婷.未来已来:智媒时代需要怎样的新闻传播人才?[J].中国编辑,2018(9):45-50.

③ 喻国明."机器新闻写作"时代传媒发展的新变局[J].中国报业,2015(23):22-23.

④ 杨文.人工智能背景下新闻教育的定位[J].新闻战线,2018(24):84-85.

⑤ 李晓静,朱清华.智媒时代新闻传播学硕士培养:业界的视角[J].现代传播(中国传媒大学学报),2018,40(8):160-165.

人工智能的迅猛发展不仅影响着国内媒体的智能化变革，对全球新闻传播领域的从业者而言都是全新的挑战。祝建华结合哥伦比亚大学塔尔中心(Tow Center)发布的报告，提出对智媒时代新闻人才的九项要求，包括三项软技能与六项硬技能。其中，三项软技能分别为“良好的心态和精神状态，成为具有企业家精神的记者、成为网络化的个体和培育具有正直和良好的判断力的公众形象”，六项硬技能分别为“具有专业知识，成为专家型记者；熟悉数据和统计知识；了解用户分析工具，更好地理解受众；熟悉基本编码知识；会讲故事；懂项目管理”。除此之外，祝建华还提出智媒时代的从业人员应掌握“外语、SPSS、HTML”三种语言能力。[①]

综述之，学者大多认为，智媒时代的人才需求可概括为两方面，一是良好的新闻专业能力和职业素养；二是掌握前沿智媒技术。适应智媒发展要求的媒体从业者既要坚守专业素养、新闻伦理道德，又要紧跟时代步伐，学习和运用前沿媒介技术，提升内容生产传播效率。

以上对智媒时代人才培养和需求的研究，包括人才培养模型等，大多属于学者基于技术发展而进行的定性研究，缺乏和当前媒体发展实际、人才结构现状相结合的研究，尤其是量化研究。现有研究较多从媒体机构需求的角度出发，那么身处其中最具能动性的媒体从业者，如何认识媒体的智能化发展，如何认识智媒未来发展的人才需求，如何认识自己的职业定位？作为新闻传播行业的生力军，他们当前的职业认知状况将影响到未来媒体的发展，因此，本研究转换视角，将媒体行业从业者作为主要研究对象，研究其对智媒发展以及人才需求的认知状况，并进一步探究当前制约媒体智能化发展的因素，基于这一思路，本研究提出以下三个研究问题：

问题一：媒体从业者对当下媒体智能化发展的认知状况如何？

问题二：媒体从业者如何看待智媒发展的人才需求与人才结构？

问题三：制约当前媒体智能化发展的因素有哪些？

三、研究方法与样本概述

(一)抽样方法

本研究采用问卷调查法获取数据，使用结构型问卷，共回收问卷545份，通过筛查并剔除无效回复，包括职业填写不明、答题时间过短、对所有问题使用相同答案等，得

---

① 祝建华.大数据时代的新闻与传播学教育：专业设置、学生技能、师资来源[J].新闻大学，2013(4)：129-132.

到有效问卷495份(N=495),有效率为90.83%。在有效问卷中,共有398份问卷来自传统主流媒体从业者(央媒、地方媒体),97份问卷来自行业媒体、资讯类新媒体、商业互联网平台、视频平台等。在地域分布上,本次问卷共覆盖全国31个省区市,由于一线城市媒体较为集中,超过五成(52.30%)的被访者工作单位所在地为北京。综之,本次调查覆盖了当前传统主流媒体机构和商业新媒体平台,被调查样本较多集中于以央媒、地方媒体为代表的传统主流媒体从业人员,可以较为客观地描述当前传统主流媒体智能化现状、职业需求和培养情况。

表1 媒体从业人员样本调查类型

样本类型	样本描述	样本量
中央级媒体	以人民日报、新华社为代表的18家中央级主流媒体	166
地方媒体	省市级电视台、报纸、杂志等新闻传播机构	232
行业媒体	从事某个行业或领域报道的新闻报刊、电视台或广播电台	25
互联网媒体	互联网公司等主办的网站、资讯聚合类平台、专业新闻客户端	72
总计		495

(二)研究变量

本次问卷的设计借鉴有关媒体从业者职业认知和智能媒体发展的研究,从媒体从业者的人口学变量、传统新闻能力需求和智能媒体前沿技术能力需求三个角度进行预先分类。

1.自变量——人口学变量

在人口学层面,本次问卷收集了被访者的性别、年龄、文化程度、学习专业、工作单位、从业时长和工作所在地等信息。结果显示,近五成(47.71%)被访者年龄处于25—35岁,年龄处于"36岁—45岁"和"46—55岁"的被访者分别占比27.16%和15.41%。其中,超四成(41.10%)被访者在媒体机构供职"10年以上",在媒体工作1—5年的被访者占比为28.44%,工作单位为中央媒体和地方媒体的被访者超七成(73.03%),故此次问卷的被访者以具备较为丰富从业经验的媒体从业者为主。

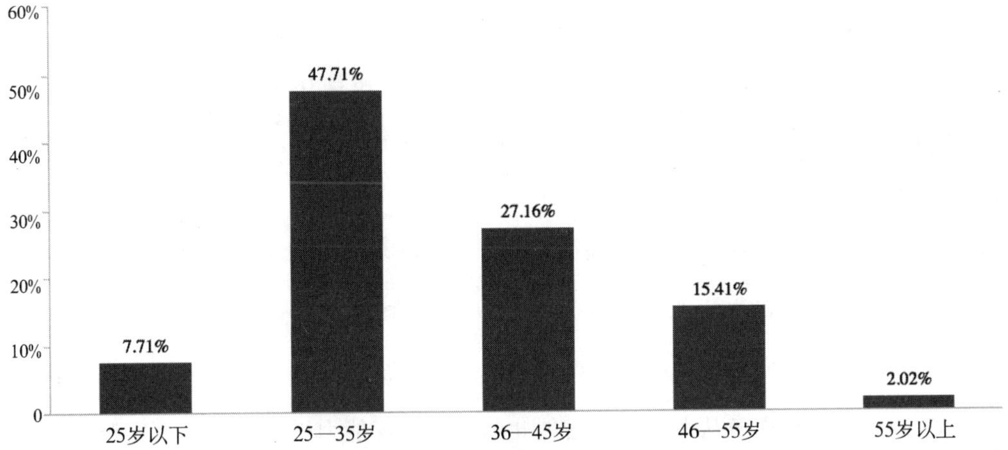

图 1　样本所属年龄分段

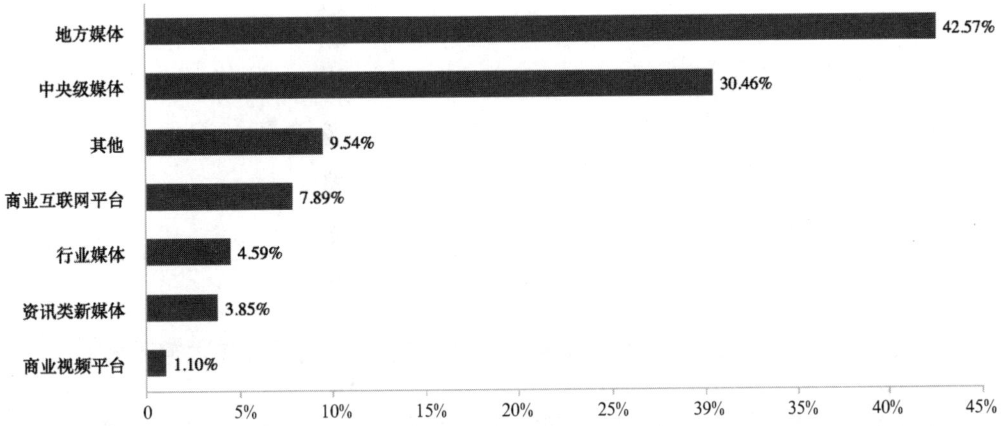

图 2　样本所属工作单位

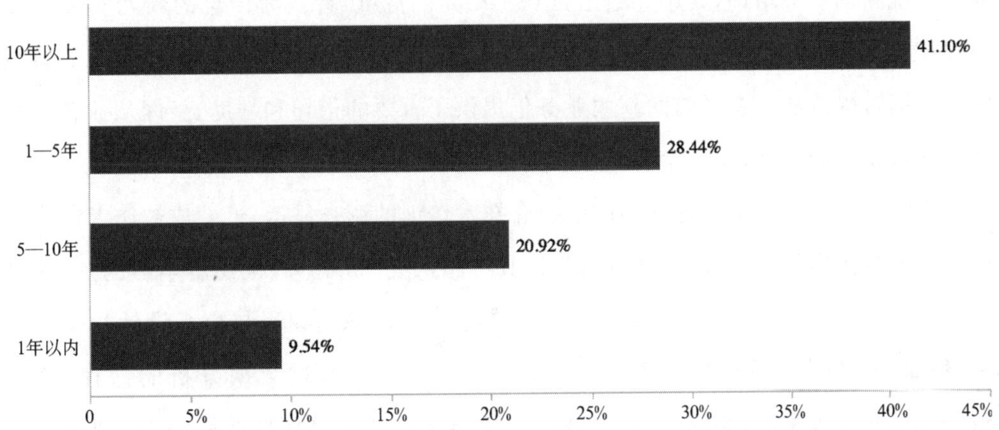

图 3　样本从业时长

2. 自变量——媒体从业人员对传统新闻业务能力的认知状况

在媒介技术日新月异、推动媒体发生巨变的时代,媒体从业者对传统新闻业务能力的认识是否会随着技术变迁发生改变?本次问卷调查关注当前媒体从业者对传统新闻素养(策、采、写、编、评等)和传统新闻实务培训(如媒体策划、新闻写作、新闻编辑、宣传策略)的态度,以了解智媒人才对传统新闻素养和新闻业务能力的认知。

3. 自变量——媒体从业人员的智能化认知和智媒能力素养状况

本次调查针对的是新闻从业人员对智能媒体、媒体前沿技术和智媒人才所需素养的认知,因此问题集中于从业人员的智能化认知和智媒能力素养方面。本次调查关注被访者对媒体前沿技术的关注度和熟悉度、媒介新兴技能(数据处理能力、编程能力)的掌握程度、智能媒体的了解程度、当前媒体行业从业者与智能媒体的匹配度、媒体从业者适应智能媒体发展中遇到的阻碍、培养智媒能力的途径、人工智能技术发展的部门监管和媒介伦理等,从多重视角探寻当前媒体从业者对智能媒体和智媒从业者的认知与想象。

四、研究发现

(一)从业者在职培训现状:传统新闻业务培训帮助较大,前沿媒介技术掌握有限

在针对当前媒体从业者对传统新闻素养(策、采、写、编、评等)和传统新闻实务培训(如媒体策划、新闻写作、新闻编辑、宣传策略)的评价的调查中,超七成被访者曾接受过传统新闻实务培训,其中超过五成(53.75%)的被访者认为传统的新闻实务培训对媒体工作"有帮助",近四成(39.02%)被访者认为"非常有帮助"。可见,传统的新闻实务培训对媒体从业者当前的新闻业务仍提供了重要的指导和帮助,新闻从业者对此类培训持积极的态度,积极参与并深感受益。

而针对当前媒体从业者参加前沿媒介技术培训的调查显示,近七成被访者曾涉猎或选修过与传媒行业前沿相关的课程,但其中超六成(65.63%)被访者学习的是"新媒体运营"相关课程,只有近一成(9.94%)被访者学习过基础编程与交互设计相关的课程,例如 H5 制作、网页制作等,仅 5.40%的受访者学习过数据分析的课程,例如 SPSS、Python 编程等,实际学习过 AR、VR 技术等人工智能领域课程培训的被访者仅占3.69%,学习过区块链课程的被访者仅占 1.99%。由此可见,新闻传播业界接受过

前沿技术培训的从业者仍仅占少数，多数从业者对人工智能技术还停留在“雾里看花”的状态，更多涉及的是与内容生产直接相关的实践能力，例如短视频制作、新媒体运营等。

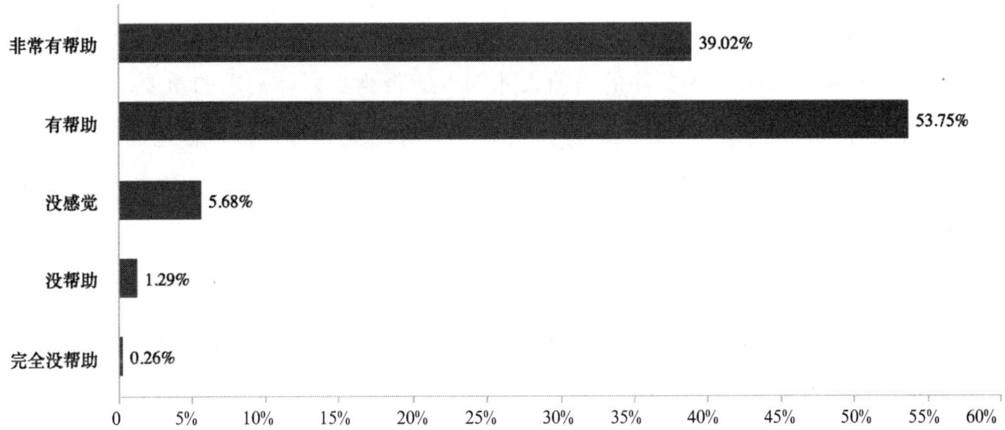

图 4　样本对传统新闻实务培训的态度

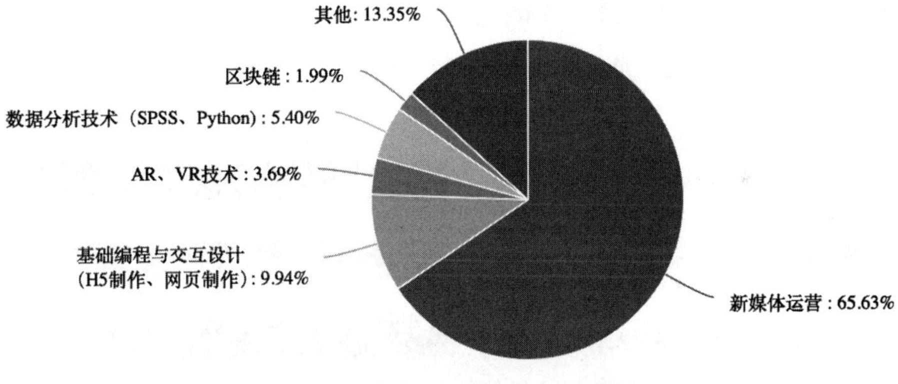

图 5　样本涉猎过的媒介技术前沿课程

针对智媒人才应具备的能力素养，超八成(81.83%)被访者认为，智媒人才应掌握短视频、直播的策划、拍摄和制作能力，近八成(78.53%)被访者认为，智媒人才具备图文可视、流媒体制作的能力，72.11%的被访者认为自媒体和新媒体运营的能力是智媒人才的必备能力。同时，约四成(43.30%)被访者认为智媒人才应具备编程、交互设计的能力。由此可见，当下的智媒人才培养首先集中在与媒体内容生产直接相关的前沿技术和能力方面，如短视频、直播、流媒体制作的能力，而技术难度和专业度要求相对较高、与媒体内容生产并非直接相关的能力培养相当缺乏，例如前端编程、交互设计和使用无人机、算法等。

(二)智媒人才需求现状:内容生产型新闻人才最受欢迎

就当前媒体机构的人才现状而言,近六成(59.63%)的被访者认同当前的媒体从业者能够满足智媒时代媒体内容生产的需求,“不同意”甚至是“极不同意”媒体机构人才符合智媒内容生产需求的被访者占比近三成(28.62%)。这说明,对于媒体、社会以及高校新闻传播院系都极为关注的当前人才培养能否满足媒体需求的重要问题,约六成媒体从业者持肯定态度,认为当前媒体行业从业者的能力符合未来智能媒体的发展需求。近三成媒体从业者不认可当前的人才培养状况,认为其不符合未来智能媒体的发展需求。

就当前媒体机构的人才需求而言,近六成(59.08%)的被访者认为,智媒时代最缺乏的媒体从业者为“内容生产型”,认为缺乏“策划型”和“技术型”媒体人才的被访者占比分别为 54.68%和 52.66%,认为缺乏“营销型”的占比最小,仅为 35.41%。由此可见,当前约六成的媒体从业者认为,在智媒时代,策划、生产优质内容的媒体从业者仍然最为稀缺,行业对此类人才的需求最大。同时,与技术发展相适应,媒体机构对技术型的媒体从业者也有较强的需求。相比较而言,媒体机构对营销型人才虽然也存在一定的需求,但这一类人才并非最为稀缺的人才。

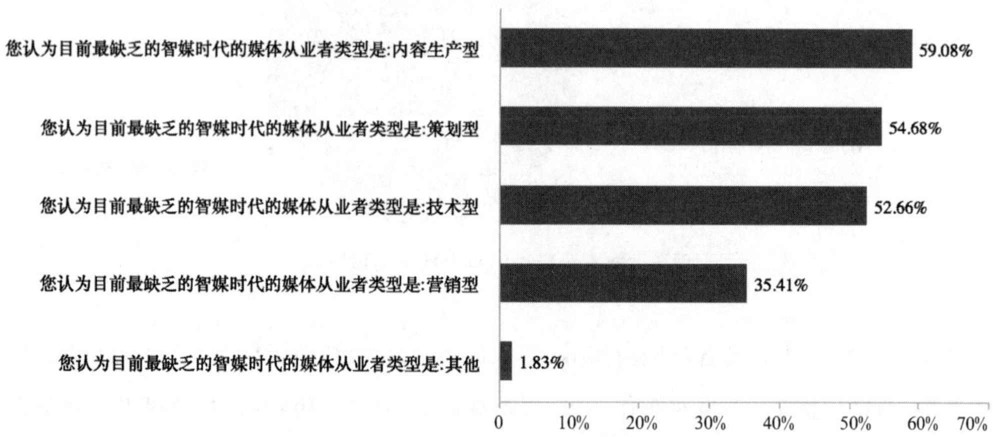

图 6 智媒时代最缺乏的媒体从业者类型(多选)

总结而言,人工智能技术和媒体智能化的发展并未改变媒体“内容为王”的现状,尽管媒介前沿技术拓宽了媒介渠道,媒体从业者掌握相关的新兴技术成为刚需,例如拍摄短视频、策划直播、新媒体运营等能力,但是,策划、生产、传播优质内容仍然是智媒从业者的核心素养,优质的内容创作型人才和策划型人才仍然最受媒体欢迎。

对当下的媒体从业者来说，掌握一定的新兴技术有助于他们更好地适应智媒发展、拓宽自身的职业路径，前沿技术可以快速地扩大内容的传播力、引导力和影响力，更好地适应受众需求，但技术始终服务于内容，智媒时代媒体从业者更不能忽视新闻业务能力和素养的提升。

(三)从业者对智能媒体的认知：理念和相关能力掌握有限，“新闻老兵”对新兴媒介技术表现出更强的求知兴趣

问卷显示，超五成(56.15%)的被访者对人工智能等智能技术发展的了解程度“一般”，仅有3.85%的被访者认为自身对智能技术的发展“非常了解”，超八成(85.32%)的被访者认同智能技术的学习和应用能够拓展媒体从业者的发展路径。超过九成(93.95%)的被访者同意，智媒时代的媒体从业者应具备一定的数据理念和数据处理能力，超六成(66.05%)的被访者同意媒体从业者应具备一定的编程能力。值得注意的是，被访者中非常认同媒体从业者应掌握一定的数据处理能力的认同度比掌握编程能力的比例高出了35.42%，说明被访者对掌握数据处理能力的认可度比掌握更为复杂的编程能力的认可度更高。

人工智能的发展，推动了新闻生产传播模式的转型，也带来了相应的伦理风险。对此，超过九成(93.39%)的被访者同意人工智能技术的发展需要媒体管理部门的监管和媒介伦理的约束，其中选择“非常同意”的占比最高，为66.97%，说明加强监管和媒介伦理制约、最大化规避人工智能可能带来的伦理风险已经成为媒体从业者的共识。不过，当前我国与人工智能技术发展相关的法律法规还处于起步阶段，媒体行业还须进一步推动加强立法，建立行业规范，完善行业自律和监管机制。

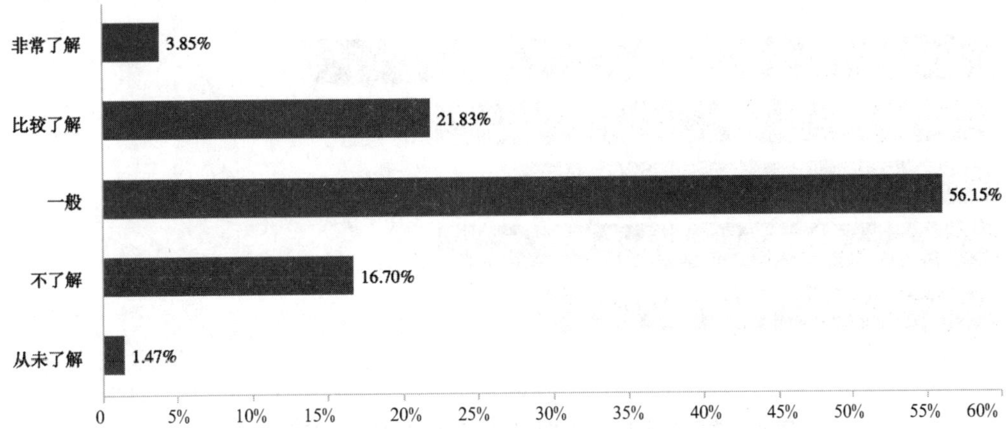

图7　样本对人工智能、算法、大数据、VR、云计算、区块链等智能技术的了解程度

值得关注的是,本次问卷中超六成(62.02%)的被访者为在这个行业从业 5 年以上的“新闻老兵”,但根据问卷结果的交叉分析显示,媒体从业者的工作时长和年龄并非决定其能否适应智媒发展、掌握媒体新兴技术的因素,拥有多年媒体从业经验的新闻工作者反而比初入职场的媒体从业者显示出对新兴技术、媒介前沿领域更大的求知兴趣和热情。

与以往研究得出的结论不同,本次调查认为,拥有更多工作经验的从业者可能具有更完善的职业规划意识和自学能力,对媒介的发展变化更为敏锐,危机意识较强,因此也更渴望求新、求变,希望通过学习媒介的新兴技术紧跟媒体智能化发展的需要。智能媒体的发展需要大量拥有资深从业经历的领军人才,为避免传媒人才的快速流失,媒体机构应加大针对从业者在适应新兴媒介技术层面的支持力度,通过开展相关技术的在职培训、建立针对核心人才和资深从业人员的鼓励机制,使得媒体从业者在智能媒体的建设中发挥更大的优势。

(四)媒体从业者适应智媒发展的最大阻碍:媒体体制机制的限制

传统媒体与发端于互联网的新媒体机构相比,具有先天的“科技基因”劣势,体制机制层面的灵活度低、对新兴技术重视度低等问题是被访者认为当下智媒发展不足的最大障碍。调查结果显示,近七成(68.81%)被访者认为自己适应智能媒体发展中的最大阻碍是所在媒体的体制僵化和用人机制不够灵活。同时,媒体从业者对于自身的智媒素养和专业技术能力也有清晰的认识,57.61%的被访者认为智媒素养不足和相关专业技术能力缺乏是阻碍其适应未来媒体智能化发展的重要因素。与之相关的是,几乎同样比例(56.88%)的受访者认为所在媒体机构的在职培训体系不够完善,媒介

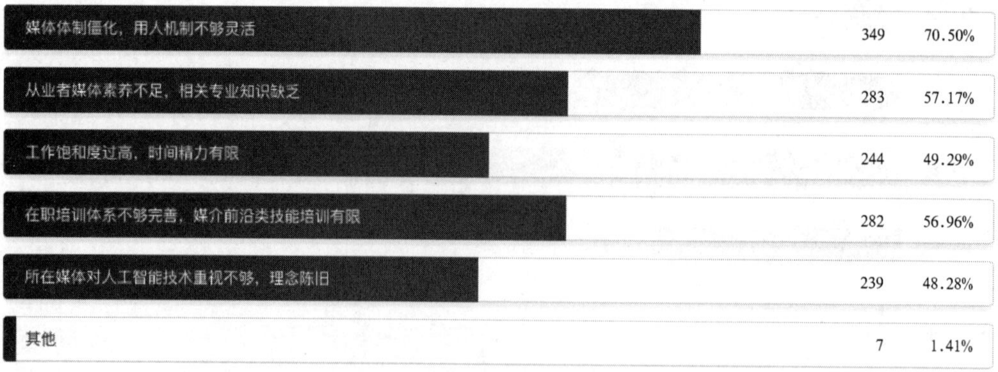

图 8　样本在适应智能媒体发展中遇到的最大阻碍(多选)

前沿类培训课程偏少。究其原因，49.36%的受访者认为其所在的媒体机构对人工智能技术重视不够，存在理念陈旧的问题。

五、研究结论

(一)媒体从业者智媒理念：滞后于技术发展，认知与能力有限

国内各大媒体已经在人工智能技术应用方面展开探索，人工智能技术在新闻媒体行业的应用正深刻影响着新闻媒体的信息生产模式和传播模式，移动化、智能化、融合化成为媒体发展的必然方向。身处其中的媒体从业者，面对媒体行业的巨大变革，先要从理念上实现转型，对媒体未来发展趋势、对从业者的素养要求、对前沿媒介技术有全面和清晰的认识，才可能真正认识到当前传媒行业正在发生的巨变，并通过多种类型的行业培训、继续学习等，应对挑战、适应变革。

从当前媒体从业者的职业认知来看，他们对媒体的智能化发展基本持积极态度，超八成的媒体从业者认同智能技术的学习和应用能够拓展媒体从业者的发展路径。但是，无论是其对智能媒体的认识，还是对前沿技术的掌握，目前都还非常有限。一半以上的从业者认为自己对人工智能技术发展的了解程度“一般”。尽管七成左右的媒体从业者接受过媒体前沿技术培训，但超六成从业者学习的是“新媒体运营”相关课程。实际接受过前沿技术(人工智能、算法、大数据、VR、云计算、区块链等)培训的媒体从业者仍为少数，多数从业者对人工智能技术还停留在“雾里看花”的状态，在职培训更多涉及的是与内容生产直接相关的实践能力，例如短视频制作、新媒体运营等。媒体从业者认为自身在适应智能媒体发展中遇到的最大阻碍是媒体体制机制问题，其他阻碍还包括所在媒体理念较为陈旧、对前沿技术重视不够、在职培训体系不够完善、当前工作量饱和、时间精力有限等。

总体而言，当前媒体从业者对于智能媒体的观念认知水平滞后于媒体的智能化发展趋势。

(二)智媒人才在职培养：亟待完善，“技术＋人文”复合型人才紧缺

基于媒体从业者当前对媒体智能化发展以及自身智媒素养方面的认识，超七成(70.09%)的被访者认为，在职人员智媒能力的培养需要所在媒体提供健全的、体系化的媒介前沿技术培训。人工智能技术的迅猛发展给传媒人才提出新的需求，一方面，

人工智能贯穿新闻传播的方方面面，涉及媒体发展的全程融合力、全员生产力、全息创新力和全效传播力，需要人才梯队的全面覆盖。除了扎实的新闻业务能力之外，传媒技术的更新换代，对创新思维和理念也提出了更高的要求，智媒时代的新闻传播人才还需对前沿媒介技术有相当程度的认知和掌握。另一方面，六成的媒体从业者认为，在智媒时代，策划、生产优质内容的媒体从业者仍然最为稀缺，行业对此类人才的需求最大。技术的创新和运用是推动媒体融合发展的重要引擎，但是，内容建设始终是推动媒体融合发展的根本，它是融合发展的起点，也是融合发展的终点。因此，运用智能化技术加大对新闻内容生产的创新力度，不断改进产品形态实现全面提升舆论引导力的最终目标，是融媒体时代对智媒人才的挑战。

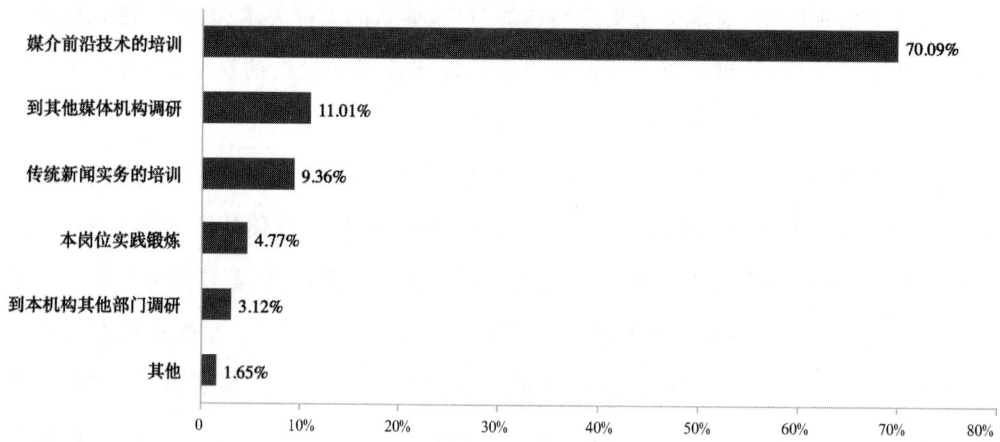

图 9　媒体从业者的媒介前沿能力培养途径

同时，面对人工智能所带来的算法不透明、信息茧房、技术伦理等负面问题，人才的作用更加凸显。如何实现人工智能的技术可控、为我所用，关键还在于人才的驾驭能力。

新华社 2020 年发布的《人工智能时代媒体变革与发展》研究报告指出，媒体应避免走入"技术至上"的怪圈，让人工智能技术服务于内容生产，以前沿技术赋能内容创新，加强优质内容与前沿技术的适配性。[①] 人工智能技术将进一步加速媒体智能化的发展进程，身处其中的新闻工作者也应在主动拥抱科技、寻求科技赋能的前提下，不断提升自身的人文素养，提高内容生产核心能力，"科技＋人文"赋能将成为智媒人才未

① 新华社.2019 年度"人工智能时代媒体变革与发展"研究报告[EB/OL].(2019-02-29)[2021-09-04].https://baijiahao.baidu.com/s? id=1659051979202732447&wfr=spider&for=pc.

来的职业要求。

当前,我国人工智能人才缺口较大,能将技术与人文相融合的"复合型人才"更为紧缺。媒体机构应承担起使在职人员掌握媒介前沿技术、跟进智能媒体发展的引领角色,提升媒体内部对新兴技术的认可度和主动适应度,为在职人员学习前沿技术提供完善的前沿技术培训体系,加强媒体机构与技术公司的合作,主动推动媒体的智能化转型。

(三)提升体制机制层面的灵活度,推动智媒发展

本次调查显示,近七成(68.81%)的被访者认为在适应智能媒体发展中遇到的最大阻碍是所在媒体的体制机制不够灵活。在推动媒体从业者进一步适应人工智能技术的发展中,媒体机构发挥着重要作用,通过改革旧有体制机制中不够灵活和不适应当前融媒发展的部分,例如内容生产机制、奖励机制、用人机制等,提高复合型人才和高精尖人才的待遇,解决创新性人才"用不好""留不住"的问题,才能推动媒体从业者更好地适应人工智能与媒体的"深入融合"。

结语

在技术赋能媒体深度融合的背景下,媒体可以通过人工智能、大数据、云计算等技术获取用户需求,优化产品,提升媒体的舆论引导能力,加强传播效果,助力营造良好的舆论生态环境。适应媒体智能化发展的人才队伍建设成为媒体融合发展中的重中之重,习近平总书记指出,"媒体竞争关键是人才竞争,媒体优势核心是人才优势",并要求新闻舆论工作者"努力成为全媒型、专家型人才",[①]为新闻舆论工作队伍建设指明了方向、明确了目标。

针对当前媒体从业者对智能媒体认知滞后于媒体智能化、融合化发展的状况,传统媒体机构应逐步打破旧有体制机制在内容生产、人才、激励方面的限制,从观念和实践层面支持媒体从业者更好地适应新媒体业态,加深对人工智能等新兴技术的理解度,提升优质内容与技术发展的适配性,为在职人员学习前沿技术提供完善的前沿技术培训体系,推动媒体与用户之间的互联互通新生态的发展。

同时,媒体机构不能顾此失彼,让技术凌驾于内容之上,"唯数据论""技术至上"的

---

① 新华社.习近平:坚持正确方向创新方法手段 提高新闻舆论传播力引导力[EB/OL].(2016-02-19)[2021-05-01].http://www.xinhuanet.com/politics/2016-02/19/c_1118102868.html.

观点将导致媒体优质内容资源的流失,核心竞争力被削弱。媒体仍须坚守舆论引导的责任,坚守新闻伦理道德和正确的价值判断,建立以内容建设为根本、先进技术为支撑、创新管理为保障的全媒体传播体系。

参考文献

[1]敖鹏.算法新闻生产的前沿实践、问题及对新闻教育的启示[J].传媒观察,2019(01):34-40.

[2]蔡雯,翁之颢.融合转型的传媒业需要什么样的新闻传播人才?——对近年传媒业人才需求状况的观察与分析[J].新闻记者,2016(12):13-18.

[3]GUO L, VOLZ Y.(Re)defining journalistic expertise in the digital transformation: a content analysis of job announcements[J]. Journalism practice, 2019:1-22.

[4]黄旦.重造新闻学:网络化关系的视角[J].国际新闻界,2015,37(01):75-88.

[5]芬博格,克林格,张建中.未来新闻业的核心技能[J].新闻记者,2014(11):22-28.

[6]李惊雷.人工智能时代新闻传播教育困境[J].中国出版,2019(06):38-42.

[7]牟宏.新媒体时代复合型新闻传播人才培养策略[J].传媒,2019(14):86-87.

[8]彭兰.智媒化:未来媒体浪潮——新媒体发展趋势报告(2016)[J].国际新闻界,2016,38(11):6-24.

[9]王成军.计算社会科学视野下的新闻学研究:挑战与机遇[J].新闻大学,2017(04):26-32,146.

[10]王亦高,黄从浩.新闻从业人员职业角色认知现状再探:基于北京地区的一项调研初步数据[J].新闻前哨,2019(03):69-71.

[11]王亦高,沈华文.变革与挑战:高级互联网时代的新闻职业精神[J].青年记者,2019(01):49-50.

[12]王亦高.新闻职业精神面临的当代困惑与原因[J].青年记者,2021(11):13-14.

[13]徐来,黄煜."新闻是什么":人工智能时代的新闻模式演变与新闻学教育之思[J].全球传媒学刊,2017,4(04):25-39.

[14]殷文博.浅析人工智能对新闻业的推动与影响[J].新闻论坛,2019(06):10-13.

[15]祝建华,黄煜,张昕之.对谈计算传播学:起源、理论、方法与研究问题[J].传播与社会学刊,2018(44):1-24.

〔曹晚红,中国传媒大学电视学院教授;余子奕,中国传媒大学电视学院硕士研究生;余思梦,中国传媒大学电视学院硕士研究生〕

〔特约编辑:涂凌波〕

新文科背景下的思政教育创新模式研究*

——以“中国新闻传播大讲堂”为例

Research on the Innovation Model of Ideological and Political Education in the Context of New Liberal Arts

—Taking ‘China's Journalism and Communication Lecture Hall’ as an Example

◎冷　爽　田香凝

Leng Shuang　Tian Xiangning

摘要：在新文科建设和课程思政改革的语境下，探索新型思政育人格局成为当前新闻传播教育的重要课题。本文以“中国新闻传播大讲堂”为例，从主体、机制、功能三个层面总结了“大讲堂”的思政教育创新模式：在主体上整合多方优势，明确教育部高等教育司、中央宣传部新闻局和高校新闻传播学类教学指导委员会的协作关系；在机制上建立内容辐射机制、自主应用机制、交流分享机制，实现全国新闻传播院校的合作连接与资源传递；在功能上发挥知识传授、能力培养、价值塑造的作用，培养学生的专业知识、实践技能、国情观念和大局意识。

关键词：中国新闻传播大讲堂；思政课程；新文科

Abstract: In the context of new liberal arts construction as well as ideological and political courses reform, exploring a new pattern of ideological and political education has become an important topic of current journalism education. This article takes the ‘China's Journalism and Communication Lecture Hall’ as an example, summarizing the innovation model of the Lecture Hall from three levels. At the subject level, it clarifies the collaborative relationship between different institutions. At the mechanism level, it promotes the cooperation of journalism schools through the mechanism of content radiation, independent application, and exchange and sharing. At the functional level, it plays the role of knowledge transfer, ability training, and value shaping, which helping

* 本文系国家社科基金重大项目“我国新闻传播业人工智能应用现状与发展趋向研究”（项目编号：19ZDA327）阶段性成果；中国传媒大学思想政治教育提升创优研究项目“‘抗疫大讲堂’的思政教育创新模式研究”（项目编号：CUC200M01011）阶段性成果。

students acquire professional knowledge, practical skills and a better situation awareness.

Keywords:China's Journalism and Communication Lecture Hall, ideological and political courses, new liberal arts

2020 年 11 月 3 日,教育部新文科建设工作组召开了新文科建设工作会议,会议发布了《新文科建设宣言》,指出要建好中国政法实务、新闻传播、经济、艺术四个大讲堂,培养具有自信心、自豪感、自主性的新时代文科人才。[①] "新文科"范式的提出不仅为新闻传播学科赋予了新的时代使命,也为新闻传播教育的课程思政建设注入了新的动能。

课程思政要求将思想政治教育融入教育教学全过程,打通传统思想政治教育与专业知识教育之间的教学壁垒。对于新闻传播学而言,马克思主义新闻观教育关系到培养什么样的新闻传播工作者、如何培养新闻传播工作者以及为谁培养新闻传播工作者等根本性问题,这意味着,马新观教育不仅是课程思政的直观体现,也是其具体内涵的重要构成。

近年来,我国关于马新观课程思政教育的理论探讨和经验总结有了进一步发展,相关研究持续增多。高晓虹等人认为,马新观的教学培养要从完善教学体系、推动教材建设、培养传播人才的维度展开。[②] 胡钰则提出了马新观教育的五个着力点:讲清楚马克思的形象和马克思主义的立场、观点、方法;讲清楚新闻与政治的关系;讲清楚中国共产党的新闻思想;讲清楚中国国情与问题意识;讲清楚全球传播与文化自信。[③] 但与此同时,也有学者指出,高校马新观教育仍面临着一系列困境,如授课方式单一、知识体系陈旧、教师个人经验有限难以回应理论问题等。[④] 关于马新观教育的研究大多集中在内涵阐释、方法论梳理上,少数经验介绍也多阐发于某一高校的孤例,但对媒体融合时代的全媒体实践回应不足,欠缺可在全国推广的经验模式。

在这样的背景下,"中国新闻传播大讲堂"应运而生。"中国新闻传播大讲堂"是在教育部高教司、中宣部新闻局的指导下,由高等学校新闻传播学类专业教学指导委员

① 教育部.新文科建设工作会在山东大学召开[EB/OL].(2020-11-03)[2021-12-01].http://www.moe.gov.cn/jyb_xwfb/gzdt_gzdt/s5987/202011/t20201103_498067.html.

② 高晓虹,赵希婧.马克思主义新闻观与新时期新闻传播高等教育[J].中国大学教学,2016(12):11-14,90.

③ 胡钰.马克思主义新闻观教育的着力点[J].现代传播(中国传媒大学学报),2016,38(7):147-150.

④ 周茂君,沈君菡.高校马克思主义新闻观教育现状、问题与对策:基于湖北省 29 所高校新闻专业院系的调查[J].中南民族大学学报(人文社会科学版),2019,39(5):167-174.

会负责组织实施，面向全国新闻院校开设的大课堂，旨在每年聚焦最具时代感的主题，将新闻一线的生动实践融入全国新闻院校的课堂教学。2020年，大讲堂以"来自武汉抗疫一线的报道"为主题，邀请了14家主流媒体单位的39位新闻工作者，分享新冠肺炎疫情抗疫期间的感人故事和报道中的创作体会，在全国产生了巨大反响。

本文作者作为"中国新闻传播大讲堂"项目组成员，实际参与了"大讲堂"课程的录制与推广工作。文章结合工作实际，从主体、机制、功能三个层面总结了"中国新闻传播大讲堂"的思政教育创新模式（见图1），既为我国马新观教育和高校课程思政建设提供思路，更为我国教育现代化和新文科建设创新发展留下生动注脚。

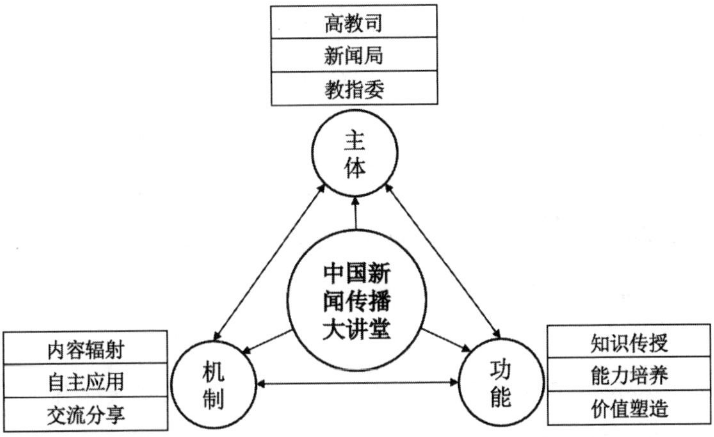

图1 "中国新闻传播大讲堂"的思政教育创新模式

一、主体："司、局、校"协同推进

"中国新闻传播大讲堂"的创设、制作与推广，离不开多元主体的协作分工、资源交换和集体行动。教育部高等教育司、中央宣传部新闻局和中国传媒大学作为重要主体，最大限度地发挥自身优势、盘活自身资源。

首先，政法实务、新闻传播、经济、艺术四个系列大讲堂，是教育部高等教育司加快新文科建设的重要举措。作为四大讲堂之一的"中国新闻传播大讲堂"，则是教育部高教司推动新闻传播教育提质创新的有力抓手。在"大讲堂"开展过程中，高教司主要负责"大讲堂"进校园、进课堂的顶层设计与政策保障，支持各高校新闻传播院系将"中国新闻传播大讲堂"作为新闻传播类专业的必修课，指定专人负责、纳入学分管理，同时也鼓励各高校将其作为其他专业的选修课，打牢高校师生的思想基础。

其次,中宣部作为指导、协调中央各新闻单位的综合职能部门,在宣传学习马克思主义理论、贯彻落实党的新闻舆论工作要求等方面发挥着重要作用。在“中国新闻传播大讲堂”的推进过程中,中宣部新闻局从党和国家新闻事业发展的全局和战略高度出发,负责确定授课主题、授课人员并审定相关讲稿。围绕每一年度的不同主题,中宣部新闻局会推荐合适的新闻工作者作为主讲人,要求其政治立场坚定、新闻实践经验丰富、新闻理论功底扎实并具备良好的表达能力,能够把握“大讲堂”课程的原则要求和核心要义,将新闻一线的生动实践用深入浅出的方式融入全国新闻院校的课堂教学。

最后,中国传媒大学是教育部新闻传播学类专业教学指导委员会主任委员单位,长期致力于促进专业标准建设、服务学科创新发展。“中国新闻传播大讲堂”由中国传媒大学负责具体的制作和运行,包括制订工作计划、对接授课人员、开展师资培训、录制授课视频、设计统一标识、凝固工作成果等。在录制前,中国传媒大学对授课师资进行教学辅导,使其讲授内容和方式更适应高校课堂的教学规律;在录制结束后,中国传媒大学统一对课程视频进行剪辑制作,将视频打包为32集、每集50分钟的系列课程,每集视频融合了演播室讲授、报道案例、拓展资料、课后思考等内容,以满足高校多元化的教学用途。

可见,司、局、校形成了分工明确、相辅相成的协作关系,三大主体各司其职,搭建起了协同推进的思政育人格局。

二、机制:内容辐射、自主应用、交流分享

在多元主体的推动下,“中国新闻传播大讲堂”建立起了思政资源的辐射、开发与共享机制,加强新闻院校与新闻媒体“协同育人”,有效对接教育现代化和建设新文科的时代需求。

(一)教育资源辐射下沉,学生与知识有机联通

随着经济水平的不断提高,我国高等教育事业繁荣发展,但东西部地区、城乡之间的差异依旧较为明显,在学科与专业资源、信息资源、人力资源、社会资源等方面依旧存在着供给不足、配置不均的现象。[①] 与此同时,传统概念上的讲堂主要以在场交往为主,授课人与授课对象往往在固定的时空场域内进行交流,课程的影响力和辐射力

① 李廷洲,杨文杰,李婉颖.长江经济带高等教育资源优化配置研究[J].中国高教研究,2021(2):30-35.

有限。并且，传统讲堂上教授的知识主要来自于书本，是社会精英所贡献的标准化内容，这样的知识经过了抽象化、结构化和文字化的处理，无法有效呈现实践性的经验。[①]

针对上述情况，“中国新闻传播大讲堂”打通了校内校外的资源壁垒，推动了优质知识经验的对接匹配、辐射下沉，让全国新闻院校能够共享教学内容、互通教育信息。“大讲堂”邀请优秀新闻工作者集中走进高校、形成集群效应，以文字、视音频、新媒体交互等方式讲述理论知识和实践经验，并利用现代信息通信技术将课程资源辐射覆盖到我国 719 所新闻传播院校，让全国新闻学子能够定期获得最生动、最鲜活、最直观的新闻业界一线实践和思考。

吉登斯曾提出“脱域”的概念，认为现代社会关系不再有明晰的时空边界，而是从时间和空间的绑定中“脱离出来”。[②] 从这个角度来看，“中国新闻传播大讲堂”打破了传统的师生在场交往模式，形成了全时段、全空间、全员全体的“云端大课”，探索了新闻传播课程教学新形态与资源共享新方式，将全国新闻传播院校连接为一个辐射全国、触达城乡的脱域学习共同体。

(二)各地院校创新应用，贯穿联动“三个课堂”

在课程视频下发至各院校后，高教司鼓励各单位根据自身情况和条件安排课程的落地方式，摒弃“千人一面”的教育模式，实现“千姿百态”的教育效果，真正贯穿了教室、校园、社会三个课堂。

首先，“中国新闻传播大讲堂”包含了国情教育、思政教育和专业教育的三重属性，被各院校作为新闻传播类专业课程思政资源广泛使用。既有院校将其设为独立课程、纳入学分管理，也有院校将其与新闻专业课程、思政理论课程相结合，打造融合课程。在教学实践中，各院校教师可以根据课程内容选取相应主题的“大讲堂”内容来使用，或者将抗疫记者的报道作品和讲解作为案例，用生动鲜活的材料让相关知识点落地。

其次，“中国新闻传播大讲堂”采取了“好记者讲好故事”的模式，课程内容视角多元、讲述生动，成为各地校园活动的重要素材。各院校结合自身资源条件，组织了丰富的主题党日、团日活动让学生们分享所感所学，通过多种方式让新闻专业精神和抗疫精神进校园、进头脑。例如，苏州大学鼓励学生结合课程内容，制作相关的文字、海报和视频作品，并通过校内 LED 屏和广告栏进行宣传；中原工学院指导学生创作了 260

① 陈丽，逯行，郑勤华.“互联网＋教育”的知识观：知识回归与知识进化[J].中国远程教育，2019(7)：10-18，92.

② 吉登斯.现代性的后果[M].田禾，译.南京：译林出版社，2000：16-18.

多部抗疫短视频作品，并且进行线上展播。

最后，受“中国新闻传播大讲堂”启发，多所院校依托自身的产学合作平台，组织学生进行校外实习实践，不断增强业务能力。例如，宁夏大学带领学生参观宁夏日报报业集团、银川传媒集团、贺兰县融媒体中心等媒体机构，邀请参与新冠肺炎疫情报道的新闻记者与学生面对面交流，使学生更好地理解疫情期间的信息传播规律；暨南大学组织学生分赴广东省的16个县级融媒体中心，开展全方位的新闻、营销、音视频制作志愿服务，鼓励学生发挥专业所长，把对“大讲堂”的学习热情与社会实践结合起来。

（三）全国师生交流互动，形成资源共享社区

在课程得到推广应用之后，为了更好地梳理、凝固“中国新闻传播大讲堂”的成果，并深入挖掘“大讲堂”所蕴含的专业价值、思政价值、研究价值，项目组还筹备了多场研讨会议、汇编了一系列学习材料，助力全国师生用好用足“大讲堂”资源。

首先，项目组举办了一系列专题研讨，向全国院校介绍新文科背景下“大讲堂”的制作和推广经验，进一步推进“大讲堂”工作的制度化、系列化、常态化；其次，项目组以“大讲堂”记者的讲述为样本，进行了案例分析研究。最后，项目组还收集、精选、汇编了全国200多所新闻传播院校师生的感悟体会，出版为《回响：中国新闻传播大讲堂2020》一书，书中汇编了各个院校对于“大讲堂”资源的创新应用，记录了学生们对“大讲堂”课程的学习心得，并回馈给各高校、单位。

这样的交流分享机制，创建了一个以“中国新闻传播大讲堂”为核心的社区型网络，多元主体可以在这里进行资源寻径、反思沉淀、交互联结，这不仅让高校之间可以互相借鉴思政教育的特色做法，更重要的是，为学生们提供了自我表达的话语空间，深化了他们的认知发展。在学习场域中，情感表达、开放交流和群体凝聚是提升学生获得感和存在感的重要路径，只有让学生从“听者”转变为“说者”，学生才能从接受知识发展为学会认知，在表达与交流中获得意义、找到归属并维持紧密的学习社区。① 从这个角度来看，“大讲堂”不仅实现了思政教育资源在全国范围内的连接与传递，还为异质性的师生个体提供了交流渠道，从而形成共享氛围，深化价值理念。

三、功能：知识传授、能力培养、价值塑造

作为一堂“生动的国情大课、有温度的思政大课、高水平的专业大课”，“中国新闻

① 卢强.学习共同体内涵重审：课程教学的视域[J].远程教育杂志，2013，31(3)：44-50.

传播大讲堂”在推进过程中发挥着知识传授、能力培养和价值塑造的三重功能，从而让新闻传播学子在提升专业素养的同时，建立起对国家民族复兴伟业、对党领导的社会主义事业的高度认同。

(一)生动讲述马新观的立场、方法与原理

在新闻传播人才的培养过程中，马克思主义新闻观是定盘星。讲好马新观的立场、方法与原理，让同学们“真懂、真信、真用”，是全国新闻院校在持续探索的问题。2020 年的“中国新闻传播大讲堂”规划了 32 集视频课程，内容涵盖新闻采访、新闻评论、新闻写作、新闻策划、新闻摄影、国际新闻传播、调查性新闻、融媒体实践、媒体与社会舆论等多个主题。参与武汉抗疫一线报道的新闻工作者，通过个体化叙事、故事化表达，告诉学生如何理解并践行马克思主义新闻观。授课人员结合自身经验和体悟，教导学生要深入现场、了解事实、捕捉细节，向读者和观众多角度呈现疫情一线的真实场景；要用事实说话、用典型说话、用数字说话，尊重新闻传播的客观规律；要监测环境、守望社会、服务大众，用恰当合理的方式引导舆论。

曾有一项针对全国 14 所高校的调研显示，超过 75％的大学生学习马克思主义理论是出于课程安排需要，他们排斥僵化空洞、与现实脱节的内容，希望理论知识可以结合时事政治。① “大讲堂”选取了与所有人利益相关的“新冠肺炎疫情”为切入点，让一线记者讲述理论的现实应用，赋予了理论知识时代感和贴近性。一些授课人还以深入浅出的方式总结了新闻报道经验，如《现代快报》的记者孙兰兰，将突发新闻报道的关键凝练为“真、快、近、轻、暖、深”六个关键字，便于同学们更好地理解和记忆马新观的基本原理，更好地发挥“大讲堂”知识传授的效能。

(二)切实增强学生的脚力、眼力、脑力、笔力

习近平总书记曾提出，好的新闻报道是靠好的脚力、眼力、脑力、笔力得来。为了引导学生锻炼和增强“四力”，教会学生在新闻实践中解决实际问题，“大讲堂”邀请了就职于中央和地方主流媒体、从事不同岗位工作的一线新闻工作者，让他们结合报道实例向学生讲授新闻工作者应具备的素质、能力和本领，并介绍新闻工作者与所在部门的合作情况，帮助学生了解媒体内部的运行机制。具体而言，“大讲堂”的授课内容涵盖“采、写、编、播、报”的新闻业务全流程，包括：新闻报道的议题设置和统筹组织、新

---

① 严建雯，汪莹.大学生心理特征视阈下高校马克思主义理论学习的实证研究[J].思想教育研究，2012(11)：106-109.

闻线索的挖掘收集、采访对象的沟通交流、报道写作的立场角度、融媒体作品的创意传播等。

曾有学者提出，课程教学可以通过触发事件、概念探索、方案整合和问题解决四个步骤，形成一个有效的教学闭环。① "大讲堂"的授课逻辑便契合了这一规律，为同学们还原了真实的新闻现场、复盘了报道的判断决策逻辑、梳理了优秀新闻作品的锻造过程：在触发事件阶段，授课人以目击者和参与者的身份向学生描述所处情境，激发起他们对于新闻事件的思考和关注；在概念探索阶段，授课人带领学生探寻报道涉及的核心概念和问题本质，并分析期望通过报道达到的最终目的；在方案整合阶段，授课人复盘了在报道过程中采取的具体方法和多元策略；在问题解决阶段，授课人向学生呈现了新闻报道的最终内容和产生的效果，总结并升华报道经验，指导学生未来的实践行动。

例如，《中国青年报》湖北记者站站长雷宇剖析了中青报在疫情前线的人员安排、报道布局和采访布点技巧，并介绍了文字记者和摄影记者如何深入方舱医院，用连续采访三天、记录几十万字的实际行动，诠释了"用脚采访，用笔还原"；《人民日报》记者鲜敢则讲述了自己报道疫情期间武汉蔬菜供应的经历，向同学们介绍如何通过"蹲点"来观察细节变化，做出角度巧、故事新、写法活的疫情报道。通过影像资料的呈现和采访经历的讲述，"大讲堂"让同学们在沉浸式的学习中提升业务水平，切实增强深入实际的脚力、明辨真伪的眼力、勤于思考的脑力、勇于创新的笔力。

(三)引导塑造新时代青年的价值理念

在讲授理论知识、提升能力技巧的基础上，"大讲堂"的最终落脚点在于对学生的价值引导和塑造。"大讲堂"通过宣传和解读伟大抗疫精神，强化学生的思想自觉、政治自觉与行动自觉，让马克思主义的世界观、人生观和价值观真正"入脑""入心"。

当前，一些大学生对高校思政课保留着"照本宣科"的刻板印象，这可能源于一些思政教学实践缺乏必要的情感注入和碰撞，让教师与学生之间、学生与教学内容之间难以产生情感共鸣和价值共识。② 而本次"大讲堂"将抗击新冠肺炎疫情作为师生之间的连接点，让师生在人类共同面对的公共情景中实现共情。授课人用亲眼所见、亲身经历的抗疫故事来牵引课堂知识、传递职业操守、抒发爱国情怀，生动诠释了习近平

---

① 兰国帅，钟秋菊，郭倩，等.自我效能、自我调节学习与探究社区模型的关系研究：基于网络学习空间中开展的混合教学实践[J].中国电化教育，2020(12)：44-54.

② 崔健，舒练.高校思想政治理论课讲好伟大抗疫精神论略[J].思想教育研究，2021(2)：116-120.

总书记所提出的“生命至上、举国同心、舍生忘死、尊重科学、命运与共”[①]的伟大抗疫精神,并引导学生们将对抗疫精神的认知转化为对中华民族、中国共产党、中国特色社会主义的自信和认同。

同时,“大讲堂”也充分发挥着“好记者”的作用,通过讲故事的方式,让个体叙事、媒体叙事和国家叙事形成互补,并展现出中华民族同舟共济、守望相助的家国情怀。在第一视角的讲述中,授课人身体力行地诠释了个体与社会、国家的关系,引导学生们坚定理想信念,把实现好、维护好、发展好最广大人民的根本利益作为新闻学习和新闻实践的出发点和落脚点,形成具备高度责任感和使命感的人生观、恰当认识和正确分析事物的世界观、以人民为中心的价值观。

结语

新闻传播学科是培养新闻舆论人才的主阵地,高校马克思主义新闻观教育,不仅关乎青年学子的思想政治水平提升,也关乎我国新闻传播事业的健康发展。

在新文科建设的背景下,“中国新闻传播大讲堂”融合了国情教育、思政教育和专业教育,契合了新媒体环境中课程平台建设的精细化趋向,开创了跨地域、跨院校的教育资源推广网络,实现了中央与地方、学界与业界、理论与实践、思政与专业、学业与就业等多维度的资源对接。

“大讲堂”所探索的思政教育创新模式,不仅对新闻传播学科建设有着深刻的价值,也对文科教育的拓围提质有所借鉴:首先,要做好顶层设计,有效整合国家、高校和社会的育人资源,让思政教育能够契合时代发展和社会需求;其次,要健全运行机制,使育人力量可以在科学有效的框架内聚合,形成知识产品“生产—推广—落地—反馈”的良性闭环;最后,要拓展育人功能,将知识传授、能力培养和价值塑造进行过程性融合。只有上下贯通、多方联动、因地制宜、守正创新,才能打破原有的育人壁垒,使专业教育与思政教育有机统一,推动国家高等教育从精英式转向大众化,进而向普及化转型。

〔冷爽,中国传媒大学电视学院副研究员;田香凝,中国传媒大学电视学院讲师〕

〔特约编辑:付晓光〕

① 中共中央党史和文献研究院.习近平关于统筹疫情防控和经济社会发展重要论述选编[M].北京:中央文献出版社,2020:9.

跨学科视域下工程类专业本科人才培养:以中国传媒大学人工智能专业为例*

Undergraduate Talent Cultivation of Engineering Majors from the Interdisciplinary Perspective: Taking Artificial Intelligence Major of Communication University of China as an Example

◎ 殷复莲　王　爽　章文辉

Yin Fulian　Wang Shuang　Zhang Wenhui

摘要:高等工程教育发展进入了新阶段,成为国际关注的焦点。本文首先调研了国内外高等院校高等工程教育改革经验,进一步指出了我国高等院校工程类人才培养存在的普遍问题;在此基础上,围绕高等教育人才培养的三个根本问题,本文尝试给出了高等工程教育人才培养模式改革的着力要素和实施路径,包括"课程"要素、"项目"要素、"学生"要素以及"教师"要素;接下来,本文将中国传媒大学人工智能专业作为典型案例,探讨其将传媒特色融入人工智能专业人才培养的可行性,以期为高等工程教育人才培养模式改革提供参考。

关键词:高等工程教育;人工智能;本科人才培养;跨学科;传媒

Abstract: The development of higher engineering education has entered a new stage and become the focus of international attention. This paper first investigates the reform experience of higher engineering education in domestic and foreign universities, and further points out the common problems existing in the engineering talent cultivation in Chinese universities. On this basis, centering on the three fundamental problems of talent cultivation in higher education, this paper tries to give the focus elements and implementation path of talent cultivation mode reform in higher engineering education, including

* 本文系电子信息类专业教学指导委员会教改项目"面向传媒领域的人工智能一流专业建设模式探索"(课题编号:2020-YB-08)研究成果;2020年中国传媒大学教学改革项目"面向传媒领域的人工智能一流专业建设模式探索"(课题编号:JG21051)研究成果。

"curriculum" elements, "project" elements, "student" elements and "teacher" elements. Next, this paper takes the artificial intelligence major of Communication University of China as a typical case to explore the feasibility of integrating media characteristics into the engineering talent cultivation, in order to provide reference for the mode reform of higher engineering education.

Keywords: higher engineering education, artificial intelligence, undergraduate talent cultivation, interdisciplinary, media

一、问题的提出

当今世界已进入智能时代,新一轮的科技革命和产业变革席卷全球,急需大批人才助力社会发展。高等教育是培养社会发展所需人才的重要阵地,智能时代对多领域交叉人才、创新人才、尖端人才等各类科技人才的需求对高等教育特别是高等工程教育提出了新的挑战,要求高等工程教育用新的理念和方式培养人才,因此,深化人才培养模式改革已成为高等工程教育的必由之路。美国麻省理工学院于2018年发布《全球一流工程教育发展现状》咨询报告,报告将麻省理工学院、卡耐基梅隆大学、荷兰特温特大学等声誉良好的欧美研究型大学作为全球高等工程教育领域的"当前领导者",这批院校在人才培养模式改革方面进行了诸多尝试,并取得了良好成效。[①] 麻省理工学院于2017年启动了"新工程教育转型"(The New Engineering Education Transformation, NEET)计划,将人才培养由科目中心转变为项目中心,课程结构设计遵循"纵向贯通,横向交叉,问题导向"原则,强调本科教育与研究生教育相衔接、跨学科、非结构化和模块化的课程设计等。[②] 卡耐基梅隆大学以强劲的学科支撑为前提,以学生为中心,为每位学生提供个性化培养方案。[③] 特温特大学彻底打破了传统教学模式中课堂与实践教学相分离的桎梏,将全校19个本科专业按统一教学组织框架进行模块化设计,根据不同教学阶段培养目标、遵循问题导向原则构建模块化课程体系。[④] 报告进一步总结了当前高等工程教育改革行之有效的指导原则:一是以学生

① GRAHAM R. The global state of the art in engineering education[R]. Massachusetts: MIT, 2018.

② 朱伟文,李亚东.MIT"项目中心课程"人才培养模式解析及启示[J].高等工程教育研究,2019(1):158-164;刘进,王璐瑶.麻省理工学院新工程教育转型:源起、框架与启示[J].高等工程教育研究,2019(6):162-171.

③ 季波,李魏,吕薇,等.人工智能本科人才培养的美国经验与启示:以卡耐基梅隆大学为例[J].高等工程教育研究,2019(6):194-200.

④ 潘海生,杨慧.荷兰特温特大学模块化工程教育模式及其启示[J].高等工程教育研究,2020(3):163-169.

为中心的教学设计(user-centered design),二是技术驱动的企业家精神(technology-driven entrepreneurship),三是以项目为中心的积极学习(active project-based learning),四是在工程基础中的严谨态度(a focus on rigor in the engineering "fundamentals")。与此同时,为应对新一轮科技革命与产业变革,支撑服务创新驱动发展、"中国制造 2025"等一系列国家战略,2017 年 2 月以来,我国教育部积极推进新工科建设,先后形成了"复旦共识""天大行动"和"北京指南",全力探索高等工程教育人才培养的中国模式、中国经验,助力高等教育强国建设。

探索高等教育人才培养模式可以归纳为对三个根本问题的研究。[①] 首先,培养什么样的人才,即人才培养的目标问题;其次,怎么培养人才,即人才培养的过程问题;最后,培养的人才怎么样,即人才培养的评价问题。明确人才培养目标是前提,为人才培养过程方案的制定提供基本原则和基本思路,并为人才培养中评价体系的构建提供参考依据。过程方案的制定是探索人才培养模式研究成果的集中体现,为达成人才培养目标提供具体的解决方案。评价体系的构建将目标与过程相衔接,一方面,将人才培养目标作为人才培养模式改革有效性的评价标准;另一方面,通过反馈评价结果,进一步修正培养方案,达到目标与过程的进一步契合。

当前,我国高等工程教育人才培养模式改革相较于欧美起步较晚,普遍存在以理科教育方式培养工程师的现象。基于以上研究背景,本文首先对高等工程教育存在的问题进行了深入分析;在此基础上,围绕高等教育人才培养的三个根本问题,本文尝试给出了高等工程教育人才培养模式改革的着力要素和实施路径;最后,本文将中国传媒大学人工智能专业作为典型案例加以分析。

二、当前我国高校工程类专业人才培养存在的问题

2017 年 2 月以来,我国教育部积极推进新工科建设,随着"复旦共识""天大行动"和"北京指南"等文件的先后落地,越来越多的高校拉开了高等工程教育改革的大幕,在工程类专业建设模式的探索、培养方案的制定、课程体系的构建以及实践教学方法的创新等方面做了诸多努力,取得了不少成绩。但是,在特色培养模式改革、课程设置、产教融合等方面依然存在着诸多问题。[②]

---

① 夏欢欢,COATES H."双一流"建设背景下高校内部人才培养和评价体系研究:以美国哥伦比亚大学教育学院为例[J].中国高教研究,2019(3):12-17.

② 陈瑞,袁璟,童莹.人工智能背景下信息工程"新工科"专业建设探索[J].计算机时代,2020(12):94-96.

(一)高等工程教育不适合单一学科的培养模式

新工科主要包括三个方面:一是指传统工科的改造升级;二是指面向新兴产业的专业;三是指工科与其他学科交叉融合产生的新的专业。其中,面向新兴产业的专业以互联网和工业智能为核心,包括大数据、云计算、人工智能、区块链、虚拟现实、智能科学与技术等相关工科专业。由此可见,新工科专业涉及的技术复杂度高,仅仅依靠单一学科的知识将很难完成复杂任务,单一学科的人才培养模式也会造成大学生知识面窄、创新能力弱,以致难以适应智能时代发展需求的问题。

(二)高等工程教育存在师资力量不足的问题

目前,仅部分如南京大学、北京大学、清华大学等国内工程类专业水平较高的知名学府具备较强的专业教师队伍和完备的专业课程体系,更多的高校工程类专业课程设置同质化问题严重,大多仍选择在原有计算机专业课程的基础上进行增减,缺乏系统性与针对性。此外,同质化问题进一步阻碍了高校自身优势学科与工程类专业的融合发展,造成这类院校工程类专业无法形成自身特色、所培养人才市场竞争力低的现状。

(三)高等工程教育"重理论轻实践"问题突出

世界范围内普遍存在以理科教育方式培养工程师的现象。工科教师工程背景缺乏,工科学生的实践动手能力不高,行业企业对人才培养过程参与不够等问题广泛存在。我国已逐步形成一条涵盖计算能力、感知层、认知层、开源平台、消费级终端、场景应用等智能产业上下游关键节点的完整产业链,急需大量工程类专业人才,但高校工程教育人才培养理论与实际脱离情况普遍,实践环节薄弱,学生缺乏创新精神和实践能力的情况十分突出。

(四)高等工程教育人才培养评价方式单一、无法匹配人才培养目标的问题

区别于传统的理科教育,工科教育更注重学生动手能力的培养,在教学环节需要引入实践项目或实训平台。在项目合作中,除理论知识的掌握外,项目团队的协作能力、学生的创新能力等都应纳入评价体系。但是,目前大多数院校习惯按照传统思维方式对人才培养进行评价,评价体系无法准确反映所培养人才的综合素质,因此,构建与人才培养目标相匹配的科学、全面的评价体系势在必行。

(五)高等工程教育社会服务体系尚未健全

服务社会是高校的基本职能之一，目前，我国部分高校已尝试结合自身办学特色，在智能制造、智能教育、智能医疗、智能农业、智能司法、智能金融和国防安全等重点领域取得了阶段性成果。但总体而言，相关尝试目前仍然处于起步探索阶段，尤其在科技成果转化与示范应用的深度上需要重点加强。

三、当前我国高校工程类专业人才培养的要素分析

培养人才满足社会需求是高等院校的根本职能，也是新工科建设的核心使命。人才培养目标的制定、课程体系和教学内容的建设、学习能力和综合素质的建设、实践能力和创新能力的培养，以及评价体系的建设都是人才培养的重要组成部分。本文将高等工程教育人才培养凝练为课程、项目、学生、教师这四个核心要素。

(一)"课程"要素分析

课程体系建设主要分为理论和实践两部分，包括通识教育课程、学科基础课程以及专业核心课程三大类。通识教育课程应注重培养学生的人文素养，使其掌握马列主义、毛泽东思想与中国特色社会主义基本理论，具有良好的人文科学素养、职业道德、心理素质以及社会责任感。学科基础课程包括数理基础课程、计算机基础课程以及电子技术基础课程，这些课程为学生今后专业课程的学习打下数学和计算机基础，逐步培养学生的数学能力和逻辑分析能力。专业核心课程应以项目为中心，结合行业热点、社会需求以及各高等院校学科优势打造模块化课程体系，从而将理论与实践教学相结合，充分调动学生的积极性，培养学生的动手能力。

(二)"项目"要素分析

与理论课程配套的实践课程应以项目形式开展，高等院校可以通过国内外高校交流合作、校企协同发展、学科竞赛、本科与研究生科研一体化等形式进行项目设置。课程与工程项目的融合模式应根据本科生所处的不同学习阶段进行渐进式设计：第一阶段(第1学年)，宜以理论教学为主，实践教学为辅，使学生打好基础，并初步了解所学专业；第二阶段(第2学年)，理论教学与实践教学应均衡设置，在专业课程学习的基础上增加项目实践，使学生掌握所学专业的基本知识结构，以及基础性的项目实践工作；

第三阶段(第3、4学年),在充分了解所学专业并熟练掌握专业基础课程的前提下,学生可以选择不同的专业方向即模块化课程,进行深入学习,该阶段应以项目为中心,充分锻炼学生解决工程问题的能力。

(三)“学生”要素分析

人才培养应该以学生为中心,充分发挥学生的主观能动性。一方面,在修完通识教育课以及专业基础课等必修课程后,学生可以根据自己的职业规划、兴趣爱好等选择合适的模块化专业课程。另一方面,工程类专业对培养人才的实践能力、创新能力、团队协作能力、知识结构的综合性等都提出了更高要求,因此还应重视学生学习能力和综合素质的培养。

以麻省理工学院为例,NEET计划强调学生认知思维的培养,共提出11种认知思维(见表1)。

表1 NEET倡导的11种认知思维及其内涵描述

制造思维	通过发明、创造新事物,构思、设计新概念以及具体实施和系统操作的思维
发现思维	通过科学方法进行探索、识别,产出新技术、新发明的思维
人际技能	强调沟通能力、理解能力、协作能力和引领变革的能力
个人技能和态度	包含决策能力、责任心、正直和终身学习的决心
创造性思维	能形成新的、有价值的思考
系统思维	整体性、动态性、结构性思维
批判性和元认知思维	通过评估、观察和判断形成独立观点
分析思维	强调依靠逻辑进行推演和迭代的能力
计算性思维	能够将问题进行量化分析与思考
实验思维	运用实验的方法,做出假设、选择测量值并对对象进行验证的思维
人文思维	有意识地积极运用辩证的、历史的、社会的观点理解和实施工程实践活动

(四)“教师”要素分析

专业师资是保证高等院校开展教学的重要前提,高等工程教育人才培养模式改革需要教师转变教学思维,摒弃传统的理科教学方法,通过积极开展校企合作、参加校外培训等形式增加自身工程背景。在平时的教学环节,除理论教学内容外,教师应在课程中加入新兴工程技术背景知识的讲授,将实践教学融入课堂,充分调动学生的课堂参与感与学习积极性。模块化教学设计也对教师提出了更高要求,教师需要保证模块化教学内容紧扣前沿技术、热点领域,并且项目难度应由浅入深,由单一到综合。此外,教师还应在项目实践过程中注重学生团队协作能力、创新能力、领导能力等综合素质的锻炼与培养。

四、典型案例——中国传媒大学人工智能专业

作为新工科专业之一,人工智能(Artificial Intelligence,AI)是研究、开发用于模拟、延伸和扩展人的智能的理论、方法、技术及应用系统的一门新的技术科学。

人工智能技术的突飞猛进带动了传媒行业的飞速发展,全球新闻传播领域呈现出智能化发展趋势,人工智能技术不仅重塑了新闻生产的整个业务流程,还改变了传媒产业价值链上的各个环节,催生出新的传媒业态,产生了巨大的应用空间。因此,培养一批拥有"AI+传媒"交叉学科背景的复合型人才具有十分重要的意义。在这个新的历史环境下,中国传媒大学人工智能专业依托中国传媒大学传媒类学科平台优势,针对智能时代高等教育存在的普遍问题,探索了面向传媒领域的人工智能一流专业建设模式,分别在课程理论体系建设、课程实践体系建设以及人才培养三方面开展研究,最终形成一套具有传媒特色的人工智能一流专业建设模式,为培养复合型、创新实践型人才奠定了基础。

(一)"AI+传媒"人工智能专业课程体系建设

中国传媒大学人工智能专业依托学校传媒类学科平台优势,分别在以下方面探索了面向传媒领域的人工智能一流专业建设模式:1.突出智能音视频研究的课程理论体系建设。充分挖掘"AI+传媒"专业特色,以面向传媒领域的智能音视频课程体系为依托,实现人工智能与相关专业教育的深度融合,最终形成一套具有传媒特色的人工智能专业课程体系。2.面向传媒产业的课程实践体系建设。利用中国传媒大学在传媒及文化领域的学科优势,积极引导人工智能专业建设,推动智能媒体机器人等多形式的"AI+传媒"创新实践项目,丰富实践课程体系。3.具备传媒产业创新能力和实践能力的人才培养。以学生为中心,以课程为载体,以传媒与文化科技领域发展为契机,积极探索人工智能在智能传媒中的应用场景,为智能传媒领域培养具备理论基础和实践应用能力的创新型人才。

如图1所示,在人工智能专业课程体系建设方面,中国传媒大学人工智能专业基

于“AI＋传媒”人才培养需求，突破单一学科思维，在重视人工智能基础课程的前提下，依托中国传媒大学优势学科教学人员和项目资源，进行跨学科平台建设，构建人工智能模块化课程，明确学生知识能力模块，分清不同模块的衔接关系。在课程内容安排方面，聚焦专业，学科交叉，面向应用。针对智能音视频技术在“AI＋传媒”领域的广泛应用，专业课程需以数学、计算机和电子技术等课程为基础，以与智能音视频技术相关的专业课程为教学重点。同时，探索产教融合模式下符合传媒特色的人工智能专业科研与实践教学案例，建设若干门具有传媒与文化科技人工智能特色的实践课程，最终完成突出智能音视频研究的理论课程体系和面向传媒产业的实践课程体系建设。①

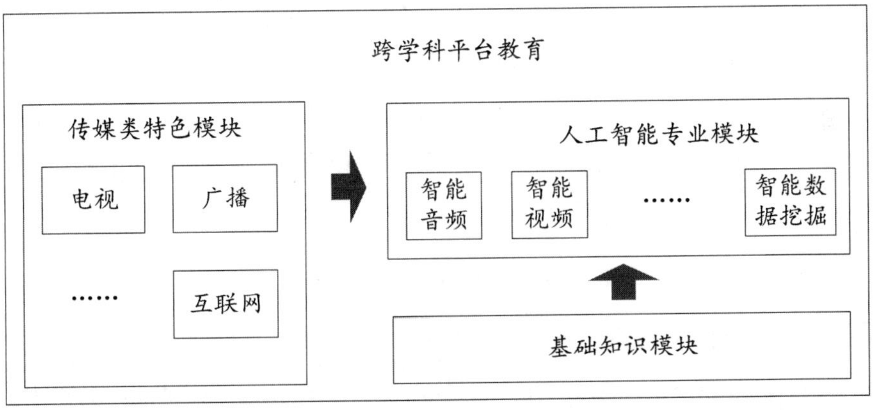

图1　人工智能专业模块化课程结构

1.突出智能音视频研究的课程理论体系建设

中国传媒大学人工智能专业以人工智能基础知识为基础，结合传媒特色，灵活搭建多个“AI＋传媒”课程模块，如智能视频处理、智能音频处理、计算机视觉等专业课程可以研究电视/广播模块；数据挖掘、自然语言处理、深度学习等专业课程可以研究互联网模块。构建这样的以传媒为特色的模块化课程结构体系，可以有效调动学校的教研资源，并且有助于学生充分把握行业动态，实现从理论教学到实践教学的无缝衔接。②

① 张薇，陈静漪.“互联网＋”背景下本科研究性教学模式研究与实践[J].黑龙江高教研究，2020(12)：151-154.

② 赵冬娥.新工科背景下创新创业教育模式研究[J].黑龙江教育(高教研究与评估)，2021(1)：1-3.

2.面向传媒产业的课程实践体系建设

首先,中国传媒大学人工智能专业充分利用学校资源,将中国传媒大学小学期实践项目、Workshop 项目、大学生创新创业项目相结合,多维度开展基于人工智能的创新实践项目;其次,建立学业导师人才培养模式,让学生加入导师个人项目,使其在本科阶段参与课题研究,与研究生培养模式相衔接,培养学生的创新实践能力;最后,充分利用中国传媒大学在传媒领域的业界基地,与行业开展联合实践教学与科研合作,产学研相结合协同育人。

此外,中国传媒大学人工智能专业在实践教学环节引入人工智能教学实验平台,该平台与人工智能理论课程体系相结合,与人工智能相关基础课程与专业课程同步推进算法实训和案例分析实践。并且,该平台支持主流的深度学习框架,方便快速部署训练环境,学生可根据不同的开发习惯及层次使用不同的开发模式。人工智能教学实验平台的引入有助于将数据科学和人工智能学习纳入综合社会实践和开放性科学实践活动中,将理论课内容与实际的产业应用和案例相结合,从而进一步加强学生动手实操的能力,有助于更系统、更完整地培养应用型人才。①

3.具备传媒产业创新能力和实践能力的人才培养

CDIO 工程教育模式是近年来国际工程教育改革的最新成果。CDIO 代表构思(Conceive)、设计(Design)、实现(Implement)和运作(Operate),它以产品研发到产品运行的生命周期为载体,让学生以主动的、实践的、课程之间有机联系的方式学习工程专业知识。中国传媒大学人工智能专业结合 CDIO 工程教育理念,依托传媒与文化科技领域产学研背景,基于突出智能音视频研究的课程理论体系和面向传媒产业的课程实践体系,进一步探索了具备传媒产业创新能力和实践能力的人才培养模式。

(1)教学理念设计

中国传媒大学是国内唯一一所以信息传播为特色的"211 工程"重点建设大学,被誉为中国广播电视传播人才的摇篮。中国传媒大学人工智能专业秉承中国传媒大学教学理念,坚持"宽口径、厚基础、强能力、重实践""实践中学习、实践中创新"的人才培养思路,注重理论与实践相结合,以培养具有创新思维能力、注重综合素养和创新精神的传媒高级人才为目标。

---

① 连选,彭志宏,杏建军,等.新工科建设背景下拔尖创新人才核心素养培育研究[J].创新与创业教育,2020,11(6):107-111.

(2)教学模式设计

如图 2 所示,中国传媒大学人工智能专业人才培养基于 CDIO 工程教育理念,注重培养学生在构思、设计、实现、运行项目中学习理论知识、吸取实践经验以及提升各种能力,主要包括两个阶段:理论+实践教学阶段以及项目实训阶段。其中,理论+实践教学阶段将理论课程与实践课程相结合,依托人工智能教学实验平台,构建以传媒为特色的模块化课程结构体系;项目实训阶段充分利用中国传媒大学在传媒领域的业界基地,与行业开展联合实践教学与科研合作,包括小学期实践项目、Workshop 项目、大学生创新创业项目以及学业导师项目。理论+实践教学为项目实训提供了理论指导与项目模拟,项目实训又进一步强化了理论+实践教学成果,两阶段相辅相成,互为补充。此外,与传媒领域的行业协作贯穿在理论+实践教学以及项目实训始终,为培养具备传媒产业创新能力和实践能力的人才保驾护航。①

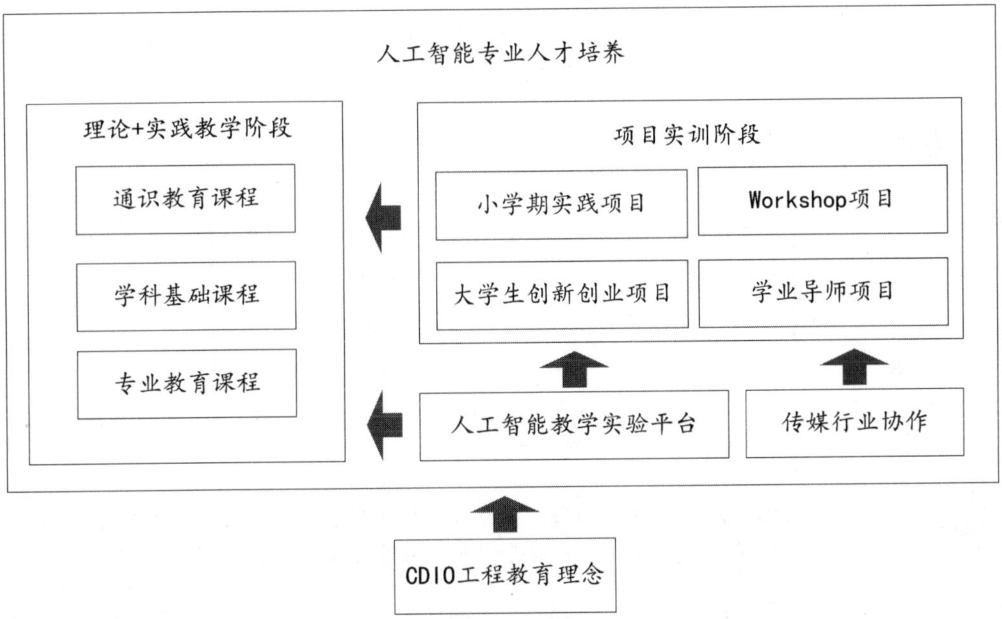

图 2　人工智能专业人才培养结构

(二)人才培养方案设计

下文将以中国传媒大学人工智能专业《2020 级人工智能专业人才培养方案》为例,进一步详细分析人工智能专业的人才培养模式。

① 孟艳艳,贾长洪,刘萌.新工科背景下基于 CDIO 工程教育理念的应用型本科院校人才培养研究[J].高教学刊,2021(3):152-155.

培养目标设计:本专业通过“AI+传媒”方式加深与行业的交叉与融合,培养能够适应国家人工智能领域发展需要,具有坚实的自然及人文科学基础知识,掌握人工智能的基础理论、基本知识和技能,具备分析、解决人工智能工程领域科学问题的能力,能够跟踪人工智能及相关领域的新理论、新知识和新技术,具有一定的人工智能研究创新能力、应用创新能力、交叉领域融合创新能力和较强的实践能力,能够在信息、文化、广电和传媒行业从事人工智能技术相关的科学研究、设计开发以及集成应用的复合型人才。本专业毕业生应获得的知识、能力和素质如表2所示。

表2 人工智能专业人才培养目标

工程问题	具备良好的数学能力和逻辑分析能力,能够将数学、自然科学、工程基础和专业知识用于解决人工智能及相关领域内的复杂工程问题,具有扎实的工程基础知识和实践能力,并有一定的工程意识和成本效益意识。
人文素养	掌握马列主义、毛泽东思想与中国特色社会主义基本理论,具有良好的人文社会科学素养、职业道德和心理素质,社会责任感强。
问题分析	掌握科学思维方法和研究方法,具备务实创新意识和严谨的科学素养,具有扎实思考、分析和解决问题的能力。
专业知识	系统掌握扎实的人工智能基础理论和专业知识,了解该领域前沿发展状况和趋势,具有良好的人工智能算法能力、系统能力、应用能力和融合创新应用能力。
设计开发	具备坚实的计算机专业基础知识,在计算机软硬件及信息系统的设计、开发及应用方面获得良好的工程实践训练,了解本专业相关的系统研发、设计和生产流程及政策、法规和法律。
团队协作	具有较宽广的专业知识面和较强的工作适应能力,具有一定的组织管理能力、表达能力、独立工作能力、人际交往能力以及在团队中发挥作用的能力。
国际化视野	熟练掌握英语,在工程及人文环境中有较强的应用和沟通能力,具有一定的国际视野和跨文化交流、竞争与合作能力。
学习能力	具有适应发展和终身学习的能力,掌握文献检索和资料查询及其他获取相关信息的基本方法。

专业课程设计:中国传媒大学人工智能专业基于培养目标需求,突出智能音视频研究并与传媒产业相结合,共设置有三个专业课程群,包括人工智能基础课程群、智能音视频课程群以及智能应用课程群。其中,人工智能基础课程群又具体包括面向人工智能的数理基础课程、专业核心课程以及专业课程。课程设置明细如表3所示。

表3　人工智能专业课程设置

人工智能基础课程群	数理基础课程	离散数学、数理逻辑、优化方法
	专业核心课程	人工智能导引、人工智能导论、知识表示与推理
	专业课程	机器学习、神经网络与深度学习、大数据与数据挖掘技术
智能音视频课程群	自然语言处理、智能音频处理、数字图像处理、智能视频处理、模式识别与计算机视觉、数据库与媒体存储技术、现代电视原理、虚拟现实技术	
智能应用课程群	智能程序设计、嵌入式智能硬件系统开发、智能系统设计与应用、机器人学导论	

中国传媒大学人工智能专业是新工科背景下人才培养的有益探索。作为传媒类高校，中国传媒大学借助丰富的媒体资源优势，建设具有传媒特色的人工智能一流专业、强化专业人才培养、引领智能传媒领域科技创新、服务社会发展。

结语

智能时代对多领域交叉人才、创新人才、尖端人才等各类科技人才的需求，对高等教育，特别是高等工程教育提出了新的挑战。本文通过调研代表性高校工程教育现状，总结了我国高校工程教育人才培养存在的不足；在此基础上，围绕高等教育人才培养的三个根本问题，本文尝试给出了高等工程教育人才培养模式改革的着力要素和实施途径，包括“课程”要素、“项目”要素、“学生”要素和“教师”要素；最后，本文以中国传媒大学人工智能专业为例探讨其利用自身在传媒及文化领域的学科优势，建设具有传媒特色的人工智能专业的可行性，以期为我国高等工程教育人才培养模式改革提供新思路。

〔殷复莲，中国传媒大学信息与通信工程学院教授；王爽，中国传媒大学信息与通信工程学院师资博士后；章文辉，中国传媒大学信息与通信工程学院教授〕

〔特约编辑：付晓光〕

图书在版编目(CIP)数据

中国新闻传播研究：数字技术的媒介应用研究 / 高晓虹主编. --北京 ：中国传媒大学出版社，2021.12

ISBN 978-7-5657-3109-9

Ⅰ. ①中… Ⅱ. ①高… Ⅲ. ①数字技术—应用—新闻学—传播学—研究—中国 Ⅳ. ①G219.2-39

中国版本图书馆 CIP 数据核字(2021)第 273655 号

中国新闻传播研究：数字技术的媒介应用研究

ZHONGGUO XINWEN CHUANBO YANJIU:SHUZI JISHU DE MEIJIE YINGYONG YANJIU

主　　编　高晓虹
副 主 编　刘　宏　赵淑萍　曾祥敏　秦瑜明
策划编辑　王雁来
责任编辑　曾白凌
特约编辑　沈　悦
封面设计　拓美设计
责任印制　李志鹏

出版发行　中国传媒大学出版社
社　　址　北京市朝阳区定福庄东街 1 号　**邮　　编**　100024
电　　话　86-10-65450528　65450532　**传　　真**　65779405
网　　址　http://cucp. cuc. edu. cn
经　　销　全国新华书店

印　　刷　唐山玺诚印务有限公司
开　　本　787mm×1092mm　1/16
印　　张　14.75
字　　数　297 千字
版　　次　2021 年 12 月第 1 版
印　　次　2021 年 12 月第 1 次印刷

书　　号　ISBN 978-7-5657-3109-9/G · 3109　**定　　价**　75.00 元

本社法律顾问：北京李伟斌律师事务所　郭建平